世界の「分断」から考える

日本企業
変貌するアジアでの
役割と挑戦

PwCコンサルティング合同会社
PwC Intelligence

ダイヤモンド社

はじめに
――分断のなかでアジアと日本をどう捉えるか

近年、米国と中国の対立激化、ロシアによるウクライナへの軍事侵攻の長期化、イスラエル・中東地域の紛争など、各地で様々な地政学リスクが顕在化し、世界の政治・経済に無視しえない影響をもたらしている。こうした動きは、再びトランプ大統領が政権を奪取した米国、先行きの政策不確実性が強まるドイツ・フランス、2024年秋の衆議院議員選挙で少数与党政権となった日本、政権交代の可能性が強まる韓国……といった形で世界レベルの政治的変革を伴いつつ、より大きなうねりとなって私たちの眼前に迫っている。

2022年10月に設立したPwC Intelligenceは、2024年4月に『経営に新たな視点をもたらす「統合知」の時代』（ダイヤモンド社）を上梓した。そのなかで強調した、マクロ経済、サステナビリティ、地政学、サイバーセキュリティ、テクノロジーなどの専門領域を柱に据え、これら複数の専門領域からの視点を「統合知」として意思決定に役立てていくことの重要性は強まっていると言えるだろう。

本書で対象とするのはアジアである。アジアをテーマに据えた第1の理由は、19世紀までの世界の歴史において一貫してヘゲモニーを握っていた中国とインドが力を失い、欧州が台頭した時代が終了することが明確に見通されるなかで、再び世界に重きをなすことが予想される中国とインド、さらにこの両国に挟まれる形で存在するその他のアジア諸国の動向を、先行きのリスクや可能性とともに把握しておく必要性が増していると考えられるためである。

そしてアジア諸国の今後の動向を考えるにあたっては、日本および日本企業の役割が決定的に重要である。第2の理由は、高度経済成長を経てアジアの経済成長のフロントランナーとなった日本が、アジアでどのような役割を担うことになるかが、アジア全体の今後の発展において大切なカギとなると考えられるためだ。

こうした点を考えるうえで重要なのは、少子高齢化といった「課題先進国」としての目線にとどまらない。日本がこれまで蓄積し育んできた政治・経済・社会面での成果は、大国としての相貌を明らかにする中国やインドが抱える課題解決はもちろん、中国やインドの影響を様々な形で被るその他のアジアの国々にとっても役に立つ。こうした点を具体的に考えることは、世界およびアジアのなかでの日本の勝ち筋を構想するうえでも重要であろう。

現代は「分断の時代」とも言われる。日本が孤立の道を選ぶのは自滅の道でもある。分断を是とするのではなく、日本がアジアのなかでどう自らの役割を果たすのかが問われている。そのためには思い込みを排した客観的な視点に基づく分析と議論が必要だ。本書で展開される様々な分析が、読者の方々にとって有益なものになることを確信し、本書を通じて今後のアジアについての議論がより活発になることを期待している。

PwCコンサルティング合同会社

2025年春

目次

序章

「分断」から考える
世界の行方、
日本が進む道

世界経済を俯瞰すると、先進国における米国の経済成長の力強さが目立つ一方で、新興国について見ると、中国やインドといった2000年代に10％台の成長率を記録した国々の成長率は減速し、世界経済全体の成長率も従来の3％台後半から3％程度にまで鈍化することが見込まれる。こうした動きの背景のひとつとして挙げられるのが、2010年代以降に顕在化した世界の対立・分断の進展である。

本章では対立・分断が進むことで生じうる世界の可能性を紹介しつつ、「アジアと日本」の目線で考えた場合に日本が進むべき道について3つの目線を指摘する。併せて、次章以降の内容を踏まえながらポイントを紹介したい。

「分断」から考える世界の行方

世界経済の「分断」はどの程度進んだのか

近年、米国と中国の対立激化、ロシア・ウクライナ紛争の長期化、イスラエル・中東地域の紛争など、様々な地政学リスクが各地で顕在化し、世界の金融市場や世界各国のサプライチェーンに無視しえない影響をもたらすようになった。こうした変化はヒト、モノ、カネの流れにどのような影響をもたらしているのだろうか。

これらのなかで影響が大きく、かつ最も顕在化しているのは世界1、2位の経済大国である米国と中国との間のヒト、モノ、カネの流れが縮小化していることである。

2017年に発足した第1期トランプ政権以降に実施された保護主義的政策は、中国人の米国への移民減と豪州をはじめとするその他地域への移民増につながっている。**図表0-1**は1990

年から2020年までの期間について、5年刻みで米国の移民数の変化をまとめたものだ。米国の移民は2015年から2020年にかけて全体では245万人の増加にとどまったが、中国からの移民は49万人減少している。

また世界貿易量は中国が世界貿易機関（WTO）に加盟した2001年以降大きく拡大したが、その後2008年の世界金融危機や2017年のトランプ政権誕生を経て拡大ペースは緩やかとなり、米国の対中国貿易赤字も縮小している。**図表0-2**は米国の財輸出の増分を5年刻みで比較しているが、米国の財輸出は2015年から2020年にかけ733億米ドル減少した。中国向け輸出は増加しているものの縮小傾向にあり、2015

図表**0-1**｜**米国の移民純増数の変化**

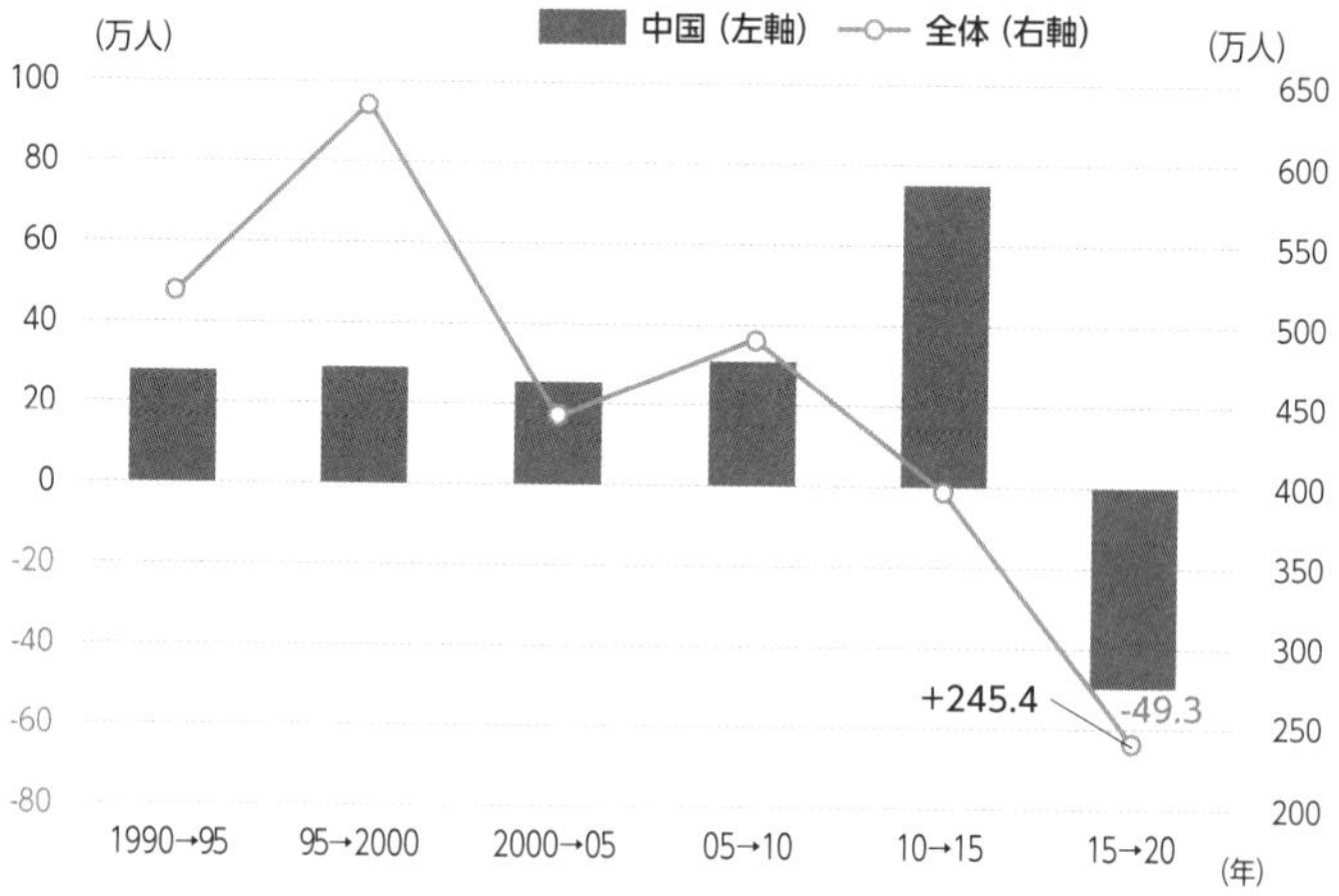

（出所）United Nations "International Migrant Stock 2020: Destination and origin"より筆者作成

図表0-2｜米国の財輸出の変化

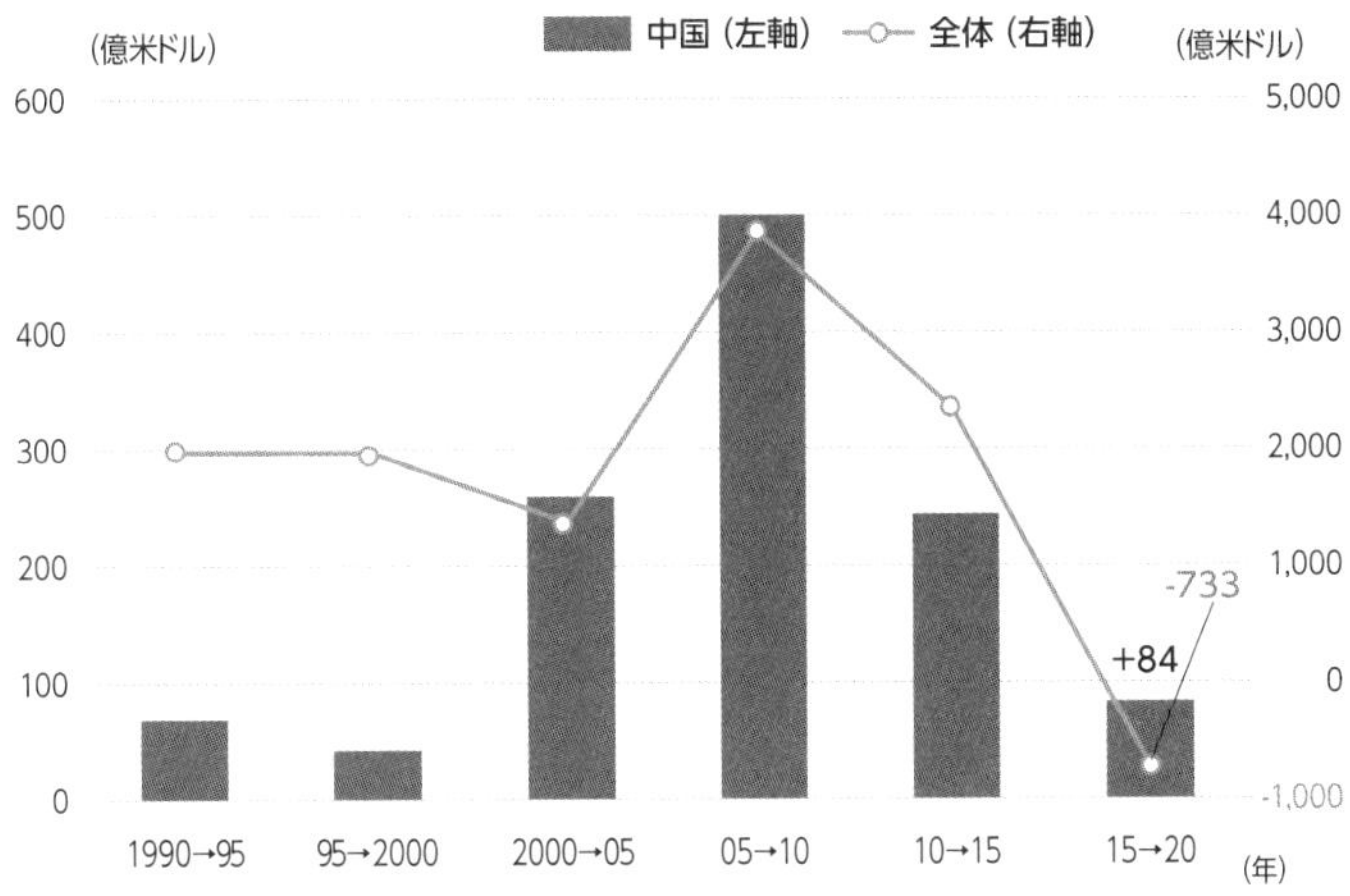

（出所）IMF “Direction of Trade”より筆者作成

図表0-3｜米国の財輸入の変化

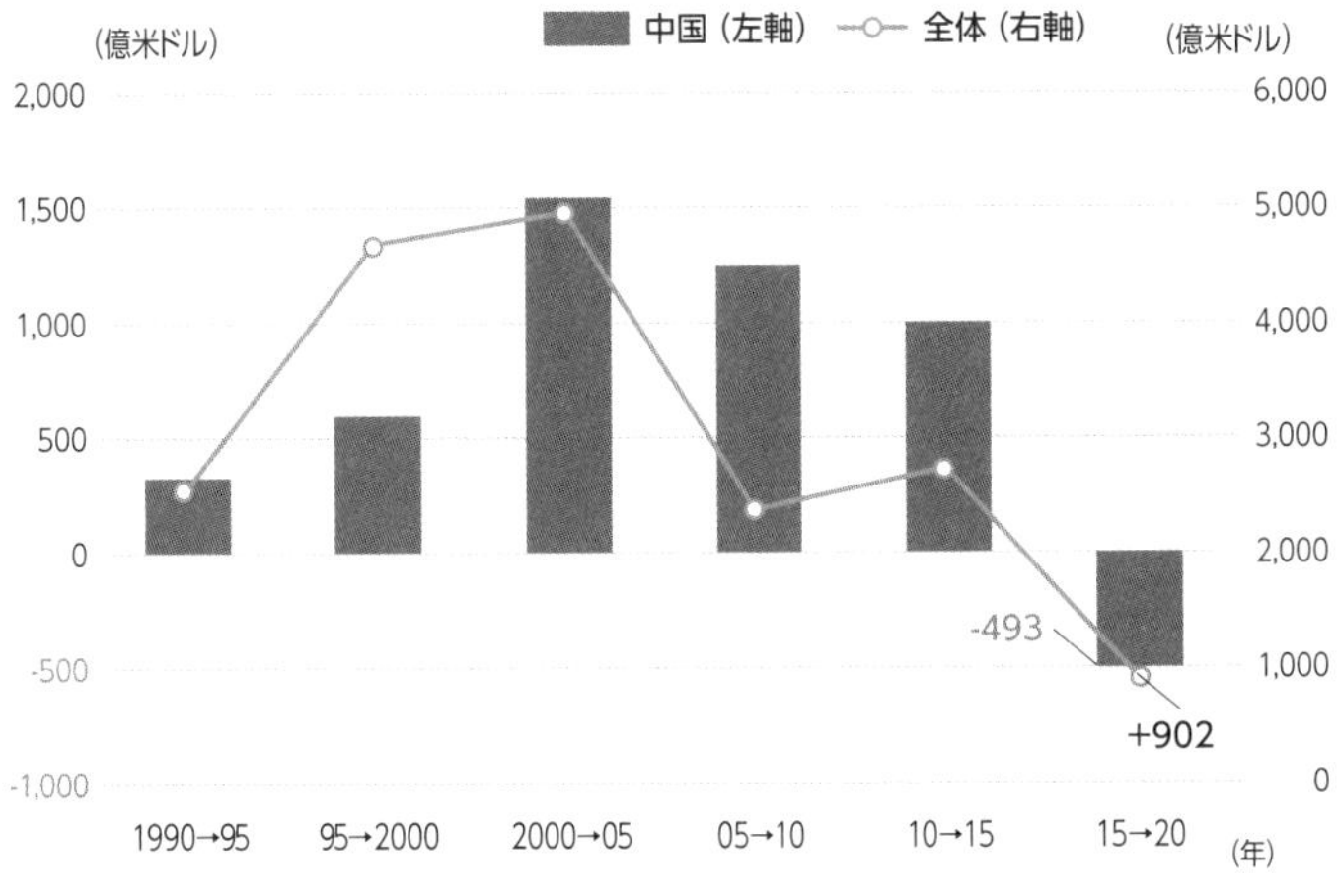

（出所）IMF “Direction of Trade”より筆者作成

年から2020年にかけて84億米ドルの増加にとどまっている。図表0-3は米国の財輸入の増分を比較しているが、輸入も増加ペースが緩やかとなるなか、中国からの輸入は2015年から2020年にかけて493億米ドル減少している。

さらに図表0-4よりカネの動きとして米国と中国の戦略産業分野における対内直接投資件数を見ると、米国は新型コロナウイルス感染症（COVID-19）の影響もあり2020年以降件数は低下したが、2021年に入ると再び増加基調にある。一方で中国の場合は、2017年の米中貿易摩擦の高まり以降、戦略産業分野の対内直接投資件数は低下を続けている。

図表0-4｜米国・中国の戦略産業分野対内直接投資

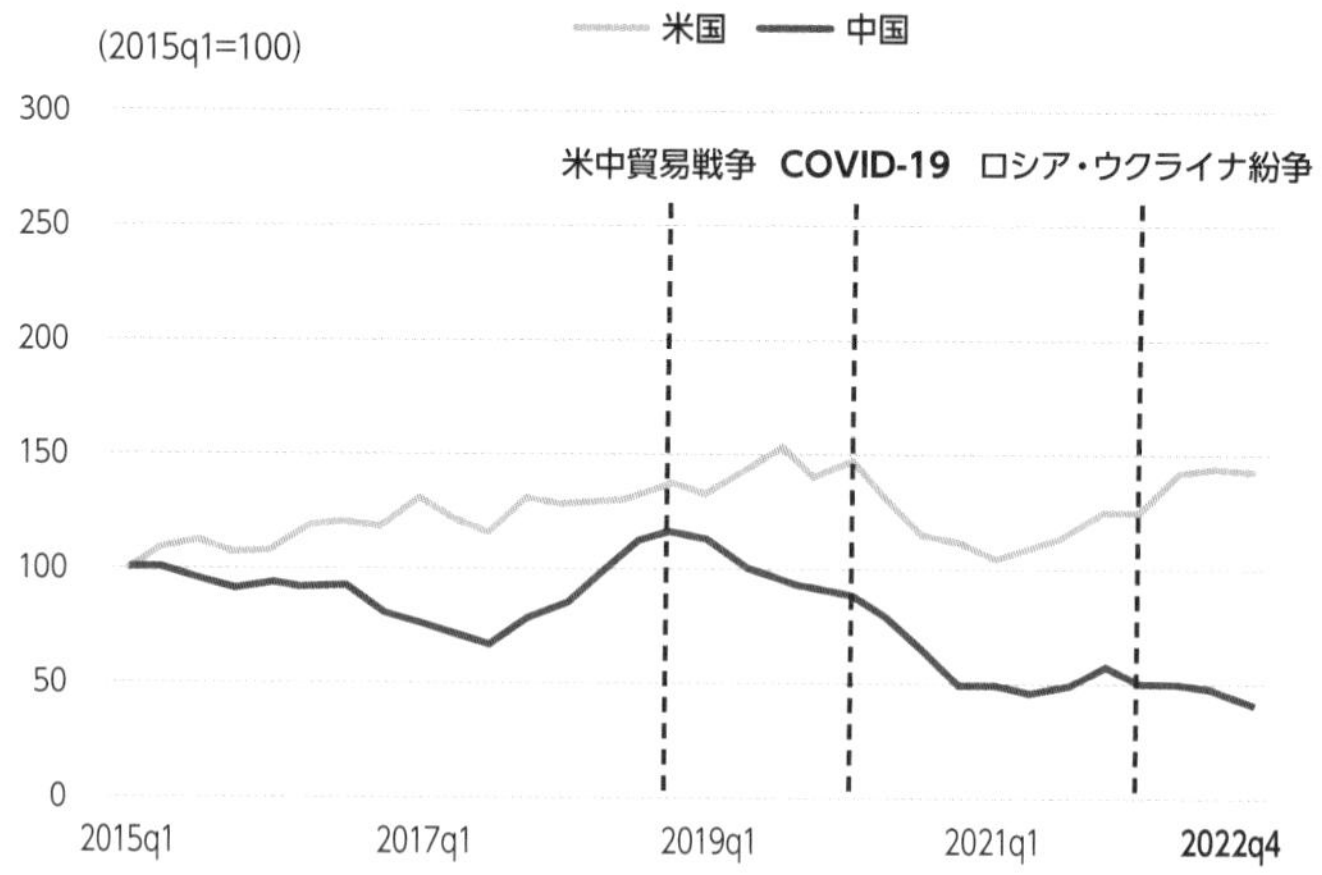

（出所）IMF “World Economic Outlook, April 2023”より筆者作成

こうした米国と中国との間のヒト、モノ、カネの動きの縮小の受け皿となっているのが、ヒトの面では中国から豪州などのアジア地域への移民増であり、モノの面では中国向けではなく、グローバルサウス諸国への依存の高まり、ないしはこれらの国々を経由した迂回貿易の拡大、カネの面では中国から欧米諸国への戦略産業分野の直接投資拡大といった現象である。

世界経済の「分断」の現在地は、2000年代に構築されたグローバルサプライチェーンが完全に寸断されているのではなく、米中摩擦を契機に米国と中国の間の関係性が希薄化する一方、それを補完する形でグローバルサウスを含むその他の国・地域への代替が進んでいる状況と捉えることができるだろう。今後を見据えるうえでは、こうした代替が特定地域間の経済圏の確立という形でブロック化につながり、「分断」が固定化するのかどうかという点がポイントとなる。

分断の先に見える2つのシナリオ

こうした「分断」の先行きをどう考えたらよいのだろうか。グローバル化の行方を軸にすると、グローバル化が終焉するのか、もしくは温存されるのかによって大きく2つのシナリオが考えられるだろう（図表0-5）。

〈シナリオ1〉は、18世紀の半ばから2010年頃まで続いたグローバル化と技術革新を原動力とする驚異的な経済成長の時代が、この時代を形作るグローバル化の終焉とともに完全に終わるというものだ。

グローバル化の終焉とは、世界がヒト、モノ、カネの流れでひとつにつながり、企業は自社にとって最適な原材料、部材を世界中から調達することで製品をつくり、その製品を最も高く大量に売ることができる地域で販売すること、こうしたグローバル下で容易に行うことができた経済活動が困難になることを意味する。これは生産やサービス提供の目線で言えば、生産やサービス供給のために必要な工程を、その工程を行うのに最も安価で効

図表0-5｜分断の先に見える2つのシナリオ

〈 シナリオ 1 〉

グローバル化が終焉しブロック化が進むシナリオ

- 世界経済は低成長、経済のブロック化が進み、米国の経済的優位性が拡大する

〈 シナリオ 2 〉

グローバル化が温存され、多極化が進むシナリオ

- 経済のブロック化は回避され、米国の経済的優位性は維持される
- アジアの重心は中国からインドへ。欧米とアジアをつなぐハブ役としての日本

率的な地域で行うのではなく、自国ないしブロック国の非効率的な財やサービスを適用することで行わざるをえなくなることを意味するだろう。

グローバル化とサプライチェーンの効率化が極限まで進んだ現代の生産の仕組みの特徴は、従来の非効率な時代と比べて、一企業が把握しうる生産工程が全体の工程のなかでわずかであり、個々の企業が掌握しうるサプライチェーンの射程が狭いことである。グローバル化が終焉すれば、サプライチェーンの非効率化を通じた生産の非効率化が生じるとともに、生産工程の一部分しか把握できない企業が、どのような形で新たなサプライチェーンに自社を位置づけるかという調整も進むことになる。もちろん、生産した財・サービスの供給先も限定され、企業にとっての利益機会が減少することも懸念される。

こうしたグローバル化の終焉は、地政学的対立の激化を伴いつつ、国際政治の分断と経済の分断とが同時並行的に進む形で進展していくと予想される。グローバル化の終焉は、経済活動や日々の生活に必要なエネルギーを海外からの輸入に依存しており、企業が得る経済的利益の多くが海外への輸出ないし現地生産を通じた直接供給により賄われ、国内需要の担い手である人口が少子高齢化の進展により減少することが見込まれている国、つまり、日本のような国にとって深刻なダメージをもたらすことになる。逆に、自国で必要なエネルギーを自給でき、自国を賄うに足る食料供給が可能で、少子高齢化に伴う人口減の影響は軽微であり、需給両面でその規模を将来にわたって維持しうる、以上の条件を備えた唯一の国である米国にとっては、グローバル化の終焉に伴う悪影響は最小限にとどめられるだろう。

グローバル化終焉シナリオが行き着く先の世界は、世界第1位の米国の強さがより強調される世界となるのではないか。そして世界経済全体では対立が深刻化し、非効率な経済システムが温存され、世界が一致協力して課題解決を図る政治的な枠組みは失われる。さらに様々な技術革新が困難となり、技術革新が生じてもその恩恵に世界各国の人々が浴することが難しくなる。気候変動、テクノロジーによるディスラプション、人口動態の変化といった今後想定される環境変化の負の影響を世界はまともに受けることになる。産業革命というきっかけがグローバル化というエンジンを伴って急速に経済の規模を拡大させたのが、18世紀以降の世界経済の姿である。グローバル化が終焉することは、こうした経済規模の拡大の流れが逆回転すること、つまり、停滞を意味するのである。[注1]

もちろんこうした世界は好ましくない。〈シナリオ2〉は、グローバル化が終焉せず、世界は一定の関係性を保ちながら推移するというものである。

具体的に言えば、世界経済の統合の根幹をなす米国と中国との関係は決定的な断絶までには至

注1：ピーター・ゼイハン（2024）『「世界の終わり」の地政学』（集英社）では、グローバル化の終焉が生じる蓋然性と、そのもとでの世界の未来を議論している。グローバル化の終焉が進む場合の日本を含む各国がどのような局面に立たされるかについての議論に興味のある方はこちらを参照されたい。

らず、2国間の関係性の希薄化を補完するグローバルサウスといった他地域との関係性の高まりが緩衝材として作用する。先に述べたとおり、エネルギーを自給でき、食料生産も潤沢で、人口面や資本面で今後も成長を維持しうる可能性が高い米国の潜在的な力は温存される。こうしたなかで中国経済は世界経済のヘゲモニーを握ることは難しいだろう。つまり、住宅バブル崩壊の影響が長引くことで中国の停滞は進み、そうしたなかで日本以上に急速な勢いで生じる少子高齢化の影響で中国の人口は2030年には低下に向かい、人口減少は貯蓄率の低下を通じて中国の経常収支を赤字化させる可能性がある。一方で、人口成長が進むなかで中国に代わり重きをなすのがインドであり、2050年には経済成長率で見て中国を上回る見込みだ。嶋中雄二・三菱UFJモルガンスタンレー証券景気循環研究所編[注2]（2019）によれば、コンドラチェフの長期波動を計測してみると、2032年をボトムに2050年にかけてインドの経済面の力強さが際立ってくる可能性があるとのことだ。生産拡大に必要なインフラ整備を進め、製造業の生産拡大が進むことで成長力を維持すれば、インドは経常収支赤字国から黒字国に転換することになろう。将来の人口動態という観点で言えば、2020年から2100年にかけて米国や中国の優位性は後退し、代わりにナイジェリア、コンゴ民主共和国、エチオピアといたアフリカ諸国、パキスタンやインドネシアといった国々の人口が増加し影響力を強めることになる。経済的な観点からは、

注2：嶋中雄二・三菱ＵＦＪモルガンスタンレー証券景気循環研究所編（2019）『2050年の経済覇権：コンドラチェフ・サイクルで読み解く大国の興亡』（日本経済新聞出版社）

世界にとってこれらの国々の消費地としての魅力が増すことにもなるだろう。

以上の議論をまとめれば、米国の潜在的な力は温存されるが、中国は世界経済のヘゲモニーを握ることは難しく、代わりにインドが台頭し、人口面で見た経済活動の重心は南アジアやアフリカ諸国に移っていくということである。こうした変化はグローバル化の終焉ほど深刻な影響をもたらさないにしても、現在、中所得新興国ないし低所得途上国が全要素生産性（TFP）の停滞に陥っており、その背景には各国の規制や非効率な政治体制が寄与している可能性[注3]を念頭に置くと、楽観視は禁物である。

地理的にアジアに属し、アジアのなかで工業国としての地位をいち早く確立し、第2次世界大戦後の高度成長を経て世界第2位の経済大国まで登りつめた日本の経験は、近隣のアジア諸国の雁行的な経済成長を生み出す原動力のひとつとして機能した。日本経済はようやく30年来の長期停滞を乗り越える兆しが見えつつある。世界を形成する軸が変化する兆しが見える今、日本はアジアにおける戦略的地位を活かしつつ、科学技術、環境問題、多国間の協定・枠組み形成などで主導的な役割を果たすことが期待されているのである。

注3：後述する図表0-7を参照のこと。

アジアの目線から読み解く日本の勝ち筋

2025年という節目

　歴史をいくつかのスパンで捉えるということは、なんらかの形で「大きな物語」を伴うことを意味する。近代以降の日本経済・社会を見ていくと、日本の経済・社会がおおむね80年周期で循環的に変化しているように思われる。今年は2025年だが、2025年から80年前というと1945年になる。そして1945年の80年前は1865年だ。図表0-6は1865年、1945年、2025年という3つの時期をとり、さらに80年周期の間をとった時期を書き込んで出来事を整理したものだ。

　図表にあるとおり、1865年から1905年に至る時期は、明治維新から日露戦争で日本がポーツマス条約を締結するまでの時期であり、幕藩体制から転換して日本が列強の仲間入りを果たす拡大期である。1905年から1945年にかけての時期は2度の世界大戦を経て、日本は敗戦を経験する時期である。経済面では日本は第1次世界大戦時の好況に沸いた後に、不況に突入し、関東大震災、昭和恐慌といった苦境を経験した。経済・社会においては縮小期と言えよう。そして1945年から1985年に至る時期は戦後の焼け野原からの復興の時期である。高度経済成長を経験した日本は世界第2位の経済大国となり、第1次オイルショック後に戦後初のマイナス成長を経験するも、5%前後の安定成長を続けた。これは再びの拡大期と言えよう。そして1985年から2025年の時期は、プラザ合意による円高に始まり、バブル景気とその

図表0-6 | 80年周期で見た日本

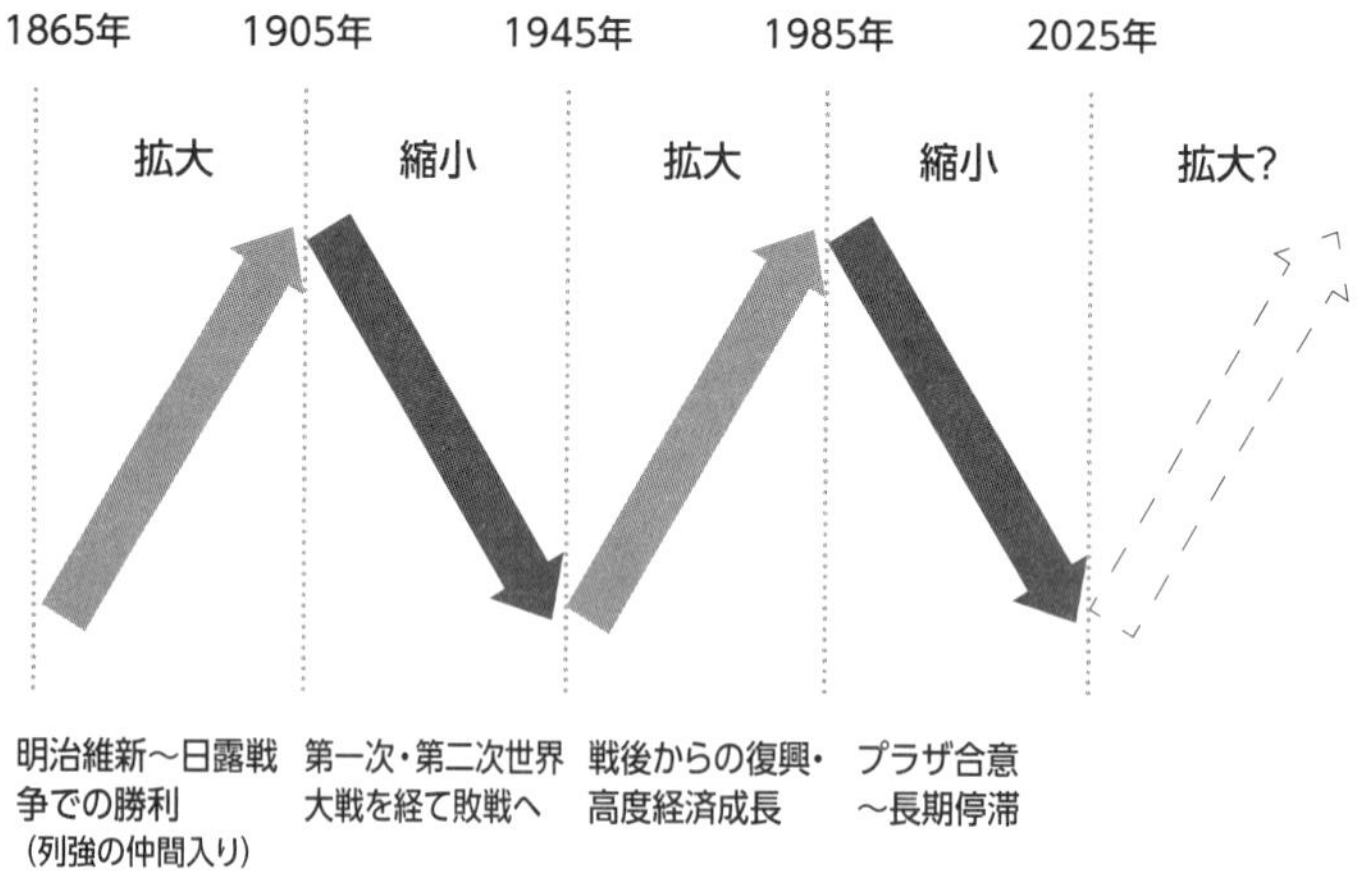

（出所）筆者作成

崩壊、1990年代以降の長期停滞、2008年のリーマンショックに代表される世界金融危機を経て、2013年から開始されたアベノミクス以降、日本の物価はデフレではない状態にはなったものの、残念ながらデフレからの完全脱却は達成できていない。再びの縮小期である。

さて以上のアナロジーに従えば、こうした縮小期は終わりを迎え、2025年以降、日本は再びの拡大期に突入することが予想される。拡大期に突入する日本は主体的に世界とかかわり、世界経済の成長に寄与することが求められている。

特に前著『経営に新たな視点をもたらす「統合知」の時代』(ダイヤモンド社)で強調したとおり、日本が世界経済の成長に主体的に寄与するにあたっては、世界の分断化を止め、世界の軸がアジアやアフリカ地域へと移っていく可能性を見据えつつ、国際協調への貢献が必要となる。問題はどのような形で具体的に貢献することが可能かということであり、それが本書の主題のひとつだ。

日本はアジアにどのようにかかわるべきか:3つの目線

ユーラシア大陸に広がるヨーロッパ以外の地域であるアジアは、世界を特徴づける地域のなかで最も広い地域であり、他の地域と比べても多様性に富む国々が存在している。紀元以降から産業革命が始まるまでの世界経済の変遷を見ていくと、世界経済のなかで一貫してヘゲモニーを握っていたのは中国とインドであった。産業革命以降、ヨーロッパが急成長し、19世紀の終わりに米国が世界第1位の経済大国に躍り出ることとなる。新興成長国BRICsの一角という形で2001年に注目された中国とインドが躍進して、世界の5本の指に入る経済大国となり、今後も影響力を増していくであろうという事実は、中国とインドが再び世界経済のヘゲモニーを握ることを意味する。

歴史は単に繰り返すのではなく韻を踏む。中国とインドが世界経済のなかで再びヘゲモニーを握ると言っても、過去と同じ形が繰り返されるわけではない。日本はアジアを含む世界に対してどのような貢献を果たすことができるのだろうか。この点を考えるにあたり、日本に関して大きく3つの目線を持つことが重要である。

日本企業が持つ潜在的な力を正しく評価する

まず第1の目線は、第2次世界大戦後の高度経済成長を経て、世界第2位の経済大国に躍り出た日本経済を支えた原動力たる日本企業が、潜在的に有する力を正しく評価すること、つまり、過度な悲観ではなく、強みと弱みをきちんと認識する必要があるという点だ。

確かにバブル崩壊以降の長期停滞を経て、かつて「ジャパン・アズ・ナンバーワン」とも言われた日本企業は大きく変質している。日本の大企業の財務状況を見ると、1990年度から2022年度までの30年間で売上高は16％、従業員報酬は21％増加と、年あたりに直せば1％に満たない伸びであるが、経常利益は205％と堅調な増加を続け、過去最高の利益水準にある。

これは、国内のデフレ環境のなかで円高を利用して安い生産コストでの逆輸入を進め、国内ですでに確立した製品やサービスを他国向けの輸出という形で横展開してリスクを抑えて利益を拡大する方法が、合理的なビジネス手法として受容された結果だ。そして売り上げを維持し、コストを減らして利益を高めるコストカット経営の犠牲となったのは、設備投資や労働・賃金である。

機械設備などの有形固定資産の動きを国際比較すると、日本の資本は他の先進国と比較してもほとんど増えていない。また、日本の無形資産のGDP比を比較すると、米国、英国、ドイツといった先進国のなかで最も少ない。無形資産のなかでもソフトウェアや研究開発といった分野への投資はこれら先進国と遜色はないのだが、組織改編や人的資本といったヒトや組織にかかわる分野、さらにブランドへの投資は決定的に不足している。[注4]

注4：例えば、PwC Intelligence(2024)『経営に新たな視点をもたらす「統合知」の時代』（ダイヤモンド社）の第３章を参照されたい。

労働・賃金といった報酬水準がほとんど変わらなかったことは、購買力の停滞を通じ国内のデフレ環境を長期化・固定化することの一因となった。さらに、設備投資や労働・賃金の停滞が長期にわたり続くことで、企業の生産性も低下してしまった。円高といった外部環境の悪化や、あくまで高品質にこだわり顧客ニーズを軽視した経営のまずさも相まって、かつて世界的に見て有数の優良企業が様々な産業に存在する日本の特徴は失われてしまったということだ。

だが、日本企業の将来を過度に悲観する必要はないのではないか。企業を取り巻くマクロ経済環境はデフレからインフレへと大きく変わりつつあり、これは日本企業にとっては追い風である。2012年末から始まったアベノミクス以降、グローバルに広がったインフレ圧力も相まって、日本の物価はデフレではない状況となり、株価、雇用・賃金、投資といった経済指標は長期停滞が始まる以前の状態にまで改善した。これらの経済指標の改善には、1985年のプラザ合意から2012年のアベノミクス直前期まで一貫して続いた過度な円高（米ドル円レートで見て、日米購買力平価よりも割高な為替レート）が転換し、今度は購買力平価よりも割安な為替レートが持続していることが影響している。過度な円高からの修正が、デフレ経済からインフレ経済への変革を日本に求め、物価上昇が持続することが緩やかではあるものの、雇用・賃金の上昇や設備投資の拡大といった形で波及しつつあるということだ。

もちろん課題は山積している。過度な円高の修正は企業にとって製品を割安で輸出できるようになることを意味するが、現実には輸出品が割安になっているにもかかわらず、輸出数量は十分に増えず、逆にそのことが過度な円高への修正期間を長引かせている。これは従来日本が得意であった、安価で高品質な製品を大量に生産し輸出するというモデルが時代遅れであることの表れでもあり、財からサービスへ、ハードからソフトへという形で日本産業の重心・強みを名実ともに変える必要があることも意味している。そしてサービス分野の競争力を取り戻すには海外の勢いを取り込むことも必要である。円安はインバウンド消費拡大を通じ、長期デフレの影響で十分に働かなくなってしまった価格メカニズムの修正、つまり、企業にとっては販売価格へのコスト転嫁の進展、消費者にとっては価格上昇への許容度の高まりに寄与している。だが転嫁という観点で物価の動きを見ると、欧米諸国は企業物価（川上の物価）と消費者物価（川下の物価）が同様の伸びで推移している一方、日本の場合は、企業物価の上昇ほどに消費者物価は上昇しておらず、価格転嫁は不十分である。企業による不十分な価格転嫁の背景には、家計需要が鈍いことが背景にある。家計需要が鈍いのは、賃金上昇ほど可処分所得が増えないこと、つまり、税や社会保障の負担が、増えこそすれ緩和することはない状況が、今後も続くという予想が支配的であることが影響していると考えられる。

30年間の長期停滞の負の影響を克服できれば、他の先進諸国と比べて日本企業の潜在的な成長余地は大きいはずだ。だが長期停滞を乗り越えた先の日本企業の姿は、産業構造、企業経営、生産体制といったあらゆる側面でかつての姿とは大きく異なるものとなるだろう。そして長期停滞を乗り越えるには、政府・日銀は高圧経済という形で、財政・金融政策両面で緩和的な政策スタンスを長期にわたり続けること、家計は可処分所得の持続的な拡大と安定的な消費拡大が持続すると確認できること、企業はコスト削減で利益を捻出するのではなく、自らが提供する財・サービスの価格を高め、付加価値を高めることで利益を生み出すことが求められる。

長きにわたる停滞を経験した分、日本企業の成長ポテンシャルは高い。だがその潜在力を形にするには過去からの単なる継続ではダメで、企業、家計、政府、日銀、それぞれの行動と変革が必要となる。こうした行動や変革にあたっては、アジアを含む諸外国の経験が多いに参考になるはずだ。そしてアジアの成長を様々な形で日本経済に取り込み、新しい財・サービスの提供、全く新しい価値の提供を通じて、日本経済のみならず、アジアを含む世界の発展に寄与することが求められるだろう。

高齢化社会の理想的モデルをアジアに提示できるか

しばしば世界を変革する趨勢として、気候変動、テクノロジーによるディスラプション、人口動態の変化、世界の分断化、社会の不安定化といった5つのメガトレンドが指摘される。なかでも日本の総人口は少子化と高齢化を伴いながら減少を続け、2020年の1億2615万人から50年後の2070年には8700万人程度へ、高齢化率（65歳以上人口割合）は2020年の26・6％から2070年には38・7％まで高まることが予想されており、人口動態の変化の影響を世界に先駆けて色濃く受けている。

第2の目線として挙げたいポイントは、先進国のなかで高齢化率がすでに高水準の日本が、高齢化社会にどのように向き合っていくのかは、今後急速なペースで高齢化が進む中国や韓国といったアジアの国々にとどまらず、世界にとってもよい教訓となるという点だ。

高齢化社会との向き合い方を考える際にどのような点が重要となるのだろうか。まず、高齢化社会がさらに進むことで懸念されることが、生産年齢人口の減少に伴う労働力の減少である。生産年齢人口の減少が始まった1990年以降は、日本にとってマイルドなデフレと長期の経済停滞が本格化した時期でもあり、労働力不足が顕在化することはなかった。労働力不足が意識され始めたのはアベノミクス以降だが、女性や高齢者層の就業が進むことで労働力不足の悪影響が抑制されている点、高齢者層の就業が進んだ一因でもある高い健康寿命[注5]が維持できている点はよい動きである。

日本の生産年齢人口比率（生産年齢人口／総人口）は１９９０年の70％から２０１５年には58％程度まで減少を続けたが、２０１５年から２０３０年までは58％程度のまま横ばいで推移すると見込まれている。65歳以上から健康寿命未満の人々まで生産年齢人口に加味すると、生産年齢人口比率の減少は２０４０年まで生じず、労働力の減少による生産への悪影響は最小限でとどめられる期待もある。こうした頭数で見た労働力不足への対応に加え、生産性をより高めることも重要である。労働力不足が顕在化するなかで重要なのは設備投資の活性化をいかに進めるかだが、先に述べたとおり、日本の資本ストックは有形固定資産、無形固定資産それぞれの量や質において他の先進国から多いに劣後している。ＡＩやロボットといった新たなテクノロジーはそれ自体ディスラプションという形で社会に様々な混乱をもたらす懸念・リスクはある。[注6]ただ懸念される要素のうち、自動化が進むことに伴う雇用機会の喪失の悪影響は、日本において最小化されうるだろうし、モノづくりやサービスの分野においてもＡＩやロボットを起点としたテクノロ

注5：WHOの2021年のデータによると、日本の健康寿命は74歳であり、韓国、フランス、ドイツ、英国、米国といった先進諸国と比べても長い。
注6：個人、組織、国家に対する具体的な影響として、例えば以下を参照されたい。
PwC「メガトレンド　私たちが生きる世界をつくり変える５つのグローバルシフト」（2023年）

ジーを積極的に活用することで生産性を上げる余地は多々ある。今後のテクノロジーの進化を念頭に置いた場合、個々の働き手としてより意識すべきなのは、ヒトを規定する要素を自ら特定し、それをどう鍛え、キャリアを通じて磨きぬくかという視点だろう。労働者個人・企業・政府、それぞれのレベルでヒトの定義を決め、テクノロジーに任せるべき点をうまくヒトから移管して全体最適を図ることが求められている。特にサービス業においては、ヒトでしかできない領域を極限まで絞り、定義し、効率化した形で提供する具体的な方法がより重要となるだろう。

さて、高齢化がさらに深刻化する日本にとっての引き続きの悩みの種は、少子高齢化が進むなかで経済成長を進め、財政健全化と社会保障制度の維持をどう進めるかという点だ。政府が公表している経済と財政の中長期試算が明らかにしているとおり[注7]、日本がデフレを克服できず、生産性がほとんど高まらないなかで実質GDP成長率も0%台を維持するような経済環境が続く場合、政府（国・地方）の財政状況は一向に改善せず、国・地方の公債等残高のGDP比も発散する可能性が高くなる。日本の財政状況を見ると、近年インフレが進むなかで税収が大きく増加し、赤字幅が大きく縮小しつつあるが、家計への過度な負担を抑制し、2%の物価安定目標を安定的に達成しながらマイルドな経済成長を維持する道を選ぶことができれば、中長期的に財政状況は安定化することが可能となるだろう。そうしたなかで社会保障制度としては、少子高齢化により減

注7：内閣府「中長期の経済財政に関する試算」

少が続く若者への負担が強まる世代間分配ではなく、豊かな高齢者からそうでない高齢者への分配の度合いを強める世代内分配の比重を強めることが必要となるのではないか。

以上、高齢者社会に絡み労働力や社会保障の観点を中心に議論した。経済成長を維持するために必要な労働力の確保にあたり、健康で豊かな生活、テクノロジーとヒトの労働の共存、テクノロジーに必要な投資、こうした要素を支える個人・企業・政府の取り組み、以上の歯車をうまく回すことが必要である。併せて、経済成長を通じ、財政・社会保障をうまく安定化させることも重要だ。そうした経験は同様の問題に直面するアジアや世界にとってもよい教訓となるだろう。

開放性をいかに保ち、発展させるか

国内外の専門家が様々な形で指摘するとおり、[注8]日本人および日本社会が潜在的に持つポテンシャルは高い。それは清潔で安全な都市、優れたインフラ、日本人が持つ親切さ、他国と比べ相対的に良好な国民の健康状態・医療制度の充実、所得や生活状況の格差は拡大しつつあるものの限定的にとどまる貧富の格差、こうした側面にも表れている。第3の目線は、日本の持つポテンシャルをいかにアジアに還元し発展させていくのかという点についてである。

注8：例えば、伊丹敬之（2023）『漂流する日本企業』（東洋経済新報社）、ウリケ・シェーデ（2024）『シン・日本の経営』（日経BP日本経済新聞出版）、ヘイミシュ・マクレイ（2023）『2050年の世界　見えない未来の考え方』（日経BP日本経済新聞出版）など。

さて先にも少し触れたとおり、アジアおよび世界経済の未来は中国とインドがどのような形で今後へゲモニーを握っていくのかが重要となる。だがその道のりは一本道ではない。

中国は毎年10％程度の経済成長率で拡大を続けてきたが、リーマンショックやCOVID-19といった経済ショック、さらに住宅バブル崩壊後の内需停滞も相まって、２０２４年の経済成長率は5％未満にとどまる。今後は日本以上のペースで少子高齢化が進みつつ、経済成長率も先進国のそれに近づいていくことになるはずだ。そして中国の経済成長率が先進国並みとなっていくなかで課題となるのが、環境問題、技術やテクノロジーの優位性確保、政治・社会の安定性の確保である。１９９０年代から２０００年代までの平均10％強の経済成長は環境破壊の代償を伴いつつなしえたものであり、日本や欧米諸国からの技術供与も現在の中国の技術的優位の確立に多いに寄与してきた。環境破壊の代償は、生産や生活に必要な水・食料・土地・エネルギーの不足という形で顕在化する可能性がある。また、２０１７年のトランプ政権誕生以降、欧米諸国からの半導体などの戦略的産業分野の対中直接投資は大きく縮小し、中国自らが戦略的産業分野への投資を進めているが、こうした新たな取り組みが、各国からの技術投資を受け入れていた時期と同じ成果を上げうるのか否かは未知数である。

そしてインドについても課題は大きい。インドを訪れると必要性を痛感させられるインフラ投資の改善は、今後のインドが安定的な経済成長を進めるうえで不可欠な要素である。そして環境問題の悪化も深刻な課題である。気温の急激な上昇に伴う水資源や農業への悪影響は今後も深刻化するだろう。そして中国と同様に、政治・社会の安定といった点についても不安が残る。

以上の状況下で日本はどう対処すべきなのだろうか。選択肢のひとつは、停滞した日本、高齢化で先が見えない日本というナラティブを額面どおり受け入れ、人口減少と経済規模の縮小を是認して内向きに閉じこもる縮小均衡の道であろう。ただしこれは、現在日本が抱える課題を改善・解決することには全く寄与しない。むしろグローバル化が終焉し、ブロック化が進む形に世界経済が変遷することになれば、「持たざる国」である日本が孤立することのデメリットはより大きくなる。むしろ日本は、経済環境に関する過度な悲観をやめ、眼前に広がる課題に知恵を絞り前向きに立ち向かい、中国やインドが抱える課題にアジアの一員として協力することで、アジアおよび世界に貢献することが求められるし、そうすることが日本のメリットとなるのではないか。

図表0-7は実質GDP成長率の平均値と資本投入、労働投入、全要素生産性（TFP）の寄与度を期間別、地域別に比較したものだ。37ページ上の世界全体の成長率は2000年からリーマンショックの直前期である2007年の平均値で4・1%と大きく拡大したが、その背景には1995年から2000年の期間と比べ、設備投資の拡大を通じた資本の寄与の高まりとTFP

の拡大が影響した。その後の世界経済の平均成長率は緩やかに低下基調にあり、COVID-19の影響を含む2020年から2023年の平均成長率は2・5%である。

日本や米国などの先進諸国、中国やインドなどの中所得新興国、アフリカなどの低所得発展途上国のそれぞれの動きを見るなかで気になるのが、経済成長率に占めるTFPの寄与が中所得新興国・低所得発展途上国において小さいことである。経済成長は大きく新たなアイデアや仕組み・ビジネスモデルを開発し、それをテコに成長するフロンティア型と、既存の売れている商品、うまくいっている仕組みをそのまままねるキャッチアップ型に大きく分かれる。中所得新興国や低所得発展途上国は先進諸国の成長モデルをまね、必要な技術を取り入れるキャッチアップ型の成長モデルで大きく成長を遂げることが可能である。だが、こうした成長モデルを永遠に続けることは不可能である。

中国やインドはキャッチアップ型からフロンティア型への移行という形で新たな成長モデルを模索する段階に入ってきている。こうした新たな成長モデルにおいて決定的に重要なのがTFPであり、TFPを高めるために国は教育制度を充実させ、有能な人材を世界中から集め、国内で有能な人材が自由にかつ安心してビジネスを行えるように規制や制度を整備することが必要となる。先進国の一角であり、アジアに属しながら欧米の経済・社会システムを取り入れ独自の位置

〈 先進諸国 〉

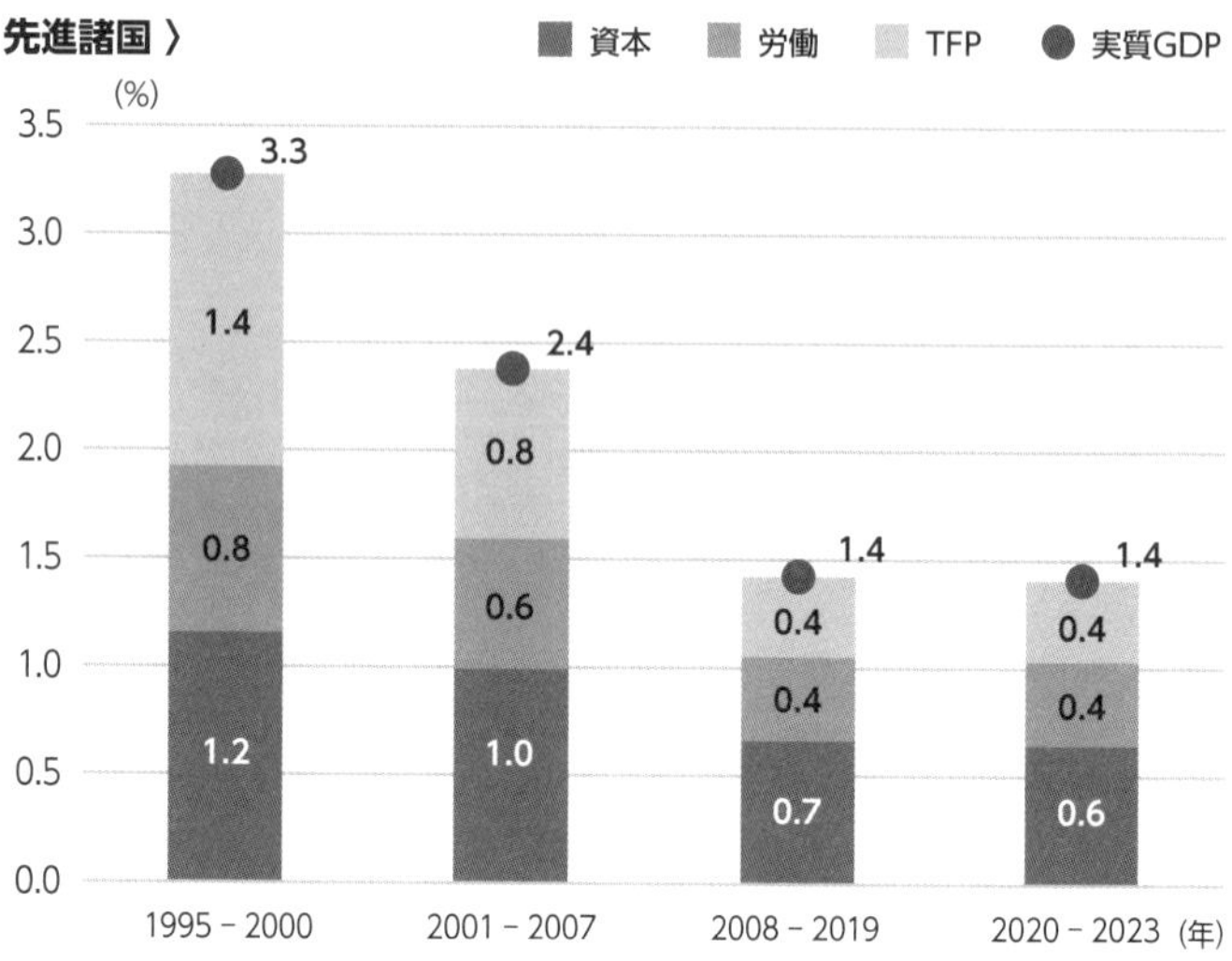

〈 低所得発展途上国 〉

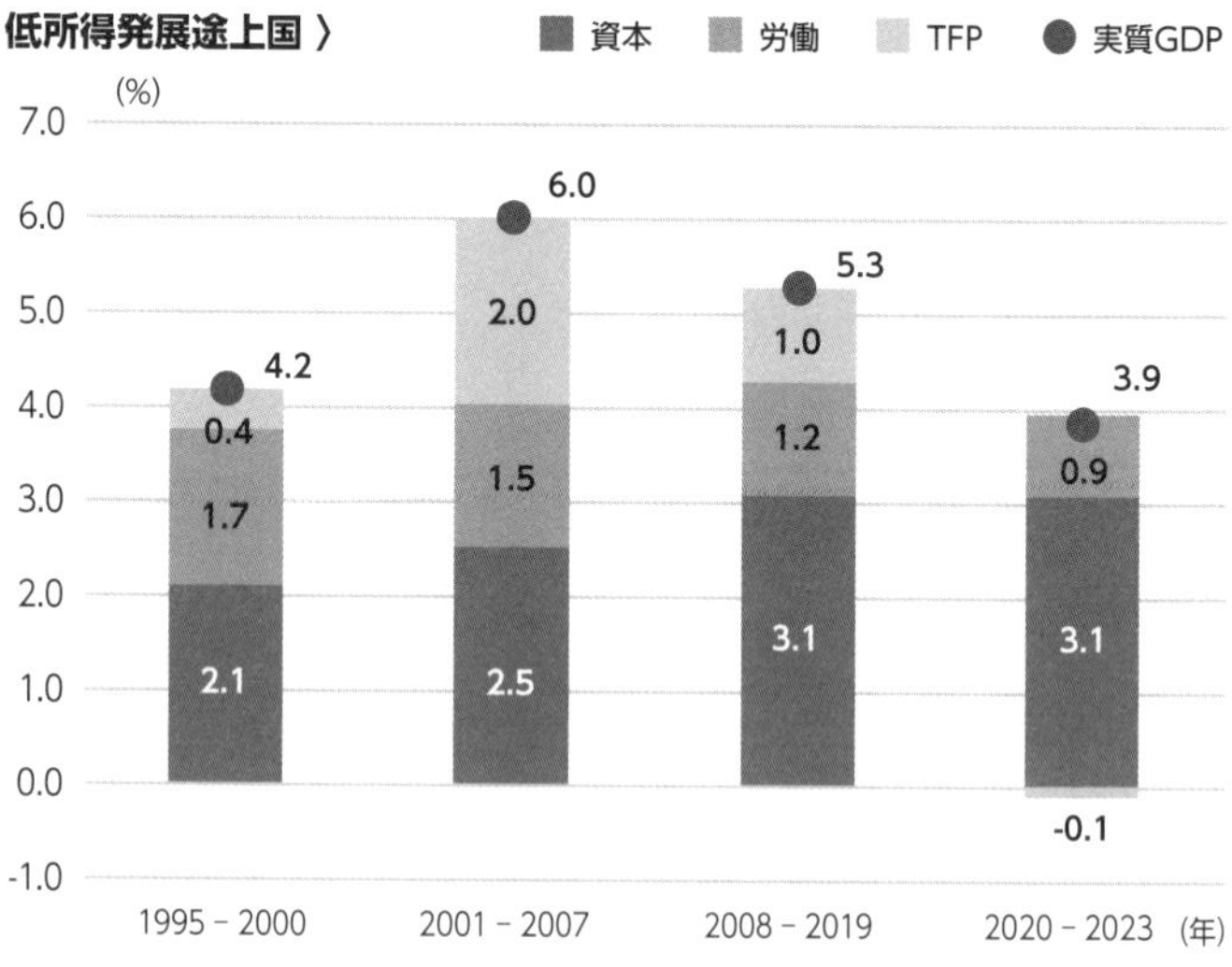

図表0-7｜世界成長率の要因分解

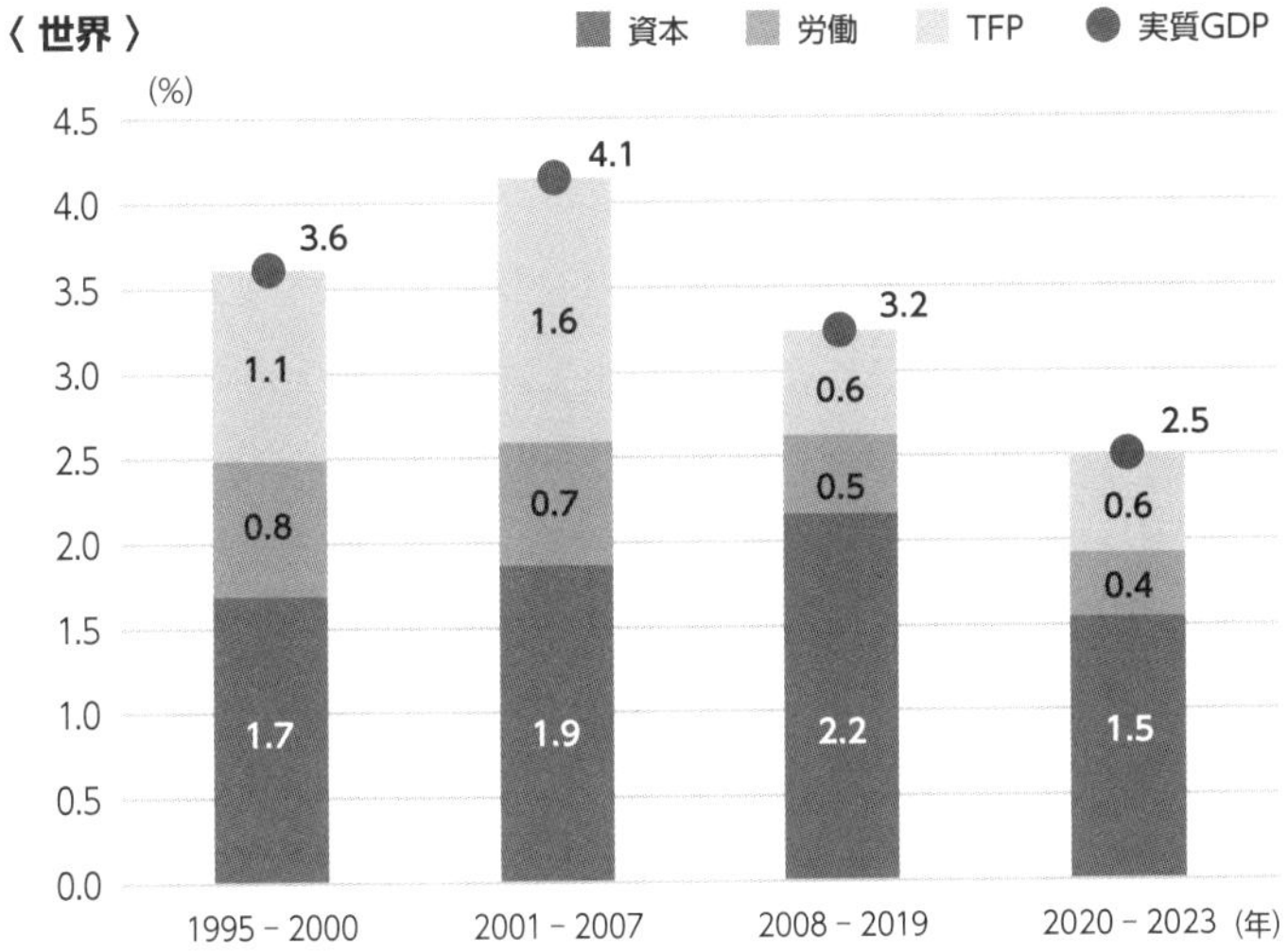

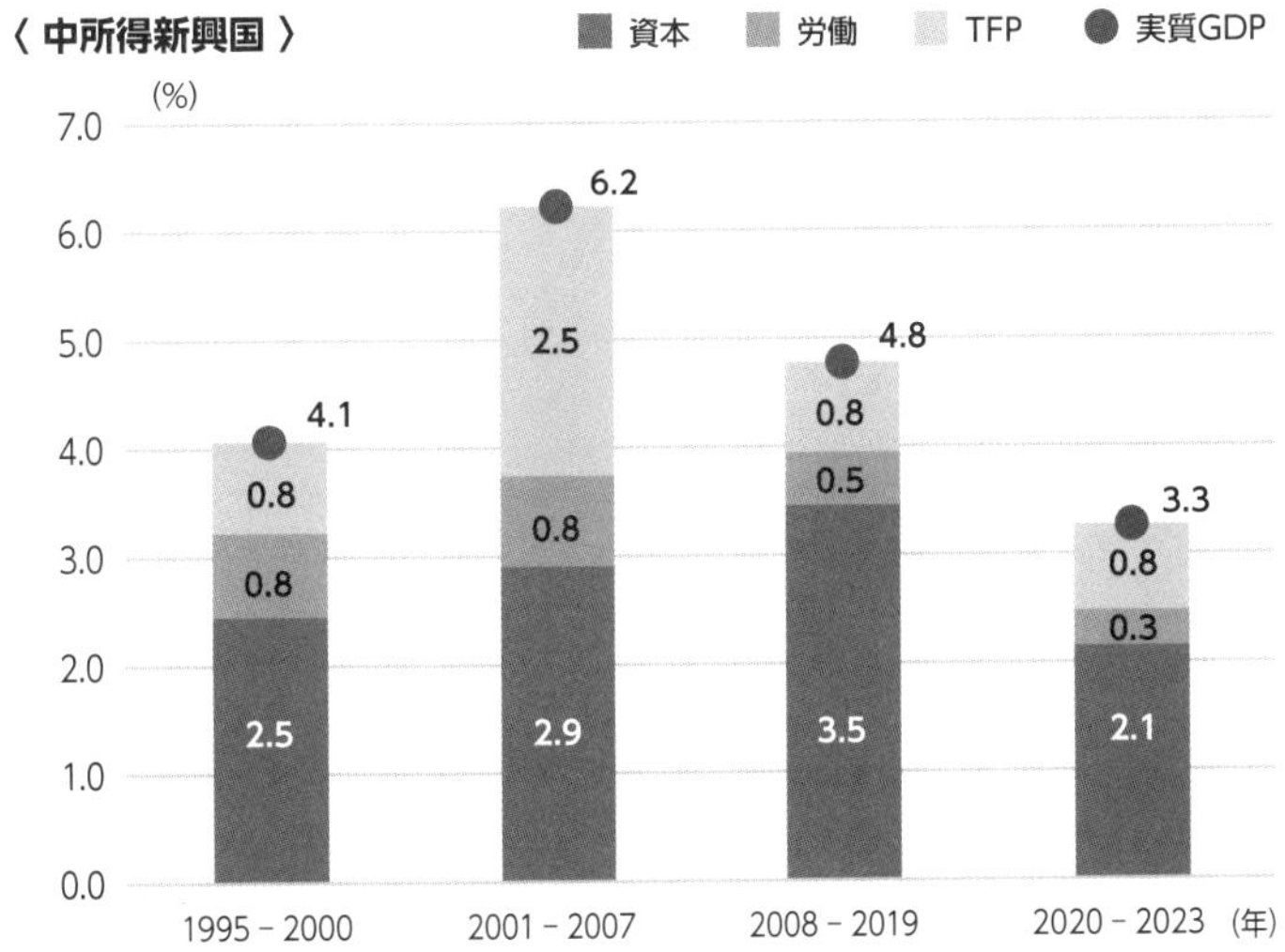

（出所）IMF “World Economic Outlook, April 2023”より筆者作成

にある日本は、こうしたニーズに応え、協力する必要があるのではないか。こうした協力関係は中国、インドに対してのみならず、中国やインドが経済的・政治的な影響力を強めることで影響を受けるアジアのその他の国々に対しても、同様に必要となるだろう。

社会的な安定を維持することは様々なメリットがあるが、逆に失うものも大きい。その最たるものは経済成長に必要なダイナミズム、活力である。内に閉じこもることなく、外に開き、中国やインドにとどまらずアジアが抱える様々な課題に、日本ならではの形でコミットすることを通じて、アジアと日本との関係性を維持・発展させる道を探り、一歩ずつ実行していくことが求められているのである。

本書の構成

本書の構成について簡単に紹介しよう。本書は大きく、アジアに属する各国・地域別の動向を概観しつつ、そのなかで日本企業がどう挑戦すべきかを論じた第Ⅰ部と、日本企業がアジアおよび世界を取り巻く社会課題・トレンドにどう立ち向かうかを論じた第II部とに分かれる。

第I部の対象となるのは、中国（第1章）、インド（第2章）、ＡＳＥＡＮ（第3章）である。これらの国々の現状および将来を見据えつつ、日本企業がどう挑戦すべきかを議論している。本章でも触れたとおり、今後50年のアジアおよび世界の潮流は、中国やインドが再び大国としてヘゲモニーを握る過程として見ることができるだろう。併せて注目されるのが、中国、インドと隣接するＡＳＥＡＮの動向である。これら各国・地域の動きに対して日本企業がどう対処していくのか、新たなビジネスをどう展開していくべきかという点が論点となる。

そして第II部の対象は、財政・社会保障（第4章）、環境・サステナビリティ（第5章）、バイオ燃料（第6章）、テクノロジー（第7章）、エンタテイメントとメディア（第8章）である。「課題先進国」としての日本の目線からは、急速に少子高齢化が進む中国のみならず、日本以上に深刻な高齢化が予想される韓国、その他アジアの国々の動向も気になるところだ。そして世界的に深刻さを増す環境問題に対し、中国やインドといった大国を抱えるアジアが等閑視することは許されない。South to South、テクノロジー、エンタテイメントとメディアは、今後のアジアの成長機会を考えるうえで重要な概念のひとつだ。こうした目線から多面的にアジアを取り上げることで、ステレオタイプではない新たな視点が生まれてくるのではないか。

本書が、アジアの未来と、アジアの未来のなかで日本、ないし日本企業が、どのような役割を果たすべきなのかを具体的に考える一助となれば幸いである。

第Ⅰ部
各国・地域別、日本に求められる目線

第1章

歴史と変化から考える中国市場の今後のあり方

日本の隣国であり、現在は世界第2位の経済大国である中国は、1980年代に経済改革開放政策が本格化して以降、膨大な国土と人口を背景に、「世界の工場」としてプレゼンスを確立してきた。2001年のWTO加盟以降は長らく2桁成長を続けたなか、日本企業ほか多くの外資系企業も進出し、強固なサプライチェーンを構築してきた。しかし、足元では人口減少や少子高齢化、都市と農村を含めた地域間の根深い格差のほか、欧米はじめ諸外国との間で緊張感を増す国際関係など多くの課題を抱えており、中国経済は減速基調を強めている。

こうした環境下、最近は中国事業に対して慎重な見方も増えてきており、中国に対する注目度が低下し、インドほかグローバルサウスに目線を転じる動きもうかがえる。もっとも、日本経済にとって中国の存在感は大きく、日本企業のグローバル事業においても重要な位置づけにある。今後の企業各社の事業戦略を見極めるためにも、これまでの日本企業による対中進出を振り返ることは重要である。中国経済が向かう方向をにらみつつ、企業各社の事業展開の成否を占うための背景や中国市場の変化を踏まえ、日本企業各社にとっての重要なインプリケーションを探ってみたい。

厳しさを増しつつ、構造変化が進展する中国

足元で減速感を強める中国経済

中国は1980年代から改革開放政策を本格化し、1992年の鄧小平による「南巡講話」以降、中国は改革開放を積極的に進めた結果、上海や広州など東沿海部の都市部を中心に多くの外資系企業が参入した。こうして輸出生産拠点として成長を果たし、外貨の獲得を通じて国内市場が豊かになっていった歴史がある。2001年のWTO加盟以降も2桁成長を続け、「世界の工場」としてのプレゼンスを確立する過程で、製造業を主体として多くの企業が進出を果たし、強固なサプライチェーンを構築してきた。さらには、高水準の経済成長が続いたなか、小売流通やサービス関連の企業進出も速いペースで進み、一大マーケットとして発展してきた。

足元の中国経済は、以下で詳細を述べるが、人口減少や少子高齢化のほか、都市と農村を含め

た地域間の根深い格差といった構造的な問題を抱えつつ、中長期的に見ても、予想より速いペースで減速傾向が顕在化している。中国国内では長引く不動産不況に加え、雇用不安も払拭されず、家計部門の財布の紐が固くなり個人消費が伸び悩んでいる。さらには、欧米諸国ほか主要貿易相手国・地域では、中国の過剰生産に端を発する貿易摩擦の問題もあり、対中スタンスを厳格化する動きもあり、外需環境も楽観しがたいとみられる。慢性的な過剰生産能力を抱えているなか、今後も国内外の需要を上回るペースで旺盛な投資と生産が持続すれば需給ギャップがさらに拡大し、足元のディスインフレの状態に、もう一段のデフレ圧力が高まることになる。また、中国国内でさばき切れない在庫が安値で海外に流出する「デフレの輸出」をすることになり国際市況に影響を与えるほか、周辺諸国との貿易摩擦につながり、これが中国経済の成長を抑制する新たな要因となる可能性も指摘されている。このように、中国経済は厳しい内外環境に直面しており、先行きは楽観しがたく、さらなる経済減速のトレンドは不可避の状況にあるとみられ、企業各社による中国現地へのさらなる進出や事業展開のあり方が改めて問われている。

歯止めがかからない人口減少と少子高齢化

◉速いペースで進行する人口減少

今後の中長期的な経済成長を展望するうえで重要な要素となる総人口の動きについて見ておく。2024年末時点の中国の総人口は14億828万人となり、1949年の中華人民共和国建国時（5・4億人）の約2・6倍に達した。もっとも、中国の総人口は2022年にピークアウトし、2024年には前年末から139万人減少し、2022年から3年連続で減少した。2019年の国連中位推計では、中国の総人口のピークは2031年に14・64億人と予想されていたが、人口減少の段階は9年ほど早く到来している（**図表1-1**）。

主たる要因は出生数の減少である。中国の出生数は、2022年（956万人）に1000万人の大台を割り込んで以降7年連続で推移し、建国以来最小を更新してきたが、2024年は8年ぶりに増加に転じ、前年比53万人増の954万人となった。出生数増加の要因としては、2024年は中国では出産に縁起がよいとされる辰年であったことも挙げられる。しかし、出生数が増加したにもかかわらず総人口が減少したのは、死亡者数（1093万人）が出生数を上回ったことによるものであり、今後も少子高齢化による人口減少の流れは大きく変わらないとみられる。このような状況になる背景として、約40年続いた「一人っ子政策」が大きく影響している。これが経済減退を招きかねないと懸念されるなか、2015年以降は国や地方政府は2人目や3人目の出産を認め、補助金の支給などの対策に取り組んでいる。ただし、中国の社会においては長年にわたって一人っ子が当然のこととなっており、数少ない子供に集中的にコストをかけて教育機会を与えるといった環境や考え方が根深く定着している。

中国が今後も中長期的に安定した経済成長を続けていくためには、社会保障や年金制度、税制優遇や休暇制度も含めて子育てしやすい

図表1-1｜中国の総人口および前年比増減数の推移

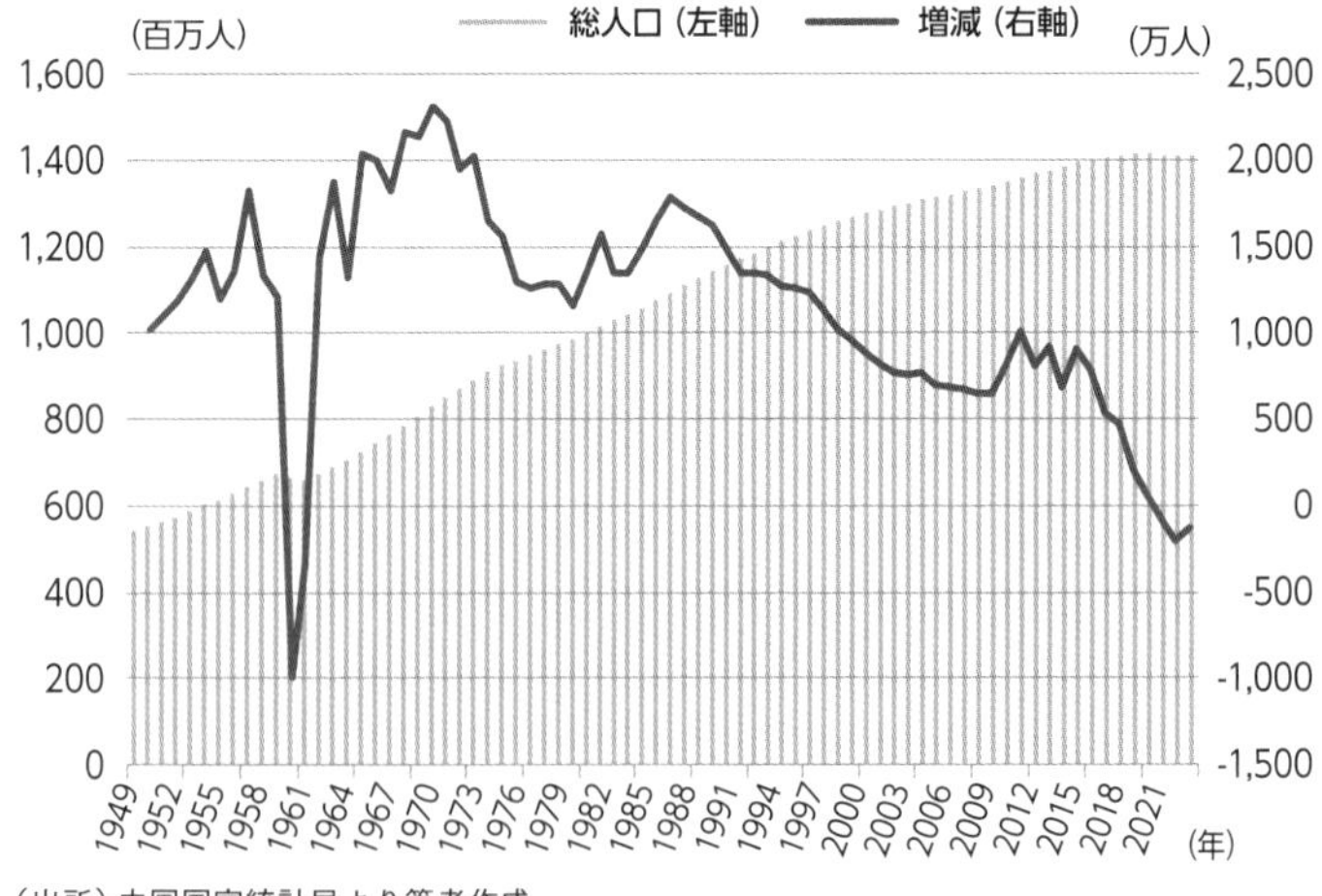

（出所）中国国家統計局より筆者作成

環境を整備するほか、近年進められている定年延長といった制度見直しも含め、高齢者が社会で活躍できる場の拡充といった対策を地道に重ねていく必要があろう。ただし、「二人っ子政策」など出産制限の緩和だけでは出生数の増加および出生率の向上には十分でない。また、補助金の支給や休暇制度の充実といった出産奨励の施策を進めたとしても、長年にわたって培ってきたライフスタイルが早々に見直されるとは考えにくい。さらに、近年は婚姻件数の減少や晩婚化も進展しているうえ、ここ数年は厳しい経済環境が続き、雇用不安、教育費など生活費の高騰に直面している。このため、前述のような各種政策が打ち出されても、特段の政策効果や社会環境の変化は期待しがたく、人口減少は不可避とみられる。

歯止めがかからない少子高齢化

こうしたなか、少子高齢化も深刻な問題となっている。中国経済を支える生産年齢(16~59歳)人口の動きを見ると、2013年をピークに減少に転じており、2024年時点で8億5798万人となった。また、総人口に占める割合を見ると、足元10年で低下してきており、2024年時点では60・9%と大幅に減少している。中国政府当局が2021年に発表した推計によると、生産年齢人口は2022年から2050年にかけて2億人以上減少すると予測されている（**図表1-2**）。

このように生産年齢人口が減少するなかで、これまでの豊富な労働力を活用した生産拠点としての位置づけが見直されてきているほか、近年は高付加価値産業の育成といった政策が展望される契機ともなっている。また、今後さらに少子高齢化が進展するとしても、一人あたりGDPが1万米ドル超に達した約14億人の人口を抱えていることから、年齢層の構成に変化はあれども、消費マーケットとしての大きな可能性を抱えている存在であることは間違いない。このように、人口動態によって、中国国内で求められる産業のあり方も見直されることにもなるだけに、今後も出生率の向上や高齢化対策として政府が打ち出す政

図表**1-2**｜**生産年齢人口および高齢化率の推移見通し**

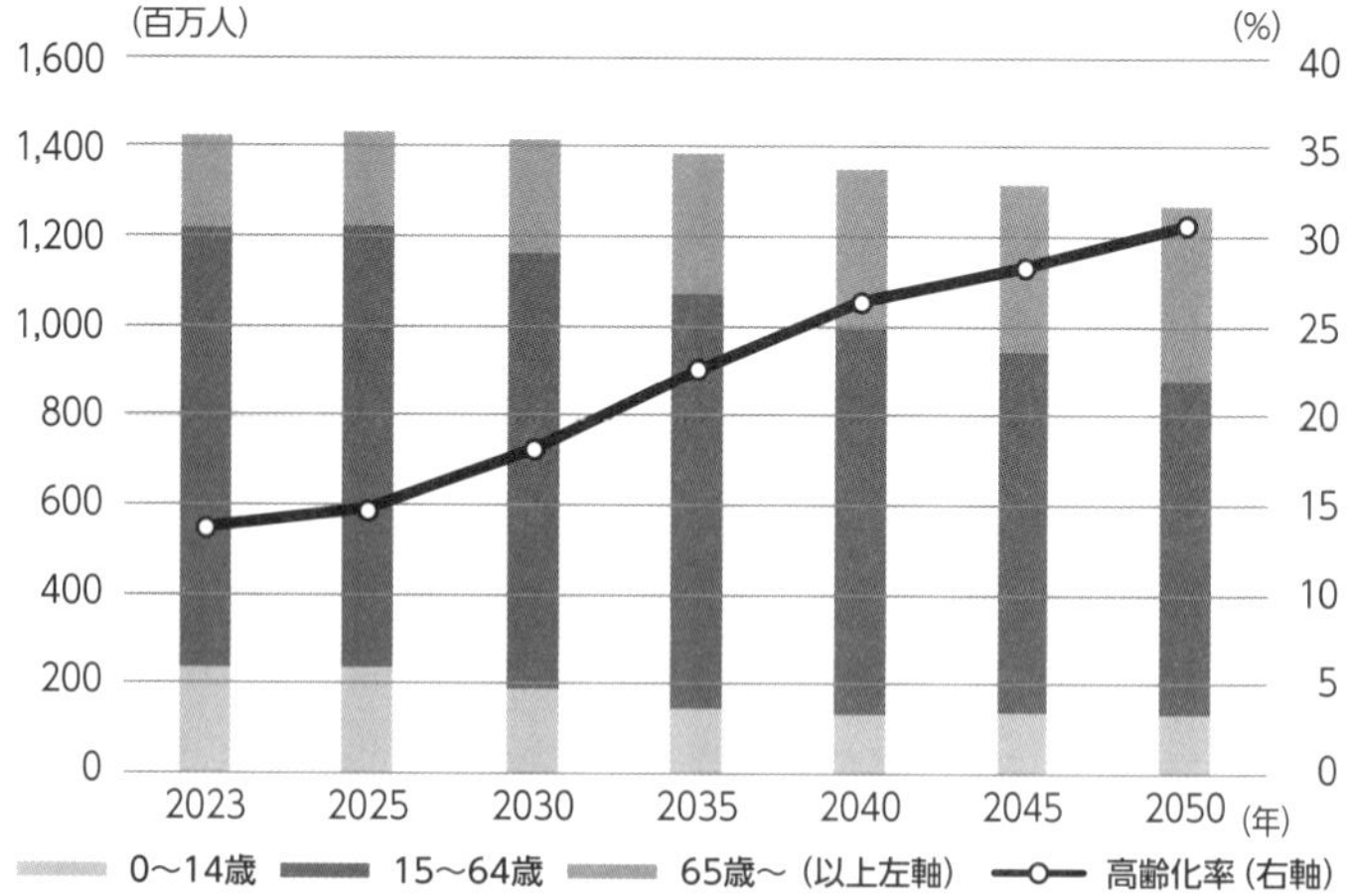

（出所）United Nations "World Population Prospects 2024"より筆者作成

策動向を踏まえた社会のトレンドを見極めていく必要があろう。

根深い地域間格差、モノ消費からコト消費の顕在化

●幅広く、奥行きがある中国マーケット

中国経済を例えるとすると、ＥＵ（欧州連合）とアフリカ全体を合わせたような幅広く大きな存在とも言えよう。中国国内の各「省・直轄市」について考える際、ともすると日本人は日本の「都道府県」と同等に捉えがちであるが、各省の経済規模は実は「ひとつの国家」と言えるほどのスケールがある。例えば、人口で見ても、中国最大の広東省は1・3億

図表1-3｜省・直轄市別の一人あたりGDP

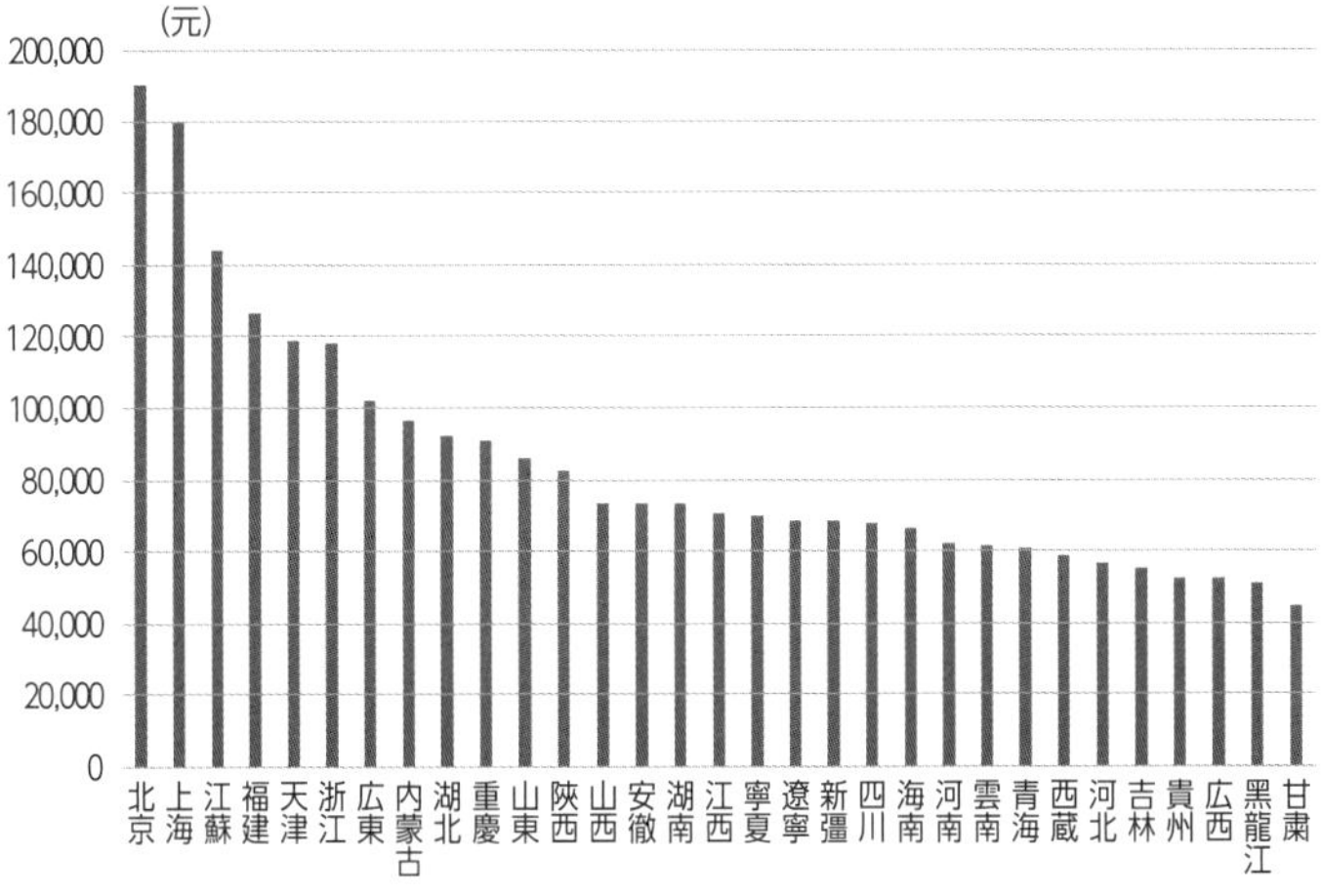

（出所）中国国家統計局より筆者作成

人に達しており、5000万人超は11省ある。また、経済の規模で見ても、広東省のGDPは、ASEANの大国で、2・7億人超の人口を抱えるインドネシアを凌駕する。

このように中国は膨大な経済規模を誇るとともに、国内では地域間格差が著しいのが特徴となっている。中国は日本の約26倍の国土と約11倍の人口を抱え、56の民族が存在しており、同じ国にありながら地域ごとに固有の文化や習慣があり、これらの地区の間には経済的な格差が根深く存在している。一人ひとりの豊かさの指標として、中国の省・直轄市別に一人あたりGDPを見ると、北京と甘粛の間には約4倍の差がある（**図表1-3**）。また、一人あたり可処分所得を見ると、上海や北京

図表**1-4** | **省・直轄市別の一人あたり可処分所得**

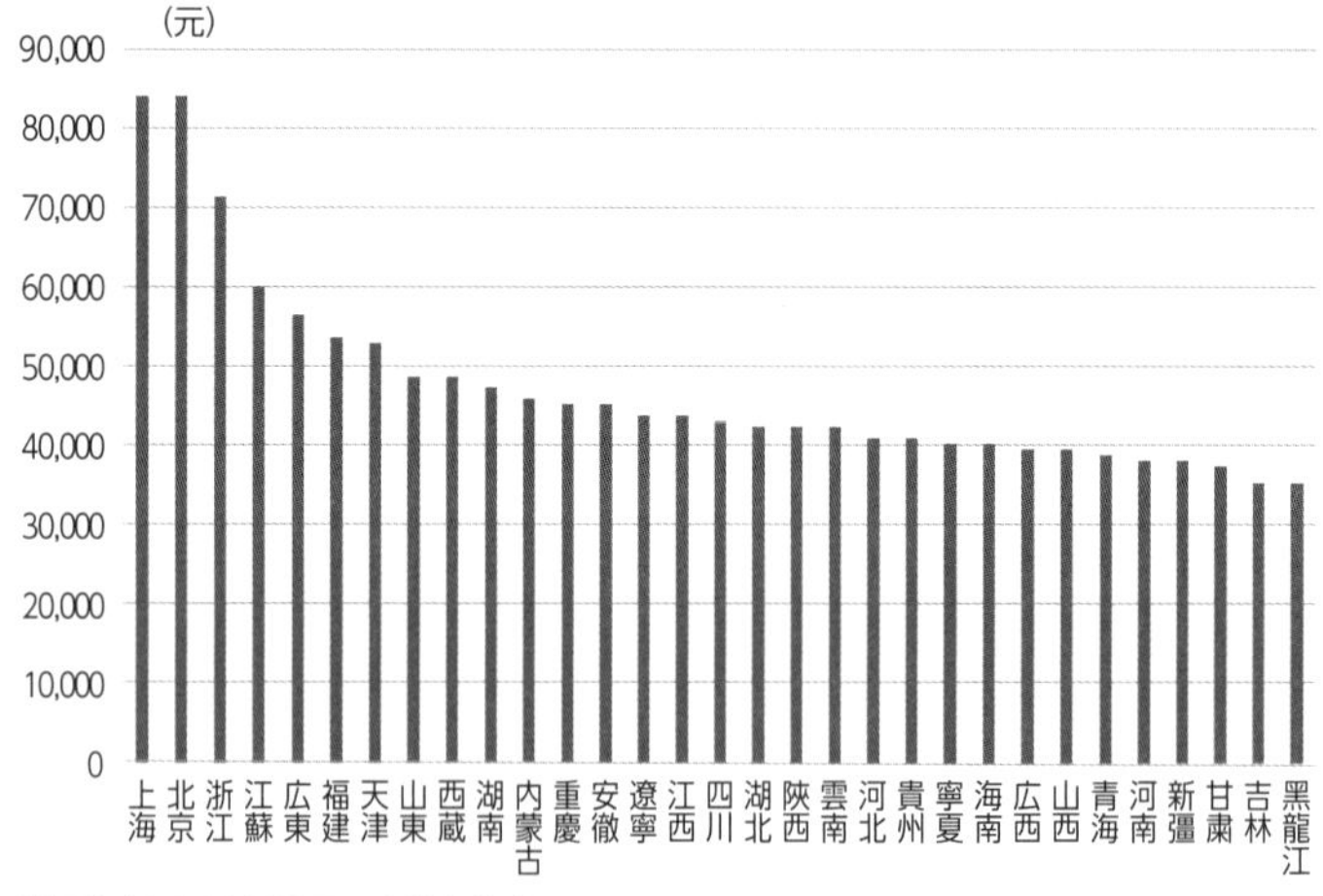

（出所）中国国家統計局より筆者作成

のほか、沿岸部の主要都市が他の地域を先行して高い水準に達している一方、内陸部に位置する地方都市との間には大きな差が存在している（**図表1-4**）。こうした根深い地域間格差を踏まえつつ、政府当局が最適な政策を全土に平等かつ効果的に展開していくのは至難の業とも言える。中長期的な観点から中国経済や社会の安定を維持するためにも、各地区で顕在化する格差の是正が中国政府当局にとっての重要な課題のひとつとなっている。

今後が注目される下沈市場

中国には22の省、5つの自治区、4つの直轄市、2つの特別行政地区（香港、マカオ）という行政区分のほかに、各都市の発展段階に応じて6等級に分類する方法[注9]がある（**図表1-5**）。都市レベルに基づく分類のもとで、3級以下の都市および農村部は「下沈市場」と総称されている。ここでの「下沈」は文字のごとく〝下に沈む〟ということでなく、「下」は地方都市、「沈」は豊かさの浸透や普及を表している。下沈市場の人口は約10億人と中国全体の約7割を占めている。また、社会消費品小売総額に占める下沈市場の割合は全体の約半分に達している。

注9：各レベルの都市を見ると、1級都市は他の地域に先行して経済発展を遂げた都市で、「北上広深」の略称で呼ばれている中国を代表する4都市である。新1級都市は各省の省都や2級都市のなかでも経済発展のペースが速い都市である。2級都市は東北3省の省都（瀋陽、哈爾浜、長春）のほか、沿岸地域を代表する主要地方都市となっている。3級都市は内陸部に多く、比較的経済規模が大きい地方都市が多い。4級および5級都市は水道や電気など基礎インフラは整備されているが、周辺を自然で囲まれた地方の中小都市が多くなっている。

下沈市場の消費に関する特徴を見れば、経済発展で先行する沿岸部に位置した1級や2級都市と比較すると生活ペースが総じて緩やかであるうえ、職住が近接しており通勤距離が短いことから、都市部の消費者よりレジャーや娯楽に充てる時間が多い。平均年収は1級や2級都市の水準対比では低いが、住宅関連も含めた生活コストが都市部と比べると割安であることから、可処分所得で比較すると都市部との間で平均年収ほどに差がつかない。このように下沈市場には時間とお金の両面で比較的余裕がある消費者が多く、消費意欲が旺盛となる傾向がうかがえる。ただし、沿岸都市部の消費者のように上昇志向を持って「消費昇級（消費のレベルアップ）」を追

図表1-5 | **都市レベル別で見た代表的な都市**

	都市レベル	都市数	代表的な都市	
都市部	1級都市	4	上海、北京、広州、深圳	
都市部	新1級都市	15	成都、重慶、杭州、武漢、蘇州、西安、南京、長沙、天津、鄭州、東莞、青島、無錫、寧波、合肥	
都市部	2級都市	30	佛山、瀋陽、昆明、済南、厦門、福州、温州、哈爾浜、石家庄、大連、南寧、泉州、貴陽、長春、常州など	
都市部	3級都市	70	蘭州、海口、湖州、揚州、洛陽、仙頭、唐山、ウルムチ、泰州、銀川、桂林、九江、柳州、潮州など	下沈市場
都市部	4級都市	90	馬鞍山、開封、秦皇島、吉林、張家口、景徳鎮、眉山、黄山、承徳、チチハルなど	下沈市場
都市部	5級都市	128	昭通、涼山、広安、丹東、拉薩、延安、三文峡、朝陽、麗江、慶陽など	下沈市場
農村部	農村エリア	-	農村地区	下沈市場

（出所）新一線都市研究所「2024年都市魅力ランキング」より筆者作成

求するよりは、商品の価格に敏感で、品質とのバランスを踏まえつつコストパフォーマンスを重視する傾向も根強くある。このため、1級や2級都市では海外ブランドが好まれる傾向がある一方で、下沈市場では価格競争力の高い中国地場ブランドが選ばれる傾向もうかがえる。また、こうした特徴のほかに、下沈市場の重要な特徴として「熟人社会」が挙げられる。下沈市場は沿岸の主要都市のように外地から流入する人口が少なく、地域住民の間の関係は密になる結果、親しい知人の意見や口コミに影響されやすい。近年は下沈市場でもオンラインショッピング需要が増加しているが、こうしたなかでも下沈市場には依然として実店舗で買い物することを好む傾向がある。オフラインや実店舗に対する信頼が強く、実物がなければ商品の購入をしないなど、保守的な志向もうかがえる。

中国国内の広大な国土に広がる下沈市場の各都市を見れば、経済水準や文化、習慣においてそれぞれ独自の特徴を有しており、これまで先行して発展を遂げてきた上海ほか沿岸都市とは異なる発展プロセスが模索されることになるとみられる。ただし、足元では1級や2級都市がすでに成熟期に突入しているなか、政府当局による下沈市場における消費促進の後押しとなる政策に支えられつつ、膨大な人口を抱える内陸の農村部においてもインターネットの普及やデジタル化が推進されることになるだろう。物流・情報インフラが整備されていくに伴い農村部の収入増や消費レベルの向上が実現し、下沈市場の各都市が質的な向上も伴いつつ、中国全体の消費を下支えする存在として潜在的な成長余地を顕在化させていくことが期待される。

●審美眼が高まり、モノからコトへ広がる個人消費

人口動態や各地域の動向を踏まえつつ、近年の個人消費のトレンドを考えると、注目されるのは、モノを起点とする物質的な欲求でなく、経験などコトを軸として「質」を追求する新たな潮流である。WTO加盟以降に高水準の経済成長が続いたなかで、中国の消費者が豊かさを手にして一定の年月を通じて蓄積した経験のもとに、よいモノを見極める「審美眼」が磨かれてきている。かつては自分自身のなかにモノの価値を見極める根拠や基準に乏しかったため、見栄や面子にこだわって高級ブランドに固執することや、〝金額が高いことは、すなわちよいモノ〟との考えに基づく消費も少なくなかった。ただし、高い購買力を得た中国の消費者はよいモノを手に入れ、確固たる価値観や判断の軸を構築してきた。その結果、合理的かつ冷静な判断のもと、よいモノを見極めつつ、身の丈に応じた消費行動が広がってきている。さらに近年は、上海や北京、広州といった沿岸都市部のみならず、内陸でも裕福な人が増えている。地域間に根深い経済格差を抱える中国国内では、豊かさをまだ十分実感していない段階の人々も多く、奥行きの深い消費

マーケットの成長が期待される。

さらに、経済高成長を遂げてきたなかで消費者の審美眼が高まるに伴い、高額なモノ消費にとどまらず、人生や生活を豊かにするコト消費へのシフトも着実に進展している。中国はこれまでの高水準の経済成長のなかで、人々の生活は物質的にも精神的にも豊かになっている。例えば、日本に旅行に来て百貨店やドラッグストアで「爆買い」したりする消費行動に走るのではなく、地方を訪ねて地元ならではの美味しい料理を味わったり、自然や文化を堪能したりといった経験に価値を見出す傾向が強まっていることには注目しておきたい。このように中国の人々の消費行動に関しては、量的な面にとどまらず質的な面にも着目しながら、今後の動向を見ていく必要があるだろう。

今後も考慮すべき中国市場の特性およびリスクファクター

中国は国土と人口が膨大で、地域それぞれが特徴を有している。奥行きがあり、幅広いマーケットの特性を踏まえると、中国市場は外資企業各社が世界市場を攻略するための〝道場〟のような存在とも言える。中国で勝つことが世界市場での成功を展望するうえでも試金石となりうる。

中国マーケットには膨大な事業機会が想定される一方で、考慮しておくべきリスクファクターも多い。これらを正しく捉え、いかに現地社会に受け入れられ地域貢献を果たしつつ、しかるべき事業価値を創出していくかが問われる。ここで、今後の中国事業の成否を見極めるうえで考慮すべき市場の特性およびリスクファクターを検討していく。

優先される「国家安全」のスタンス

払拭されない「国進民退」の傾向

まず中国の現政権の特徴として、「国家安全」を最優先課題とするスタンスがうかがえることを語っておきたい。中国政府当局は、大規模な財政出動を伴う景気刺激策を通じて目先の経済の腰折れを回避するのではなく、貧富の差の是正を目指す「共同富裕」との理念のもと、長期的な観点から経済成長を維持・安定化させるため、国内各産業に残存する旧態依然とした規制の緩和や、不均衡や不平等の是正といった構造問題への取り組みを模索する姿勢がうかがえる。ただし、共産党政権による国家統治の正当性を人民に指し示すためには経済成長の実現が求められ、大規模な景気刺激策を打たずして経済をいかに回復させるのか、次世代につながる新しい産業を育成しつつ安定的かつ質の高い経済成長は維持できるのかといった課題に直面している。こうしたなか、中国国内では、政府当局による政策の恩恵が国有企業に集中する「国進民退」の傾向が顕在化している。

「国進民退」は中国共産党や政府当局の方針として正式に打ち出されているものではなく、あくまで中国の経済や各産業において国有企業が民営企業より優遇されているとうかがえる現象や状況を指すものである。かつて1990年代後半には経営が悪化した国有企業の整理のほか、中小国有企業を主体とする民営化、外資の導入などを通じた国有企業改革が推進された。2000年代に入ると、家電セクターなどで事業を拡大した民営企業が、売上高や従業員数でも国有企業を上回る存在となった。しかし、2008年の世界金融危機で転機を迎える。政府当局が実施した4兆元の景気刺激策は公共投資が主体であり、恩恵のほとんどを国有企業が享受していた。民営企業の伸び悩みが続いていたなかで国有企業が勢いを取り戻し、この時期にも「国進民退」の傾向が指摘されていた。

その後、2010年代前半にはネット関連やITプラットフォーマーといった民営企業が成長を遂げ、中国経済の牽引役の役割を果たすようになった。一方で、習近平体制となってから国有企業の改革の勢いが減退し、国有企業の強化が図られている。特に2020年以降、COVID-19の流行の影響から中国経済を取り巻く環境が厳しくなるなか、政府当局は、プラットフォーム企業に対して許認可権や独占禁止法の適用を通じて事業停止に追い込んだほか、巨額の制裁金を科し圧力を強めてきた。こうした規制強化の底流には、中国政府当局の民営企業に対する警戒感の高まりがあり、経済活動に対する国家の統制を強化することを狙った「国進民退」の動きが感じられる。

現在、中国には約2600万社の民営企業があり、その特徴は「5・6・7・8・9」という数字で表されている。すなわち、民営企業が国の税収の5割以上、GDPに対する寄与度の6割以上、技術革新の成果の7割以上、都市部労働者の雇用の8割以上、企業数の9割以上を占めており、民営企業による中国経済全体への貢献度は高い。政府当局としては民間の活力も活かしつつ経済成長を実現する意欲はあるとみられる。その一方で、共産党および政府当局が適切にコントロールできる構造や体制を整えておきたいとの意図は根強い。こうした政府当局の考えのもと、経済低迷といった状況に直面した際には、共産党や政府当局の影響力が直接的におよぶ国有企業を重視した「国進民退」の傾向がぶり返している。現政権が国有企業を優先するスタンスにあるなか、民間企業の設備投資や新規採用に対する意欲は鈍く、先行き不安は払拭されないだけに、民間企業へのテコ入れのために具体的な施策が打ち出されるのか注目される。

「中国式現代化」の追求

2024年7月に開催された中国共産党の重要会議である三中全会（第20期中央委員会第3回全体会議）の最終日に公表されたコミュニケ（声明）において、習近平政権が主導する「改革の全面的な深化」と中国独自の発展モデルを追求する「中国式現代化」の推進に向けた決定が採択された。「中国式現代化」の考えは2022年の党大会の報告で提起され、党規約にも織り込まれており、2024年3月に開催された全国人民代表大会の「政治活動報告」でも強調されている概念である。中国は広大な国土と人口を抱え地域間格差も大きく、政治体制でも西洋と異なる独自性や特殊性を有していることから、これまで西側の先進諸国が進めてきた発展モデルとは異なり、中国独自の現代化を推進することを謳っているものである。また、2035年を目途に「社会主義現代化」の基本的な実現を図るとともに、建国80年となる2029年までに改革任務の完成を目指す方針が明らかにされている。コミュニケでは、国家安全について「中国式現代化を進めるための基礎」と明記しつつ、「経済発展」と「国家安全」の両方を重視する方針が示された。

経済分野について見ると、税財政や金融改革の深化に加え、社会保障や民生の改善を図るほか、「不動産、地方政府債務、中小金融機関などのリスクを防止し、解消するための措置を徹底する」方針も示された。また、半導体や自動車などの分野で欧米諸国が対中姿勢を硬化させているなか、中国国内でイノベーションを加速させる「新質生産力」を育成しつつ、「サプライチェーンの強靭性と安全レベルを高める体制を整備する」方針が打ち出されている。足元の厳しい経済環境下、欧米諸国との対立が一段と激化する可能性があるなか、他国の経済や産業の影響を受けにくい体制となる「自立自強」を目指すとしており、ここでも「国家安全」を意識しつつ、安定的かつ強い国家を目指すスタンスがうかがえる。また、科学技術の発展のために「人材強国」を目指し、国家レベルの人材育成を目指すほか、海外からも優秀な人材の誘致を目指すとしている。ただし、市場経済化の進展より政府当局による「市場の管理」が強化され、経営が非効率な国有企業が優遇される「国進民退」の傾向が根強く続いた場合、経済成長の阻害要因にもなりうる。国家安全を重視するスタンスを堅持するとしても、まずは、安定的な経済成長を実現させてこそ中国共産党政権の統治の妥当性が示されることとなるため、政府当局にとって国家安全と経済成長のバランスを取ることが重要となる。

厳格化する国家の情報管理

「対外関係法」と「反スパイ防止法」

習近平政権は「国家安全」を重視するスタンスを打ち出しており、国家安全保障を理由とした規制強化などから、中国に進出する外資系企業や外国人を取り巻く環境が厳しくなっている。具体的には、2023年7月には習近平政権の外交政策の基本方針を法制化した「対外関係法」が施行された。「中国の主権、安全、発展利益を損なう行為には、関係部門が協調し、報復・制限措置を講じる」と規定されており、国家機関や政党に加え、企業や個人も「対外交流に際して国家の主権、安全、尊厳、栄誉、利益を守る責任と義務を有する」としている。いかなる組織や個人も対外交流で中国の国益に反する行為や活動をすれば、それに相応する報復・制限措置を取ることができる旨が示されているものである。加えて、2023年7月には「反スパイ防止法」が改正された。改正前はスパイ行為の範囲として「国家機密と情報」を盗み出す行為と限定されていたが、改正後には「その他国家の安全や利益に関連する文書、データ、資料、物品」に拡大されたほか、「機密情報や国家安全保障や利益にかかわる文献、データ等の聞き出し、取得、買収、違法提供」もスパイ行為とみなされることとなった。また、国家安全当局の権限が強化され、反スパイ活動の対象・範囲も拡大され、スパイ行為に対する行政処罰も厳格化されている。

「データ3法」

これに加えて、「データ3法(サイバーセキュリティ法、データセキュリティ法、個人情報保護法)」の施行により、企業や個人が保有する重要データや個人情報に対して政府当局が管理を強化する方向が打ち出されている。これに基づき、企業各社や個人は、中国国内で収集・生成された重要データや個人情報を保存する際には厳しい管理を求められるほか、中国国外に移転する際には政府当局の承認が必要となる。こうした厳しい条件をクリアしなければならないうえ、違法と判断された場合には多額の罰金が科せられる可能性もあるが、現時点では具体的なガイドラインの整備が進んでいない。こうした不透明な状況が対中投資を検討する企業にとっての足かせとなっている。

振り返ると、2023年3月には「国務院工作規則」が改定され、「重要な政策決定や事案は党中央の指示を仰ぎ報告する」旨が定められた。さらに2024年の全人代では、「国務院組織法」の改正案が審議され、1982年以来42年ぶりに改正案が採択された。この改正の狙いは、国務院（内閣に相当）が共産党の指導を堅持することを明確にすることであり、「党と国家の指導思想、特に習近平新時代の中国の特色ある社会主義思想を国務院の任務の指導思想とする」と明記されている。これにより、国務院は党中央の審議や決定を仰ぐための場として位置づけられ、政策運営にかかる決定権限が共産党に一元化することが制度化されるなど、共産党に権限が集中する流れが強化されている。今後も、公正かつ透明性の高い情報公開の体制が確保されない限り、外資系企業各社の対中進出の意欲を阻害する要因にもなりうるだけに、政府当局の情報公開に対するスタンスには引き続き注意しておく必要があろう。

慎重になる外資系企業の対中投資スタンス

進展する外資系企業の「中国離れ」

政府当局による外資系企業に対するスタンスが厳格化するなか、外資系企業のなかでは中国事業の先行きに対して慎重なスタンスを取る向きが強くなってきており、「中国離れ」が進展している様子がうかがえる（**図表1-6**）。中国の対内直接投資は足元で急速に減速しており、1980年代の改革開放路線のもとで外資誘致を推進してきて以来、2024年通年で初めて流出超になる可能性も指摘されている。足元の中国経済は長引く不動産不況や雇用不安などから厳しい状況にあり、先行き不安が払拭されない。さらに近年は、欧米諸国を中心として中国の過剰生産に端を発する貿易摩擦の問題に直面しており、対中スタンスを厳格化する動きもある。COVID-19やロシア・ウクライナ紛争に端を発した世界的な分断の動きもあり、欧米諸国との対立を契機としたサプライチェーンの見直し・再構築の流れのなかでデカップリングやデリスキングの動きは進展していくとみられる。

こうしたなか、ASEANほかアジア各国に対する注目度が高まっている。ここで日本貿易振興機構（ジェトロ）の「2024年度

図表1-6｜中国の対内直接投資およびGDP成長率の推移

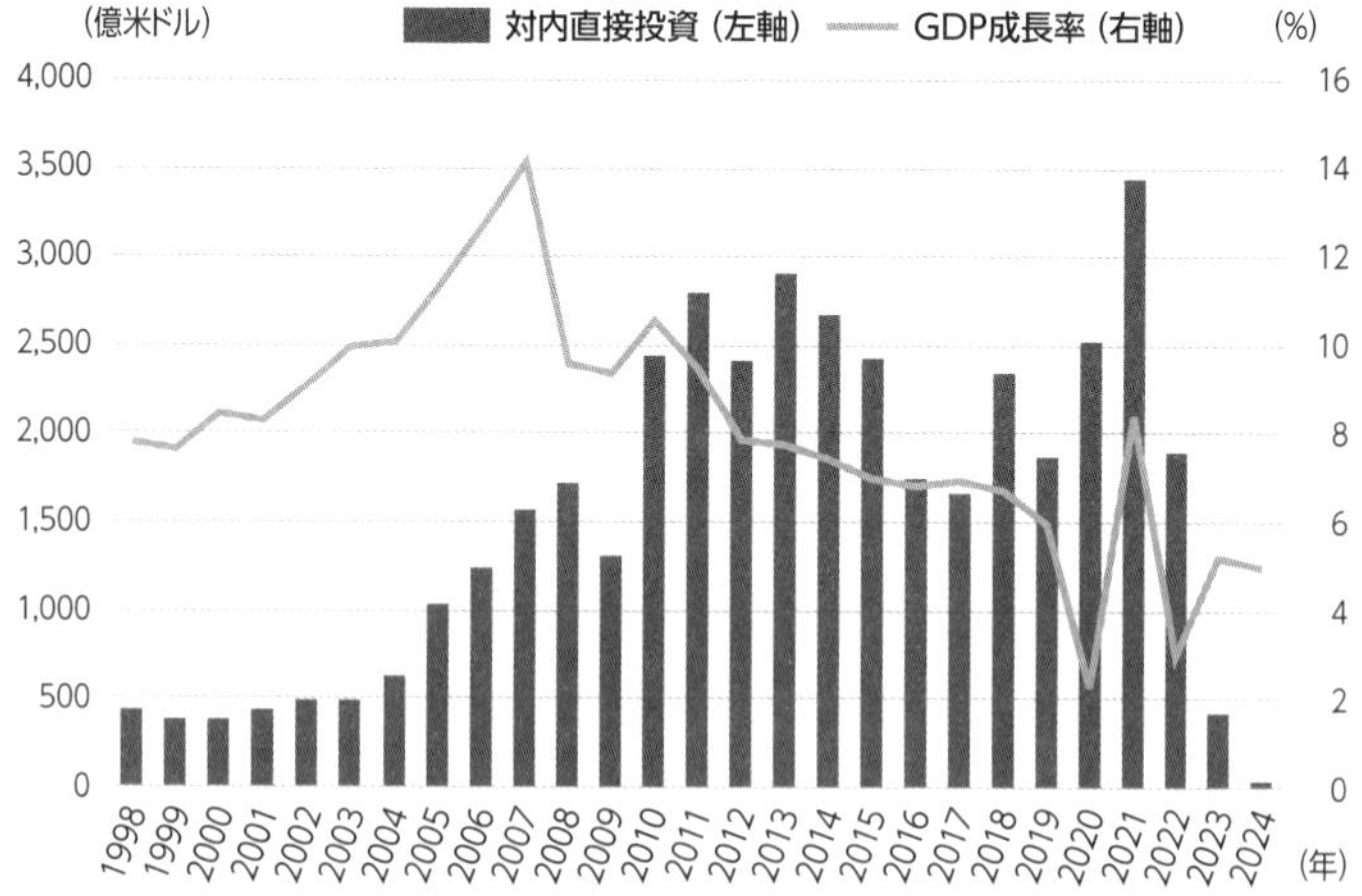

（出所）中国国家統計局、中国国家外貨管理局より筆者作成

海外進出日系企業実態調査」で日本企業の動きを見れば、「今後の事業展開」について、中国で「拡大」と回答した企業は21・7％となった。非製造業を含めて実施した2007年度調査以降、過去最低の水準となった一方で、5割超の企業がインドやラオス、バングラデシュ、ベトナムなどを「拡大」と回答しており、企業各社が「チャイナプラスワン」を模索する動きがうかがえる。

在中国の米国商工会議所が実施した「2024 China Business Climate Survey」によれば、米企業にとっての近い将来のグローバル投資計画における中国の位置づけについて、中国を「最優先」とする割合は16％と過去最低となっているうえ、「多くの投資目的地のひとつ」と「優先順位は高くない」を合わせた割合は51％と過半に達している。また、在中国EU商工会議所が実施した「Business Confidence Survey 2024」によれば、国別の投資先として中国を将来「最優先」とする企業の割合は13％にとどまり、「上位3位以内」を合わせても53％となり、過去最低となった。

このように、日米欧の各企業にとっての中国の優先順位は低下しており、中国に対する投資スタンスは足元で慎重になっている様子がうかがえる。

今後も中国が安定的かつ相応の水準で経済成長を続けるためには、外資系企業が安心して事業を継続できるような環境を整えつつ、質を伴った対内直接投資を受け入れる必要があろう。ただし、習近平政権が「国家安全」を重視しつつ、外資系企業による投資活動をコントロールし、「中国式現代化」の実現に資する外資系企業の誘致を模索する場合、「脱中国」や「チャイナプラスワン」の傾向がより強まる可能性もあり、今後政府当局の思惑どおりに中国の対内直接投資が増加基調に転じることは、容易には期待しがたいように思われる。

日本企業による中国事業のあり方と将来へのインプリケーション

日中関係を一言で例えるなら、「腰痛持ち」を想像するとイメージしやすいであろう。症状が改善したように感じられるときもあるが、完治することはなく、再び表面化すると大きな痛みに襲われることもある。日中両国の間には歴史や文化、政治体制などに違いがあるため、企業各社が事業戦略を策定する際には、日中関係の底流に払拭しがたいリスクファクターが存在しているとの認識を持ったうえで、いかにうまく付き合っていくか模索していく必要があるとも言えよう。

中国政府当局には、長期的な観点から経済成長を維持・安定化させつつ、社会の安定も見据えた質の高い経済成長を維持していく難しいかじ取りが求められており、「国家安全」を重視するスタンスを堅持するとしても、まずは安定的な経済成長を実現させてこそ、中国共産党政権の統治の妥当性が示されることとなる。中国の対内直接投資を見ても、政府当局のスタンス次第ではさらに減少基調をたどる状況を余儀なくされ、中国経済の成長性や将来性に影響することは不可避と考えられる。企業各社が対中戦略を検討するうえで考慮すべき要素が根深く存在しており、中国ビジネスの先行きを見通すことは容易でない状況にある。

中国は膨大な事業機会だけでなく、様々な課題やリスクファクターを内包している。これまで多くの日本企業が中国で事業展開するなかで、中国事業を着実に成功・拡大させてきた一方で、失敗を余儀なくされた事例も数多くある。経済的かつ地政学的にも大きなプレゼンスを有する隣国である中国としかるべくうまく付き合っていくことが、日本企業の将来にとっても有意な道筋ともなりうる。このためにも、今後を見据えた中国事業を再点検するにあたって、留意すべきリスクの観点に加えて、日本企業による中国事業展開のあり方と、将来へのインプリケーションを指し示していきたい。

現地を理解するマーケティング

中国経済は高度成長の時代が終焉し、足元の成長ペースは巡航速度に落ち着いている。今後は人口減少や少子高齢化といった課題を抱えつつ減速基調を余儀なくされるとみられるうえ、地政学リスクといった観点も強く意識される状況にある。こうしたなか、現在、企業各社のなかではより冷静かつ慎重に中国での事業機会とリスクのバランスについて議論が交わされている。

とはいえ、中国のGDPの推移を見れば、2023年には2013年の2倍超に拡大している。すなわち、足元で実現している5％程度の経済成長は、10年前の10％成長と同規模の新しい経済が生まれているとも言える。さらに、例えば消費マーケットの最近の傾向を見れば、消費者が自分自身の経済レベルや本質的なニーズに基づき〝身の丈〟に応じた消費の傾向が強まっている。このように考えると、中国経済はかつてより贅肉が少ない筋肉質になっている要素もあり、日本企業が捕捉する余地を模索できる市場もあるように思われる。

ここで企業各社が自社の事業を検証する際、地政学的なリスクはもちろん重要であるが、そもそも中国市場における自社の競争力が現時点でどの程度あるのか、販売やサービスを提供する立場からの視点で検討していくことは重要である。企業各社が中国ビジネスについて検討する際、事業リスクの観点を踏まえて議論が進むことも少なくないが、中国での競争環境や自社の強みといった営業目線からの議論も重要と考えられる。特に高い技術力を誇る日本企業の間では「よいモノは売れる」という考え方が相変わらず根強い傾向があるが、現地のビジネスで消費者のニーズに合致した製品やサービスを提供するため、「売れるモノこそよいモノ」という考えで臨む姿勢も重要である。

先述の「下沈市場」の項目でも述べたとおり、中国ではこれまで経済成長が続いたなかで消費者の審美眼が養われてきている。かつてのように欧米ブランドに安易に飛びついたりせず、自分自身が本当に求めているモノやサービスを身の丈に応じて選別する傾向が強まっている。さらに、近年は地場企業の競争力が着実に高まってきており、消費者が国産品を支持する「国潮」の流れも顕在化している。こうしたなか、日本企業各社は中国市場が内包する各種リスクを踏まえつつ、現地マーケットを深く研究し、解像度を高くして丁寧なマーケティングを重ねていく必要があろう。現地でしか知りえない市場動向にも目配りしつつ、自社の強みを深く掘り下げて事業戦略を策定する姿勢が、今後ますます重要になるであろう。

将来を見据えたテクノロジーとウェルビーイングの発想は要注目

近年は中国経済が減速基調を強めているうえ、地政学リスクといった観点も強く意識され、中国に対する注目度が低下している傾向がうかがえる。こうしたなか、中国で起きているイノベーションに対する関心や、先進技術の分野で中国企業に先行されるといった危機感が薄れているようにも感じられる。とはいえ、中長期的な観点も踏まえ、将来の成長マーケットに対する感度を高く有することが大切であることは言うまでもない。中国国内で新たに勃興するテクノロジーやイノベーションの動向は努めて冷静に、フラットな目で見ていく必要があろう。

中国では「中国式現代化」のもと、産業の高度化や高付加価値産業の重点的育成に政府当局が強くコミットし、先端分野の製造業をバネにして国の経済全体を再び成長軌道に回帰させようとの狙いがある。足元では、中国が世界で先行する新エネルギー車のほか、半導体や液晶パネル、太陽光パネルなど中国企業の優位性が高い分野のほか、先端技術の分野を重視しており、米中対立の主戦場にもなっている。ただし、例えば半導体産業のサプライチェーンを見ても、中国国内だけでは完結しない。こうしたなか、日本の素材メーカーや半導体製造装置メーカーは、国際的な産業構造上、自国の存在が不可欠な産業分野を戦略的に拡充していく「戦略的不可欠性」に基づいて中国企業との関係を模索している。今後も中国企業が有する技術力を見極めつつ、自社の事業のどの部分を戦略的不可欠性として確保しうるのか、より適切な付き合い方を見極めていくことが重要である。中国はテクノロジーの進歩はもとより、社会への新技術の実装といった面でかなり進歩的である。日本企業はこうした中国国内での動きに対して引き続き強い関心を持って市場動向や変化に注目し続け、事業機会を見逃さないよう注意していく姿勢が重要と言えよう。

注目すべき「ウェルビーイング」の発想

中国において、かつては日々の生活を送るのにも必死だった人々が、これまで経済成長を続けてきたなかで一定の豊かさを手にした。人々が裕福になり、健康寿命が延びたことで、人間らしく生きていくことの価値が見直されており、人々が心身ともに豊かで安定的な暮らしを守るために、一人ひとりの「幸せ」の追求を考える、いわゆる「ウェルビーイング」の発想が重視される傾向が強まっている。

例えば医療の分野では、「病気になったときに駆け込める病院」を考えるよりも、「予防的な観点に基づいて生活を整え、健康寿命を延ばす」という発想に転換しつつある。リタイア後に孫の顔を見ながら健康で幸せに暮らせる社会をどう構築していくのかといった観点から、介護事業やメディカル・ヘルスケアの分野では、人の手だけでは克服できない課題をテクノロジーで解決するような発想が求められている。中国にはこの領域に巨大なマーケットがあると考えられ、中国国内の社会保障や定年延長に伴う動きなど、社会システムに対する理解も深めつつ、多様な実験を多角的に重ね、社会課題の解決に資する質の高いサービスを生み出す余地が十分にあろう。

現地事業の成否を分ける企業トップの覚悟

言うまでもなく、中国と日本は引っ越しできない隣国の地理関係にある。これまで述べたとおり、政治や経済、文化や習慣も含めて様々な顔を持つ中国と、日本としていかにうまく付き合っていくべきか熟慮していくなかで、今後の事業戦略の軸を見極めるヒントが模索されるものと考えられる。前述のとおり、地に足の着いたしっかりしたマーケティングを通じて現地マーケットに対する理解を深めたうえで、何より大事なのは、社長をはじめとする経営トップの覚悟と現地事業に対するコミットメントである。

現地マーケットの実情を深く理解している現地駐在の担当者が、市場の先行きや事業が直面するリスクに対して強い危機意識を抱いたとしても、経営の意思決定権は有していない。このため、自社の中国事業の実情や抱えるリスクを理解し、中国事業とそこで働く社員を守るためには、社長をはじめ企業トップ自ら現地に足を運ぶことが不可欠である。足元では「反スパイ防止法」ほか情報管理が厳格化しているため、拘束への懸念もあるかもしれないし、そもそも業務が多忙といった事情もあるだろう。ただし、日本は欧米諸国と比べると中国とは距離が近くアクセスしやすい利点もある。最近はオンラインでも対応できる業務や案件も増えているとは言え、実際に自分自身で現場を見ることもないまま経営判断するのは容易でないものと思われる。日本本社のトップが現地の社員と同じ意識を共有し、事業機会とリスクファクターを冷静に見極めつつ、現地で生活する人々が日本人や日本企業を見る視線を実感していくことの意義は大きい。企業各社が解像度高く明確な事業戦略を描くためには、経営の意思決定権を有する企業トップが一定の頻度で中国現地に足を運び、ビジネスの現場を自分自身の目で確かめ、肌感覚を持って現地の実情の理解に努めることが極めて重要である。

コンティンジェンシープランの策定

中国は変化が大きい国であるうえ、政治体制の面から考えても、社会主義国家である以上、日本とは相いれない部分は完全には払拭しきれない相手でもある。中国に進出する企業各社は、こうしたリスクやイベントの発生頻度が低いとしても、万が一それらに直面した際に経営に甚大な影響がおよぶ可能性も見据えつつ、柔軟に事業戦略を対応させていく必要がある。自社の経営リソースの許す範囲で、現地事業が内包する多様なリスクが顕在化する、いざという時に備えたコンティンジェンシープランを策定しておくことが重要になる。

過去を振り返ると、2012年に尖閣諸島をめぐって中国各地で発生した大規模な反日デモなど、有事に直面したことも少なからずある。こうした局面を乗り切った日本企業の特徴を見ると、これまで発生した日中関係悪化の経験や情報を冷静に分析しつつ、具体的な対応プランを社内で検討し、次に「腰痛」が出たときに備える体制を整備していたのである。最近は、企業各社のなかには地政学リスクをはじめとする課題に向き合うため、経済安全保障の観点から情報収集や現状分析、今後の対応策を検討する部署が多く設置されている。たとえ日中関係が改善したように見えても、払拭しきれない「腰痛」が存在し続けていることを認識したうえで、日本本社と現地拠点が連携しつつ、万が一の事態にも備えておく体制を構築していくことが肝要であろう。

第2章

インドで試される日本企業のグローバルサウスへの向き合い方

グローバルサウス[注10]（新興・途上国）が世界経済において存在感を増しており、日本企業は事業展開先として関心を高めている。その筆頭はインドで、米中対立や東西分断の進展、中国の不透明感が追い風となっている。未整備なインフラや複雑な税制・労働法制など課題は依然としてあるが、都市化の進展や中間層の拡大で付加価値に目を向けられるようにもなってきており、インドの勢いや強みをいかに自社に取り込むかという視点で、ビジネスの可能性を腰を据えて探る段階に入っていると言える。こうした姿勢の重要性は、機会よりも先にリスクやハードシップが意識されやすいグローバルサウス諸国での取り組み全般において当てはまるであろう。本章ではインドに焦点を当てて論じることで、日本企業のグローバルサウスへの向き合い方について考えてみたい。

注10：グローバルサウスに厳密な定義はないが、新興国および途上国の総称と捉えれば、中国はここに含まれると考えることは可能である。しかし、本章では日米欧などの西側陣営と中ロなどの東側陣営のいずれにも与しない外交上の姿勢をグローバルサウスの特性のひとつとして重視することから、グローバルサウスには中国を含めずに論を進める。

グローバルサウス台頭の意味

世界経済の重心はグローバルサウスへ

戦後の世界経済の重心についてその遷移を見ると、「欧米からアジアへ」「西側先進国からグローバルサウスへ」という2つの大きな流れが観測される。第二次世界大戦後の国際秩序が米国主導で形成されたことに象徴されるように、欧米先進国は一貫して世界経済の主役であった。日本を含むG7が世界全体のGDPに占める比率は、冷戦終結後の1992年の段階では70%近くあった（**図表2-1**）。

しかし、冷戦終結後に東西の垣根が崩れグローバリゼーションが加速すると、様相は変化する。まずアジアへの流れの中心は中国である。中国は2001年に世界貿易機関（WTO）加盟を果たし海外からの投資を引きつけ、「世界の工場」と呼ばれるまでに成長した。アジアNIEs、東南アジアなども含め、アジアは21世紀前半における世界経済の成長センターと認識されるようになった。2000年代はじめに米証券会社のレポートに登場した「BRICs」にインドと中国というアジアの2国が入ったことが象徴的である。

もうひとつの大きな潮流は2023年以降、人口に膾炙するようになった「グローバルサウス」の台頭である。以前は「サウス（南）」という言葉は、多くが北半球に位置する先進国との地理的対比において経済発展の遅れた「途上国」というイメージを想起させるものであった。しかし、現在ではむしろ、発展の余地が大きく、力強く成長する（ポテンシャルを有する）「新興国」という前向きな面も

図表2-1｜世界のGDPに占める比率

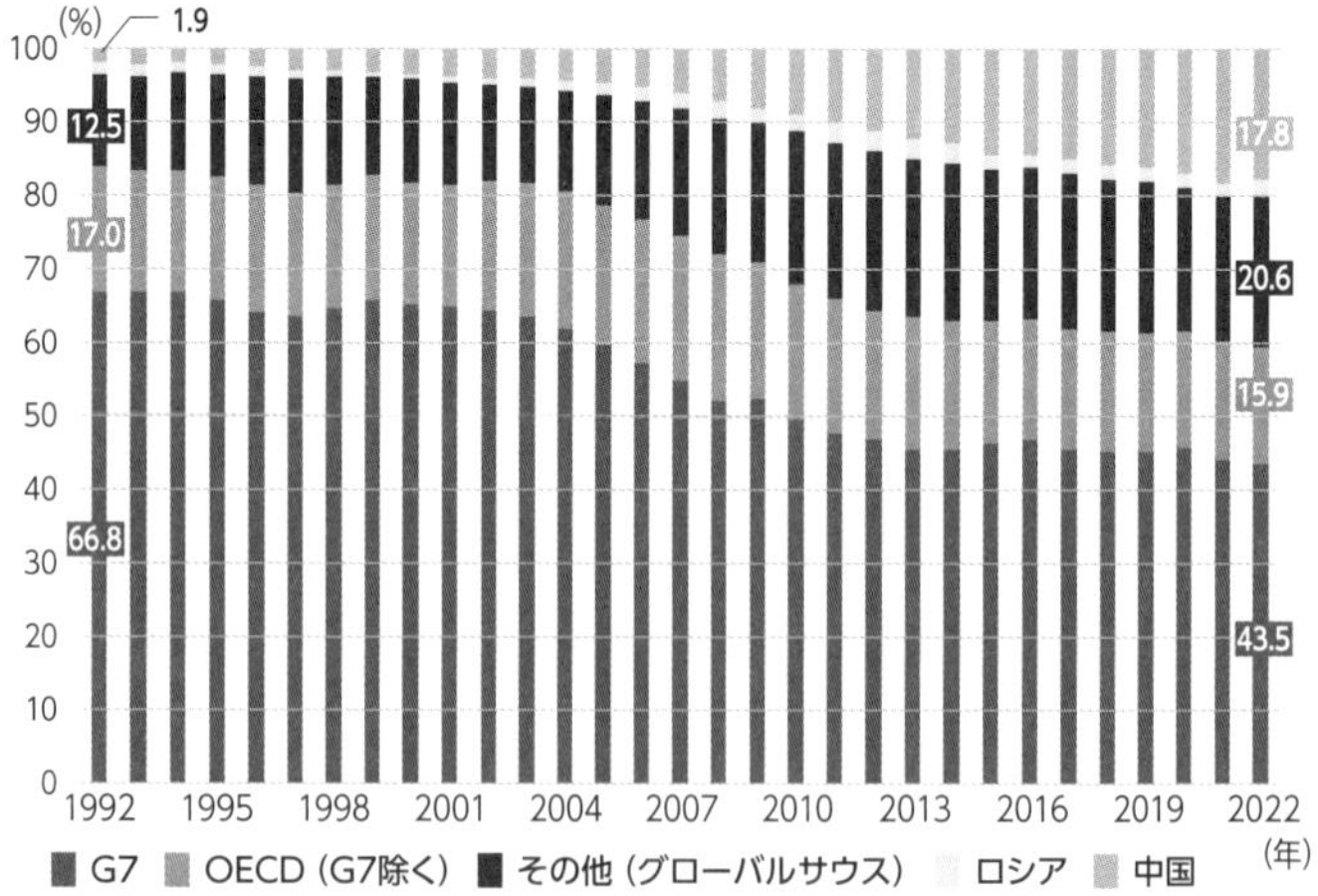

（出所）World Bank "World Development Indicators"より筆者作成

強く意識されるようになっている。決して一枚岩ではないが、今後の国際情勢において東西両陣営のいずれにも与しない姿勢で存在感を増していくとみられている。

世界のGDPに占めるG7のシェアは現在では約4割まで低下している一方で、新興・途上国が含まれる「その他（グローバルサウス）」は徐々に存在感を高め、2022年時点で2割を超えた。各国の発展余地や人口動態などを勘案すると、世界経済に占めるシェアは、日欧米などの先進国が縮小する一方、アジア新興国を含むグローバルサウスは拡大するというトレンドは、今後も継続するとみられる。

欧米からアジアへ、西側先進国からグローバルサウスへという潮流のなかで捉えると、西進するアジアの経済成長の最前線でもあり、グローバルサウスの代表格ともされるインドに注目が集まることに不思議はない。インドは主要経済国のなかで最も高いGDP成長率が見込まれる国であり、これまで東南アジアを下回っていたインドのGDP規模は、2025年に逆転するとみられている（国際通貨基金〈IMF〉の2024年10月時点の予測）。

地理的にも心理的にも遠いグローバルサウスとの距離

インドをはじめとするグローバルサウスが世界経済における存在感を高めている動きを日本から見れば、それは物理的にも心理的にも遠い地域が発展していく遠心的な動態に見える。グローバルサウスの国々は先進国とは異なり、ビジネス環境、投資環境が整っているとは言い難い。リスク感度が高く慎重な日本企業にとって、ビジネス阻害要因は目につきやすいと同時に、現地の生活ぶりや社会課題などの実態に根差したビジネス機会を感覚的に理解するのは難しい国々でもある。その要因として以下の2点を挙げておきたい。

まず、インドをはじめとするグローバルサウス諸国と日本では発展段階が大きく異なる。一人あたりGDP、都市化率、中間年齢、さらに金融機関口座保有率や病院のベッド数などの指標で見ると（**図表2-2**）、先進国である日本と各地域の差は大きく、日本企業はどうしても現地の日常生活や社会課題への想像力を持ちにくいようにみえる。ほかにも多くの新興・途上国で共通する問題として、非効率な農業、不安定な電力供給、化石燃料に依存するエネルギー利用、未整備のインフラ、脆弱な医療体制、気候変動に対する不十分な備え、などが挙げられる。

またインターネットや携帯電話の活用のあり方も日本とは異なる。そもそも新興・途上国では先進国と異なり、経済発展と同時に、もしくはその前に携帯電話（スマートフォンを含む）が普及しているため、日常生活における課題や不便をデジタルの力で解決することが合理的な選択となりやすい。例えば、金融機関に口座を保有する人よりも携帯電話を保有する人のほうが多いのであれば、金融関連のサービスを携帯電話経由で提供しようと考えるのはある意味では自然である。また、番地による住所管理システムが未整備であれば、個人の住居の把握は携帯電話の全地球測位システム（GPS）に頼るほうが効率的である。

図表2-2｜発展段階に関連する指標

	一人あたりGDP（米ドル）	都市化率（%）	中間年齢（歳）	金融機関口座保有率（%）	病院ベッド数（1,000人あたり）	インターネット利用者率（%）
	2024年	2024年	2024年	2021年	入手可能な最新年	2021年
世界	13,898	57.9	30.6	74	2.9	63.1
日本	32,859	92.1	49.4	98.5	13	82.9
中国	12,969	65.5	39.6	88.7	4.3	73.1
インド	2,698	36.9	28.4	77.3	0.5	46.3
東南アジア	5,805	52.2	30.5	n.a.	n.a.	n.a.
南アジア	2,549	38.6	27.1	65.8	0.6	42.6
中東、北アフリカ	8,562	66.4	26.1	51.8	1.5	77.4
サブサハラ・アフリカ	1,543	43.6	18.2	39.7	n.a.	35.9
中南米	10,369	82.2	31.3	71.7	1.9	76.2

注：中東、北アフリカの中間年齢は「北アフリカ、西アジア」のデータを使用（中東各国は「西アジア」に含まれる）。一部は利用できる最新年

（出所）IMF "World Economic Outlook, October 2024"、United Nations "World Urbanization Prospects 2018"、"World Population Prospects 2024"、World Bank "World Development Indicators"、"The Global Findex Databasc 2021"より筆者作成

第2が、日本に対する現地の目線である。日本が中国やアジアＮＩＥｓ、東南アジアに生産・輸出拠点を求めて進出を本格化させていった時代においては、日本は圧倒的な先進国であり、国家運営、産業、企業などのレベルで見習う点の多い、〝格上〟の存在であった。現地で日系企業への就職を目指す学生やその従業員が日本語を積極的に勉強し、また、先進国である日本への出張・研修は大きなインセンティブとなり、こうした経験を積んだ人材が日系企業の進出先での事業を担っていった。そこでは日本企業の文化や慣習を知る現地従業員との間で日本語でのコミュニケーションが成立するという〝心地よさ〟があった。

しかし、これから事業を展開するグローバルサウスで前述のようなことを期待するのは難しい。日本の経済的存在感が相対的に低下していることに加え、基本的に日本への特別な親近感といったものは見られず、むしろ欧米志向のほうが強い。英語ができれば日本語を学習する必要性は乏しく、有力地場企業と比べても賃金水準が高いとは必ずしも言い切れなくなりつつある日系企業に、魅力を感じることも少なくなっている。日本のことを積極的に理解したうえで現地事情を伝えてくれる触媒のような存在はかなり限定的である。

このように考えると、グローバルサウスでのビジネス機会を把握するためには、進出国の生活実態や社会課題から浮かび上がる期待やニーズを拾い上げるマーケットイン志向、デジタルを活用したリープフロッグ的発展に対する想像力、英語や現地語での能動的コミュニケーションといった、日本企業の「苦手分野」での対応が先進国以上に強く求められると言えるだろう。そもそも日本企業の場合、時間とコストをかけてビジネス機会を把握する前に、高いリスクやハードシップが否応なく目に飛び込み、検討の初期段階で「リスクがチャンスを上回る」という結論に至る傾向が強いように思われる。

ただ、世界の分断が進むなかでのグローバルサウスの台頭は続くと考えれば、リスクが目につきやすい市場だからこそ、あえて前向きに長い目でビジネス機会を捉える姿勢を取ることは重要な意味を持つ。次節以降はインドに焦点を当てることで、こうした姿勢の重要性を確認してみたい。

腰を据えてインドビジネスを検討する局面に

米中対立といった地政学リスクの高まりなどを背景に、日本企業の間では2022年以降、何度目かのインドブームが起きている。その背景には、特に中国を意識したうえでの、インドのグローバルな政治・経済面での存在感の高まりがある。これまで日本企業の間で何度かあったインドブームでは、必ずしも投資や進出企業の顕著な増加につながらなかったが、今回は、後述するようなインドの構造的な変化に目を向け、インドの強みや発展の勢いをいかに取り込むかという視点を持つことが重要である。

日本企業の高い関心と伸び悩む進出企業数

日本企業のインドへの関心は高い状況が続いている。国際協力銀行（ＪＢＩＣ）の製造業企業を対象とした調査[注11]を見ると、中期的（今後3年程度）に有望な事業展開先として、インドは２０１３年に初めて中国を上回った。以降も中国と1位の座を争っていたが、２０２２年以降は3年連続で1位となっている。長期的（今後10年程度）な有望事業展開先としては２００７年に中国を抜いて以降、２００９年を除いて一貫して1位を維持している。また、全業種を対象とする日本貿易振興機構（ジェトロ）の調査[注12]（２０２３年度）では、海外で事業拡大を図る国・地域を聞いたところインドは6位（16・2％）だが、大企業に限ると29・5％で1位に浮上する。

注11：わが国製造業企業の海外事業展開に関する調査報告
注12：日本企業の海外事業展開に関するアンケート調査

しかし、進出企業数については伸び悩みの傾向がうかがえる。進出企業数を見ると、2000年代後半以降は一貫して増加基調をたどってきたが、2020年の1455社で頭打ちとなり、COVID-19の流行の影響による撤退や拠点の閉鎖の影響もあり、現時点で最新の2022年10月時点では1400社に減少している（**図表2-3**）。2023年以降について、現地で日系企業の進出を支援する機関などの感触からすると、増加に転じていてもおかしくない状況であるが、それでも大きく伸びていることは想定しづらい。

日本企業の対インド直接投資が今回のインドブーム以前で最も盛り上がった時期は、自動車関連の大型投資や現地企業への出資案件

図表**2-3**｜**インド進出日系企業数**

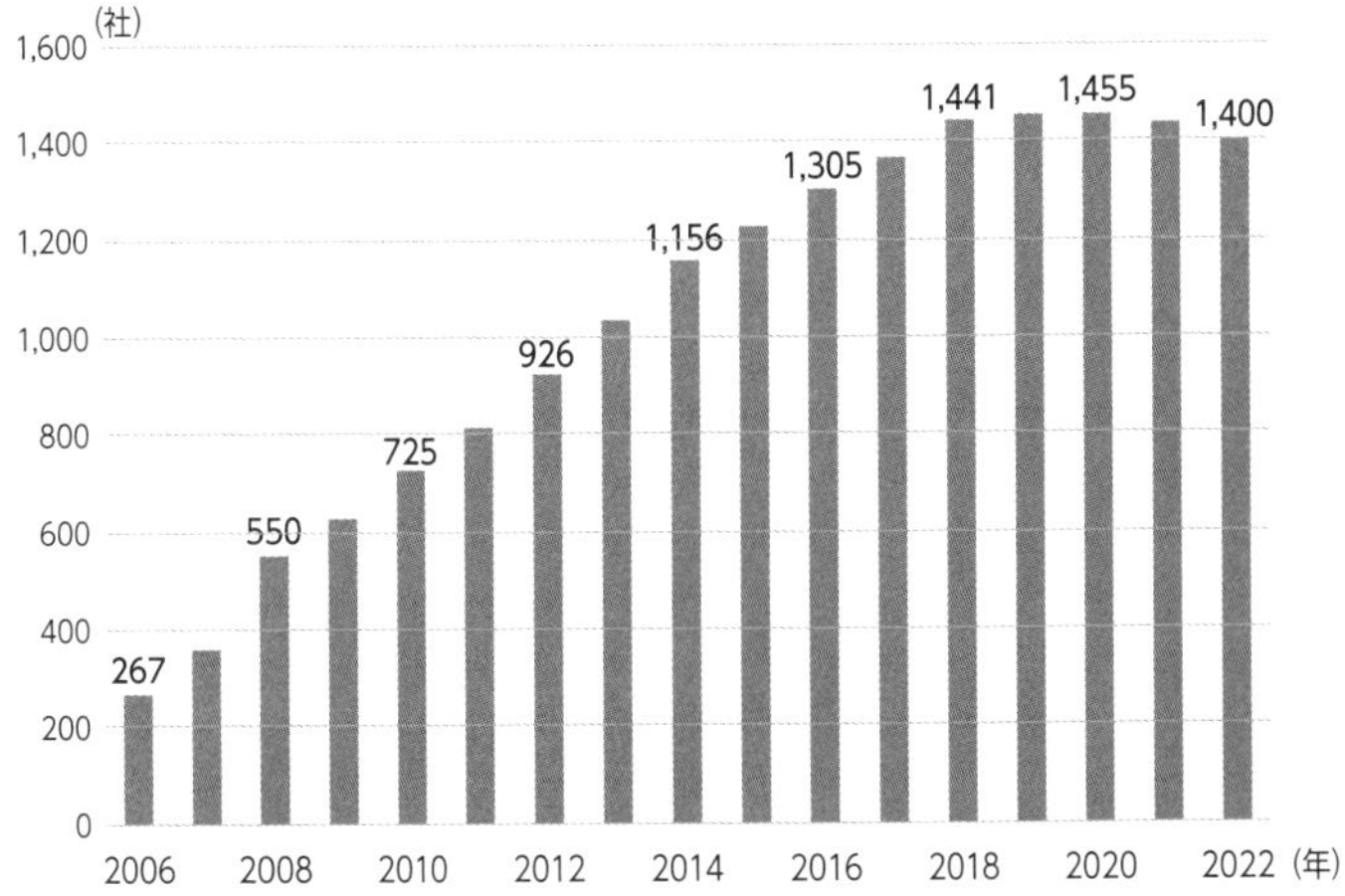

（出所）在インド日本国大使館、ジェトロ「インド進出日系企業リスト」より筆者作成

が目立った2008〜2010年である。投資額は2023年に前年比45・4％増の59・7億米ドルと急増し、過去最高の2008年を15年ぶりに更新した。しかし、対世界投資に占めるシェアは3・1％で、ピークである2010年の5・0％には届いていない。

一方で、既進出企業の業況は悪くない。ジェトロのインド進出日系企業を対象とした調査[注13]によると、2024年の営業利益見込みで「黒字」と回答した比率は、インドは前年比6・8ポイント増の77・7％と、2008年以降で最高となっている。また、今後1〜2年の事業展開の方向性について「拡大」とした比率は80・3％とアジア・オセアニア全体で最も高く、2位バングラデシュ（57・7％）、3位ベトナム（56・1％）と比しても抜きんでて高い。

これらを考えあわせると、大企業を中心とする既存の進出日系企業は、経済成長や市場拡大を追い風にビジネス拡大に積極的であるものの、インドへの関心の強さは、投資や進出企業の急増には直結していない。黒字と回答した企業の比率の高さは、進出当初の数年は赤字となる新規進出企業が少ない現状を反映したものと理解できる。

日本企業のインドへの関心が新たな進出、事業展開に結実しない背景には、インドのビジネス環境、投資環境に対する厳しい評価が挙げられる。脆弱なインフラ（不安定な電力供給、非効率な物流など）、複雑な労働法制や税制、難しい土地収用、未成熟な裾野産業などがビジネスの阻

注13：ジェトロ「2024年度海外進出日系企業実態調査（アジア・オセアニア編）」（2024年11月）

害要因として指摘される。特に日本企業がこれまで投資を積み上げてきた中国や東南アジアと比べると、インドが見劣りするのは確かである。言い換えれば、インドに関心を持った日本企業にとって、ビジネスリスクや想定されるコストは現地で見出しうるビジネス機会を上回ると判断せざるをえない状況にあったと言える。今次のインドブームも顕著な進出企業増には結実しないとの見方もある。

ただ、現在インドに注目が集まっている理由は決して一過性のものではなく、日本企業としては腰を据えてインドビジネスの可能性を探る局面にあると言える。以下では、ビジネス展開先としてのインドにおける重要な構造的な変化について、(1)地政学上の追い風、(2)中国経済の成長鈍化、そして(3)インド自身の本格的経済発展の段階への移行、の3点について確認したい。

本格的発展段階を迎えるインドに吹く追い風

地政学的環境による存在感の高まり

西側先進国と中ロの両陣営の対立、分断が進展するなか、インドは「戦略的自律」を標榜し、いずれの陣営にも与せず独自外交を展開し、地政学、地経学上の存在感を高めながら得られるメリット（実利）の最大化を図っている。両陣営の対立は容易に解消するとは考えにくく、インドが特に西側陣営から必要とされる地政学的環境は当面は続くとみられる。領有権問題を抱える中国との関係は決して良好ではないが、ロシア・ウクライナ紛争に際しても冷戦期からのロシアとの伝統的な友好関係を維持するインドの独自の立ち位置も特徴的である。

グローバルサウスの存在感の高まりもインドへの追い風である。2023年のG20議長国を務めたインドは、欧米中心の既存の国際秩序に対して不満を抱く「サウス」の意見を国際社会での議論に反映させる必要性を訴え、2023年以来、「グローバルサウスの声サミット」を開催するなど、グローバルサウスの盟主、代表としての振る舞いを強めている。インドがグローバルサウス諸国に実質的な利益をもたらすことができるか、同諸国がインドの立ち位置をどこまで支持するかは未知数だが、両陣営のいずれにも属さないグローバルサウスにおける存在感やつながりは、インドが特に先進国に対する交渉力を強めるうえで重要なテコのひとつである。

中国経済の成長鈍化と先行き期待の剝落

中国は2022年12月に厳格なゼロコロナ政策を解除したが、その後の景気回復は力強さに欠けており、特に需要不足、供給過剰は著しい。これは単に景気回復に想定よりも時間がかかっているということではなく、容易には払しょくされない構造的要因によるものである。また、中国の中長期的な経済成長やビジネス環境についての不透明感は相当に強く、外資系企業の投資も減少している（第1章を参照）。

インドはかかるタイミングで中国を抜いて世界最大の人口大国となった。人口減少局面に入った中国では少子高齢化が急速に進行し成長の阻害要因となる一方で、人口増が続くインドは当面は人口ボーナスを享受できる環境にある。中間年齢（2024年）を見ても、中国が39・6歳で、インドは28・4歳と、インドの〝若さ〟が目立つ。

IMFの2029年までの実質GDP成長率予測を見ると、インドは中国を上回って推移する。中国の1970年代末からの改革開放以降、インドが継続的に中国を上回るのは初めてである。印中それぞれの発展段階と成長余地を勘案すれば、インドの成長速度が中国を上回ることに違和感はない。2024年時点の一人あたりGDPはインドが2698米ドルであるのに対し、中国は約1万3000米ドルである。また、インドの2025～2029年の成長率予測は6・5%程度で、同国の過去の成長率と比べても決して高いとは言えない。中国が2000年代に見せたような毎年8%を上回る速度でインド経済が伸長するのも容易ではなく、印中のGDP成長率の逆転は中国経済の成長鈍化を受けた相対的なものではある。それでも、膨大な人口と若さ、着実に進展する都市化と拡大する中間層、モディ政権の親ビジネスの姿勢などに鑑みれば、インドはこれまでビジネスを展開してこなかった外資系企業にとっても注目に値する国になったということであろう。

本格的発展を迎える段階への移行

インドの一人あたりGDPが2500～3000米ドルに差しかかり、本格的な経済発展を迎える段階に入ってきている点も無視できない（**図表2-4**）。先述のとおり、インドの2024年時点の一人あたりGDPは2698米ドルで、2026年には3000

図表**2-4** | **インドの一人あたりGDPの推移**

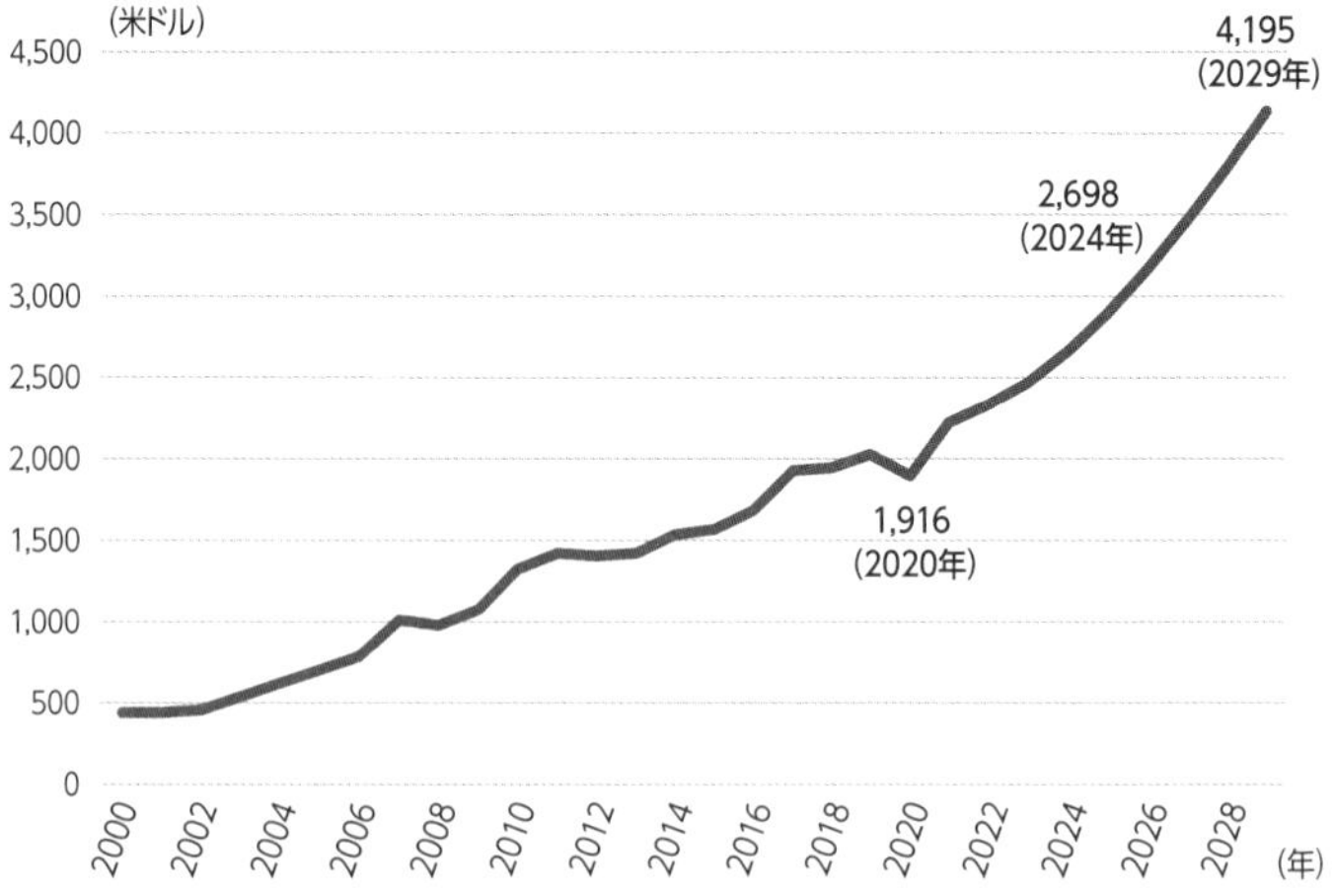

（出所）IMF "World Economic Outlook, October 2024"より筆者作成

米ドル、2029年には4000米ドルに到達すると予測されている（IMF）。一般的に、一人あたりGDPが3000米ドルあたりまで伸びるとモータリゼーション期に入り自動車が普及し始め、家電においては、先んじて売れ始める冷蔵庫や洗濯機のみならず、エアコンのような非必需家電にも手が伸び始めるとされる。同時に、経済・産業・消費の近代化を下支えするインフラの整備も進んでいく。

また、インドでは都市化が着実に進展しており、2024年で36・9％の都市化率は、2030年には40％に届く（国連予測）。インドは都市部を中心に一定の購買力を有する中間層が厚みを増し、消費市場としての裾野が広がりつつあり、中間層を主要ターゲットに据えた事業も十分に検討に値する段階に入ってきている。デリー、ムンバイなどの中核都市は5000米ドル水準にあるとみられる。この段階になると、モノ消費も基本的な機能だけでなく付加価値が重視されるようになり、コト消費（サービス）に対する需要も立ち上がってくる。

さらに、価格最優先ではなく、製品やサービスの付加価値を重視する市場も拡大しつつある。インドでは従来、B2B、B2Cのいずれにおいても顧客の低価格志向が強く、価格競争が激しいことに加え、制度が複雑な税務、労務面での対応が煩雑であるなかで、概して品質には強みを持つがコスト競争力の弱い日本企業が、一定の収益、利益を上げるのは難しいとされてきた。しかし、経済発展により、製品やサービスの価格以外の差別化要素となる付加価値が受け入れられる余地が広がっている。現地のビジネス関係者からも、価値のある製品やサービスであれば多少の割高感は受け入れる企業や消費者が増えているといった声が聞かれる。

中国企業の存在感の薄さは日系企業に有利

西側先進国との経済連携がもたらす実利

インドの国際場裏での存在感の高まりや中国と比較した際のインドの相対的な魅力の増大は、インドに西側先進国との経済連携や投資という形で実利をもたらしている。中国との対立が激しくなる西側陣営にとって、同盟関係にはないが中国と領有権問題を抱えるインドを可能な限り引きつけておくことは、戦略的に極めて重要である。インドと西側諸国の首脳会談においては、インフラ整備、気候変動対応・脱炭素、サプライチェーン強靭化、先端テクノロジー（半導体、5G、宇宙など）、いずれもインドにとって重要かつ西側からの投資や支援を期待するテーマでの経済協力や企業の投資促進が俎上に載る（図表2-5）。

経済安全保障の文脈におけるデリスキングや企業の中国依存リスク低減の取り組みの加速は、

グローバルサプライチェーンにおける存在感を高めたいインドにとっては投資受け入れの絶好の機会となる。インド自身も中国との関係が良好とは言えないなか、西側諸国同様に中国への過度な依存からの脱却を図っており、西側企業による重要産業での投資が持つ意味は大きい。

実際、インドにとって長年の念願である半導体の国産化では動きが顕在化している。中央政府が2021年、半導体などエレクトロニクス製造について1兆円を超える規模の政策パッケージを発表したほか、地方政府も独自の支援策やインフラ整備で誘致を進めている。質の高い電力や水の安定供給、さらに高度人材の育成といった点に不安を抱えつつも、

図表2-5｜インドを取り巻く構造的変化とその影響

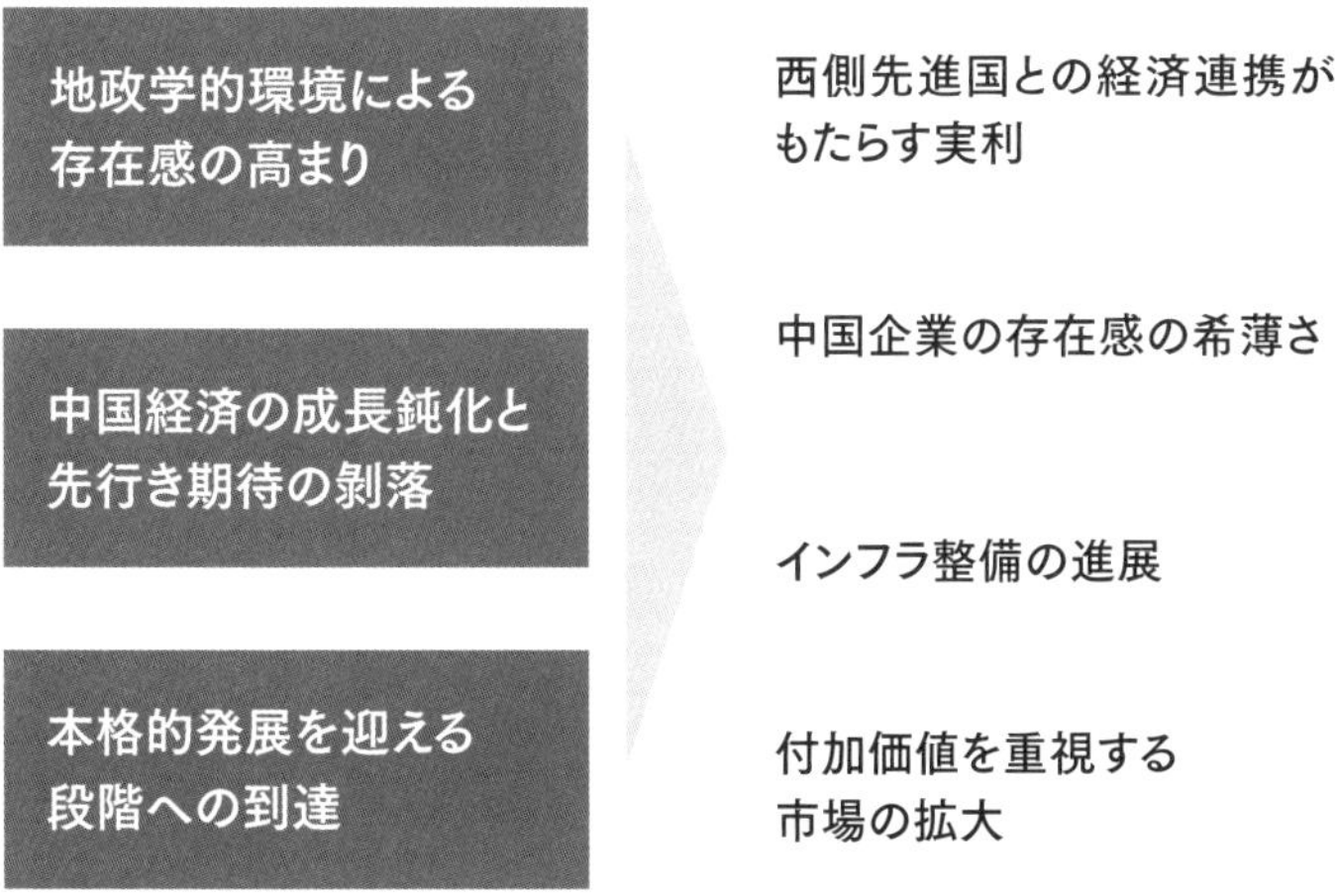

（出所）筆者作成

現在は日系企業を含む外資系企業や地場企業が参画する形での複数の大型プロジェクトが進捗している。

こうして投資が集まることで、例えばこれまで日本のビジネス関係者から「遅々として進む」とされてきたインフラ改善が加速することが期待される。脆弱なインフラは日本企業、特に製造業企業がインド事業を実施するうえでの大きな阻害要因となっているが、徐々に改善はしている。先述のJBICの2023年調査でも「インフラが未整備」は事業上の課題の3位に挙げられており、同項目では中国やASEAN諸国と大差がついているものの、モディ首相が就任した2014年以降は改善傾向を見せている。

特に2020年以降、インド政府がインドへの関心を高めつつあった西側諸国からの投資誘致を強化するにあたり、インフラ改善の必要性を強く認識するようになったとの指摘も現地のビジネス関係者から聞かれる。モディ政権は2021年には国家レベルでの大型インフラ開発計画「ガティ・シャクティ」を発表している。地方レベルでは、海外からの投資の有力な受け皿となる州の間で競争原理が働き、インフラ整備を含む投資環境の改善が進みやすくなるとの見方もある。インドにとって半導体の国産化は長年の念願であるが、過去に挫折した主要因のひとつは、安定稼働を確実に支えるだけのインフラの整備が不十分であった点である。インド政府も、地政学的状況も追い風に、今回こそは国産化を実現したいとの思いは強く、地方政府と連携しつつインフラ整備を急ぐことが期待されている。こうした動きは半導体以外の製造業にも便益をもたらすものであろう。

また、一人あたりGDPや所得の伸びにより、日本の製造業企業にとっての新規進出の間口も大きくなっている。現状では日本企業の多くにとってアジアの輸出拠点は中国や東南アジアであり、インドではない。インドで生産拠点の新規設立を検討する際、市場は海外（輸出）ではなくインド国内であり、国内市場の規模感が極めて重要になる。これまでは価格に極めて敏感な顧客が大宗を占めていたが、付加価値分のコストを受け入れられる企業や中間層が拡大していくなかで、日本企業もインドの内需で一定の収益を上げる見通しが立てやすくなる。

中国企業の存在感の薄さ

地政学的状況が競争環境に与える影響として、中国企業の事業の難しさが挙げられる。印中関係は両国軍が国境係争地において死傷者を伴う衝突を起こした2020年以降、目立って悪化し、インドは同年から中国の投資や企業活動に厳しい姿勢を取っている。中国企業の投資に対し事前審査制を導入したことが代表例で、日本企業の競合となりうる中国企業にとってインドは進出しづらい投資先になっているのである。

もともと多くはなかった中国の対インド投資も、減少傾向を鮮明にしている。インド側統計で見ると、中国による投資は2020年以降は1億米ドルにも届いておらず、2024年1～6月は300万米ドル(インドの対内直接投資に占めるシェアは0・01%)と極めて小さい。実際、ジェトロが現地進出日系企業を対象に実施している調査（2024年度版）によると、現地での競争相手について聞いたところ（競争力上位3つ、複数回答)、中国企業を挙げた比率はインドでは26・0%となり、アジア・オセアニア地域では最も低い値となっている（同比率はASEANでは53・8%)。中国企業がASEAN各国において積極的な投資で存在感を増し、現地の日系企業にとって手強い競合となっているのとは対照的である。

自動車産業を例に取ると、東南アジアでは内燃機関車を軸に〝牙城〟を築く日系企業に対し、中国企業はEVをゲームチェンジャーと捉え、EVの輸出や現地生産、さらに関連部素材への投資などをテコに、日本企業のシェアを徐々に奪っている。しかし、インドにおいては2020年以降、中国企業のインドでの現地生産に向けた投資計画は軒並み現地当局の承認を得られず、計画は撤回されている。中国企業はインドの自動車、EV市場を思うように開拓できない状況にある。

2024年以降、インド側が産業発展の加速に向けて中国企業の投資の必要性を再認識したことや、モディ首相と中国の習近平国家主席が同年10月にロシアで5年ぶりに会談したことなどから、足元ではインド政府の姿勢の変化を感じさせるような動きもある。しかし、対中警戒感自体は緩まず、中国企業の投資については厳格な姿勢で取捨選択していくことになろう。特に経済安全保障との関連性の強い機微分野であるほど、西側諸国に連携を求める姿勢は変わらないとみられる。

主要経済国のなかで最も高い成長率が見込めるインドは、世界経済の新たな牽引役のひとつとして期待と注目を集め続けるであろう。国の発展がある水準に到達し、国際的にも存在感を増していく際のモメンタムという点で考えると、インドは注目に値する段階に入っているとみることができる。こうしたなかにあっても、日本からインドへの投資額や進出数を総体として見れば、日本企業のリスク認識の強さや慎重姿勢もあり、漸増程度で推移する可能性も低くはない。しかし、個社としては、インドの投資環境上の課題や問題点に気を配りつつも、自社ビジネスにおいていかにインドの勢いや活力を取り込むかという視点を持つことが重要な局面になってきている。

インドとの向き合い方をグローバルサウス全体で活かす

インドの勢いの取り込みを考える

インドでのビジネスを検討する際、中国や東南アジアが経験したような輸出市場向けの労働集約型製造業を起点に国内産業を高度化していく成長のあり方を念頭に、「インドは中国のようには発展できない」といった見方をする日本企業も少なくない。確かにインドが中国のような成長速度と発展形態を示すとは考えにくい。ただ、重要なのは、インドなりの発展のあり方や強みを踏まえたうえで、ビジネスの可能性を探る姿勢を持つことであろう。

製造業では労働集約型の業種も十分に育っていない面もあるが、インド政府がリープフロッグ的な発展を狙う分野には目を向けておきたい。政府が支援策を拡充しながら国産化を図る付加価値の高い資本集約・技術集約型の分野、自動車産業のように裾野産業を含めてすでに産業基盤が一定程度形成されている分野、さらに、西側諸国のデリスキングやサプライチェーンの強靭化の観点からインドに追い風が吹いている分野などは、政府の狙いの実現可能性や計画の進捗度合いも含め、ビジネス機会として注視しておく必要がある。

脱炭素への対応では、インドは引き続き国内産が豊富な石炭を活用する面も残している。しかし、再生可能エネルギーを活用したグリーン水素、グリーンアンモニアにおいて、国際的な生産・輸出ハブを目指して積極的な振興策を打ち出している。これらの脱炭素、国産化促進、グローバルサプライチェーンでの存在感発揮といった複数の狙いが交差する新しい分野ほど、ビジネス機会を見出しやすいであろう。

サービス産業では一人あたりGDPが2500米ドルという段階であるにもかかわらず、先進国が上位を占めるサービス輸出で存在感を示すインドは異色の存在である。知識集約的な色彩が強く、豊富な人材をテコに国際競争力を有するデジタル関連分野やアウトソーシング分野は注目に値する。たとえ製造業企業で現地に生産拠点を構えるのは時期尚早と判断した企業であっても、インドの〝頭脳〟の活用には検討の余地があるかもしれない。欧米企業が先例となっているとおり、研究開発機能を置いたり、他の海外拠点からの一部業務のアウトソーシング先としたりすることもできる。日本企業の場合は言語の壁を感じることもあろうが、日本を介さずに欧米とインドの拠点同士が連携することもありえるだろう。

デジタルやテクノロジーをテコにした既存産業のＤＸや社会課題の解決という点で存在感を示すのがスタートアップである。インドのユニコーン企業（評価額10億米ドル以上の民間企業）の数は68に上り、これは米国、中国に次ぐ3位である（**図表2-6**）。中国は１６３社であるが、インドのＧＤＰ総額が中国の約５分の１であることを勘案すると、インドの68社という数は多いとも言える。また、これらユニコーンの評価額の合計（１７１６億米ドル）の対ＧＤＰ比は４・４％で、中国の３・４％を上回る。ユニコーン企業、スタートアップが示す存在感の大きさもインドの発展のあり方の一端を象徴するもので、業種を問わず、自社ＣＶＣ（コーポレート・ベンチャーキャピタル）やＶＣ（ベンチャーキャピタル）を通じて出資して、インドとのタッチポイントを確保するのも有

図表**2-6** | **インドと中国のユニコーン企業数**

	企業数	評価額（億米ドル）	対 GDP 比（%）
インド	68	1,716	4.4
中国	163	6,285	3.4

注：2024年12月6日時点
（出所）CB Insights、IMF "World Economic Outlook, October 2024"より筆者作成

意義だろう。

インド国内でのビジネス展開先の選択という観点では、各地域・州ごとの習慣・文化、税制や各種制度の違い、地域格差の大きさを踏まえると、特定の州や大都市圏が突出して成長の勢いを見せる公算が大きい。よって、都市をターゲットにする場合、商圏や物流網を複数の州や都市にまたがって広域に拡大していくよりも、まずは人口と空間の広がりが期待できるひとつの都市圏(例えば、デリー、ムンバイなど)を着実に深耕するほうが効率的かもしれない。また、人口が過密化する大都市は環境汚染や交通渋滞、医療機関不足といった様々な大都市病を抱えるであろう。都市機能のスマート化による課題解決には大きな機会が見出せる。

腰を据えてインド、グローバルサウスと向き合う

2023年来、グローバルサウスを新たなビジネス展開先として捉え、注目している日本企業は増えている。ここに含まれるとされる地域のうち、東南アジアは多くの日本企業が長らく事業を展開し、現地での経営資源や経験、ネットワークが蓄積され、さらに日本に対する親近感もあるという別格の存在である。残る南西アジアやアフリカ、中南米などは日本企業にとって距離と

困難さが強く感じられる地域である。

ただ、そうした地域が世界経済において重みを増していくのは時代の趨勢でもある。現在、日本企業は本格的発展段階に入ってきたインドに強い関心を持ち始めているが、どうしても「遠い存在」に感じられ、また、ビジネス環境が十分ではないと思われる点も確かである。だからこそ、自社に取り込めるインドの勢いのある部分を前向きに探る姿勢を持ち、現地の動向や課題、ニーズに今までとは異なるレベル感で意識的に触れることが重要になる。

インド事業の検討が社内で停止するパターンとしてよく言われるのは、現地視察をしていない上司や決裁権限者が、当該国についての古いイメージや過去のプロジェクトの失敗経験を基に「あの国でまともなビジネスができるはずがない」と十分に検討することもなく却下するというものである。また、経営層はインド事業に前向きでも、事業を進めた場合は自身がハードシップの高いインドに駐在することになると感じた担当者が「インドはリスクが高すぎる」と上司にネガティブな面を強調して報告することもあるとされる。過去の経験や知識を基にプロジェクトの是非を判断したり、ビジネス機会に真正面から向き合うことを避けたりする姿勢で、新しいビジネスの可能性を閉ざすことがないようにしたい。同様のことは他のグローバルサウスでの取り組みにも言えるだろう。

現在の発展段階や取り巻く環境に鑑みれば、インドへの関心は一過性のもので終わらせるようなものではなく、現地への理解を常にアップデートしながら腰を据えて定常的にビジネスの可能性を探るタイミングである。そのような捉え方やそこから得られる経験は他のグローバルサウスでの取り組みの可能性を探る際にも応用できるであろう。分断が進む世界で中立姿勢を維持するインドをはじめとするグローバルサウス諸国においていかに存在感を示せるか、日本企業の戦略が問われる。

COLUMN

インドからグローバルサウスへの展開の可能性

インドを起点として他のグローバルサウス市場への展開を考えると、インドからの輸出、横展開が視野に入る。インドで生産した製品のアフリカなどの新興・途上国への輸出や、インドで開発されたサービスやビジネスモデルの横展開である。

グローバルサウスに含まれる国は多様であるが、一人あたりGDPや都市化率といった指標で見れば同じような発展段階にある国は多い。取り組むべき優先順位は異なるにしても、脆弱なインフラなど社会課題もある程度は似ている。こうした状況を踏まえると、ある新興・途上国で開発、導入した製品や技術、サービスなどを他の新興・途上国へ展開するという発想はありえるだろう。先進国である日本市場向けの製品やサービス、ビジネスモデルをそのまま展開することは難しいかもしれないが、グローバルサウスの国の間での横展開は検討する価値がある。

インドはすでに自動車、携帯電話などのアフリカ、中東などへの輸出拠点となっている。家電では高気温、不安定な電力供給や電圧といった条件下でも故障せずに稼働する頑強な製品へのニーズはインドとアフリカで共通するところがあり、インド製でアフリカ市場を開拓する動きは珍しくない。

政府レベルでも興味深い動きがある。モディ首相は2023年1月にインドが主催した「グローバルサウスの声」サミットで、グローバルサウスの国々は互いの発展の経験から学びあえるとし、インドや各国のベストプラクティスの研究や他国への展開を担う機関を設立すると述べた。そのうえで、インドが開発し他国でも活用しうるデジタル公共財として、電子決済、ヘルスケア、教育、電子政府などを挙げたほか、宇宙技術や核エネルギーについてもインドの専門的知見を共有していくとしている。

インドから他の新興・途上国への展開においては、海外事業に関心のある財閥や地場企業と組む発想も重要であろう。インドにはすでに海外で事業を展開している力のある企業が少なからず存在している。これまで現地企業は、日本企業が現地で事業を行う際の協業相手としての位置づけであることが多かった。しかし、こうした企業は先進国とは異なる新興・途上国マーケットでの事業の難しさを心得ており、グローバルサウスでの展開においても有力なパートナー候補になりうるだろう。

第3章

重要性を増す
ASEANとのつながり

ASEANはインド洋と太平洋という2つの海をつなぐ位置にあり、分断が深まる国際情勢において、経済安全保障や自由貿易協定（FTA）などの経済連携の観点からも、その重要性がいっそう高まっている。また、ビジネスの面から見ると、これまでASEANでは日本企業が優位を保ってきたが、ASEANの中立的な立場が中国企業の積極的な進出を誘発しており、企業各社を取り巻く競争環境に変化が起こっている。米中対立が深まるなかでASEANの対外関係は岐路に立たされており、そのなかで信頼できる域内のパートナー国として日本が果たす役割への期待が高まっている。日本は米国のアジア地域への建設的な関与をつなぎとめるだけでなく、政治と経済面での多国間協力でリーダーシップを発揮し、ときに米中の橋渡し役として、地域の安定に向けた役割を担う必要がある。そうしたなかでは、ASEANの国際的な立場や視点を理解し、ビジネスへの影響を的確に把握することが重要であることは言うまでもない。本章では、同地域で事業を展開する日本企業が把握しておくべき要素について述べていく。

分断の時代において高まるASEANの重要性

ASEANは、従来から安全保障や経済連携において重層的な枠組みを構築し、多国間の連携や対話の場を設定することで地域の安定に貢献してきた。米中対立の主戦場と評されることもあるが、分断と対立の時代にあるからこそ、日本にとって、中立姿勢を維持するASEANとの関係強化が不可欠となる。日本の安全保障や日本企業のビジネスについて考えるうえで、ASEANの重要性はこれまで以上に高まっている。

地政学的観点から見ると、ASEANは激化する米中対立やロシアのウクライナ侵攻を背景に西側諸国と中国・ロシアの両陣営の分断が進むなか、そのいずれにも与しない姿勢を維持している。両陣営の対立に直接的に巻き込まれたり、特定の国の意向に従わざるをえない状況に陥ったりすることを回避している。そのためにも、できるだけ多くの主要国との関係を全方位的に構築、強化することが肝要なのである。特に国際社会の分断が深まる現在において、いずれの陣営にも属さないプレーヤーは両陣営から重視され、様々な実利を得やすい環境にあることも事実である。

ＡＳＥＡＮは冷戦後、中立な立場を維持しながら大国も参加する多国間での対話の場を提供してきた。そこでは特定の国の影響力が突出することを回避しながら対話と協力を行うことで、地域の安定に貢献してきた。ここで重視されてきたのが、その中心性（ASEAN Centrality）の概念である。これはＡＳＥＡＮが地域内外の国際的な枠組みや議論の中心に位置し、リーダーシップを発揮するというもので、同地域の平和、安定、そして経済成長を維持するための重要な原則となっている。アジアにおける安全保障の多国間枠組みである「ＡＳＥＡＮ地域フォーラム（ＡＲＦ）」、さらに「ＡＳＥＡＮ＋３」や「東アジアサミット（ＥＡＳ）」のような枠組みではＡＳＥＡＮが議長を務める。主要国や地域との対話や協力をリードして議論の方向性を調整することで、大国のロジックが場を支配したり、議論が先走りすぎたりすることを防いでいる。政治体制や、経済体制も異なる10カ国がＡＳＥＡＮという組織としてまとまることで交渉力を増す狙いもある。

また、極東に位置する日本の資源調達と貿易を支える海上輸送路（シーレーン）の安定性の確保においてもＡＳＥＡＮは重要である。ＡＳＥＡＮ域内にあるマレー半島とスマトラ島に挟まれたマラッカ・シンガポール海峡は、中東や欧州から東アジアへの海上輸送のチョークポイントであり、年間約12万隻以上が通航する要衝である。同様にインド洋から同海峡を抜けた先に広がる南シナ海も重要で、世界の原油タンカーの約半分が通航する。これらの海域には海賊問題や領有権争いなどの地政学リスクが存在することから、シーレーンの安全性や安定性を確保するには、ASEAN諸国との多国間での連携が不可欠である。

経済面ではやはり、その経済規模と成長性が注目される（**図表3-1**）。2024年時点で6・9億人の人口は2040年には7・6億人まで拡大する。中間年齢も30・5歳と若い（2024年）。GDP成長率は2025～2029年は4・5％を上回る水準で推移すると予測されており、これは一貫して中国を

図表**3-1** | **経済指標**（2024年、予測値）

	GDP 総額（億米ドル）	一人あたりGDP（米ドル）	人口（万人）	中間年齢（歳）	都市化率（％）
東南アジア	39,846	5,805	69,267	30.5	52.2
日本	40,701	32,859	12,407	49.4	92.1
中国	182,734	12,969	142,091	39.6	65.5

注：「東南アジア」はASEAN10カ国に東ティモールを加えた11カ国
（出所）IMF "World Economic Outlook, October 2024"、United Nations "World Population Prospects 2024"、"World Urbanization Prospects 2018"より筆者作成

上回る。GDP規模で見ても2027年には日本を逆転するとみられる。[注14] 都市化の進展や所得水準の向上により、消費市場としての魅力も増している。

同時に、日本企業のビジネス展開先としてのASEANのプレゼンスも高まっている。自社の事業展開（調達、製造、販売など）において、米中や東西両陣営に対し距離を保つASEANの国々を組み入れることは、地政学的リスクに対する耐性の強化に資する。日本企業が対中依存の軽減やデリスキングを図るうえで、日本へのリショアリング（国内回帰）や先進国との連携強化だけでは十分な対応は難しいことも多く、その他の地域での展開が重要性を増す。なかでも、日本企業がこれまで多くの投資を行い、「日本」ブランドへの信頼感や親近感が強いASEANの資源・原材料・部材の調達先や生産拠点としての重要性も増すことになる。

ASEANを取り巻く環境と日本の役割

ASEANにとって、安全保障、経済連携のいずれにおいても、先進国および中国との協力は

注14：IMFの予測（2024年10月時点）。

相互に排他的なものではなく、それぞれが重要かつ不可欠であり、補完的なものである。だからこそ、ＡＳＥＡＮは多国間連携やより多くのプレーヤーとの関係構築に積極的であり、それにより多くの投資や経済協力などの実利を得ようとしてきた。米中対立が激しくなるなか、特にサプライチェーンの移転の受け皿となったことからＡＳＥＡＮは「漁夫の利を得ている」とも言われてきた。しかし、今後を展望すると、米中の板挟みになりかねず、中立姿勢を維持して実利の最大化を図る難易度は上がるように思われる。

米中対立のなかで難しくなるASEANの立ち位置

２０２５年1月に第2期トランプ政権が発足した米国が、ＡＳＥＡＮへの建設的な関与や安定的な関係構築を維持するのは難しくなりそうである。第１に米中対立が激化し、米国が中国を過度に封じ込めようとすれば、東南アジア地域の緊張も高まることになり、ＡＳＥＡＮ各国の〝巻き込まれ〟リスクが増大する。第2に米国の中東外交における親イスラエルの姿勢は、特にイスラム教徒が多数を占める国（ブルネイ、インドネシア、マレーシア）を中心に、根強い反発や不信感を招きうる。

米国は域外の大国でありＡＳＥＡＮへの関与は決して所与のものではない。米国は以前と比べれば国際社会においてリーダーシップを発揮することに消極的である。第１期トランプ政権下では米国のＡＳＥＡＮへの関心、関与は顕著に希薄になった。トランプ氏は２０１８〜２０２０年の３年間、ＡＳＥＡＮ会議を欠席し、２０２０年には閣僚ではない大統領補佐官が代理出席している。こうした過去があるだけに、米国の地域関与が薄れることへのＡＳＥＡＮの懸念は決して小さくはない。

一方で、米国からの圧力が強まると思われるのは通商面である。サプライチェーン再編成の潮流のなかで「漁夫の利」を得たベトナムやタイ、マレーシアは対米黒字を拡大させてきた。こうした国が関税引き上げや為替操作国認定などでターゲットになるリスクはある。また、中国企業がＡＳＥＡＮ各国に生産拠点を構え、対米輸出の迂回地としているとして米国からはすでに、太陽光発電関連製品などで追加関税が課されるなどの措置が取られている。今後はさらにＡＳＥＡＮ各国が米国から厳しい交渉を迫られ、米国産品の購入などを迫られることも出てくるかもしれない。

中国との関係について見ると、中国側はその地理的近接性からＡＳＥＡＮでの影響力を引き続き増大しようとするであろう。ＡＳＥＡＮ各国にとって、近隣の大国である中国との関係をうまく管理することは死活的に重要である。経済面では、中国のGDP総額は2000年時点ではASEANの1・9倍であったが、2024年時点では4・5倍まで拡大している。貿易、投融資、インバウンド観光などを通じ、巨大な中国経済の力を地域や自国の発展に結びつけていくことは必須であり、中国との関係を考えるにあたり、経済協力の深化は所与の条件とも言える。だからこそ余計に、中国の経済面での影響力が内政干渉につながったり、外交における自律的選択を制限してしまったりすることに対する懸念は根強いものがある。

今後ASEANの中国との経済関係においては難しい局面が増えることが想定される。供給過剰に苦しむ中国からの「デフレの輸出」はすでにASEAN各国の地場の産業・企業にも打撃を与えているが、米国が中国製品に対し高関税を課した場合、さらに多くの中国製品がASEAN各国に流入するとみられる。確かに米中間の貿易摩擦が激しくなるほど、中国からASEANへの生産拠点の移管がいっそう加速したり、ASEAN各国が代替的に対米輸出を増加させたりするといった利はあるだろう。しかし、安価な中国製品の流入による打撃は受ける。また、中国企業がどこまで付加価値の高い工程をASEANに持ち込むかは不透明で、ASEANにおける付加価値はそれほど高まらない可能性も残る。ASEAN側からすれば、中国製品に対する関税の引き上げや中国企業による付加価値の高い部材などの現地生産の促進などの対応もありうるが、対中関係への悪影響を考慮する必要があるなかでは慎重にならざるをえないであろう。

安全保障の面においても、ＡＳＥＡＮの一部の国が領有権問題を抱える南シナ海での中国のプレゼンスの高まりや国際場裏での発言力を勘案すれば、中国の影響力の拡大は避けられない。南シナ海における領有権問題については、法的拘束力を伴う行動規範（ＣＯＣ）の策定に向けて２０１７年にＡＳＥＡＮと中国の外相会議で枠組み合意がなされたものの、なかなか交渉は進展しない。

米国、中国それぞれとの関係の管理が難しくなっていく公算が大きいなか、ＡＳＥＡＮ構成国の米中間での立ち位置における差異は大きくなっている。南シナ海をめぐり中国との間での領有権問題が激しくなるなか、フィリピンは米国との2国間同盟を強化している。一方で、カンボジア、ラオス、ミャンマーは中国との関係が深く、米中間の対立が絡む問題では、ＡＳＥＡＮ諸国は一枚岩での行動はもとより、合意形成も容易ではない。米中対立の構図は今後も長期化するとみられ、ＡＳＥＡＮ全体でのまとまりが欠けると、米国、中国のいずれに対しても交渉力は低下しかねない。

信頼できる域内パートナーとしての日本

こうしたなか、域内のパートナーである日本への期待はこれまで以上に高まるであろう。これまでの日本とＡＳＥＡＮの間では、経済面では日本企業のＡＳＥＡＮ進出が経済的紐帯の土台となっている。また、２００８年に署名、発効した日本・ＡＳＥＡＮ包括的経済連携協定のほか、ＡＳＥＡＮ10カ国が全て参加するＲＣＥＰ（地域的な包括的経済連携協定）や一部の国が参加するＣＰＴＰＰ（環太平洋パートナーシップに関する包括的及び先進的な協定）といった地域大の協定が骨格を支えている。安全保障面では日・ＡＳＥＡＮ防衛協力に加えて、テロ対策や自然災害への対応などでも協力が進められてきている。

これまでの多角的な協力の結果、ＡＳＥＡＮからの日本に対する域内のパートナー国としての信頼と期待は相対的に高いと言える。ＡＳＥＡＮからの信頼という点では、中国、米国と比較して、日本の評価は高い。シンガポールのシンクタンクが実施しているＡＳＥＡＮの有識者へのアンケート調査で、グローバルイシューへの貢献について各国を信頼できるかどうかについて聞いた設問では、中国は「信頼できない」（50・1％）が「信頼する」（24・8％）を大きく上回っており、米国は「信頼する」（42・4％）のほうが多いが、「信頼できない」（37・6％）との声も大きい（**図表3-2**）。これに対し、日本は「信頼する」（58・9％）が主要国・機関のなかで最も高く、「信頼できない」（19・8％）は最も低い。

また、米中間の対立が長期化しさらに不透明感が増すなか、リスクを緩和するためのパートナーとしても日本には一定の期待がある（**図表3-3**）。日本は米国の同盟国であり、米中対立が激しくなるなかで独自性を発揮する余地がどこまであるかについて疑問視する声もASEANにはあるが、それでもなお、日本の役割に対する期待の大きさは特筆すべきものがある。

図表**3-2** | **グローバルな平和、安全、繁栄、統治への貢献において正しい行いをするか**

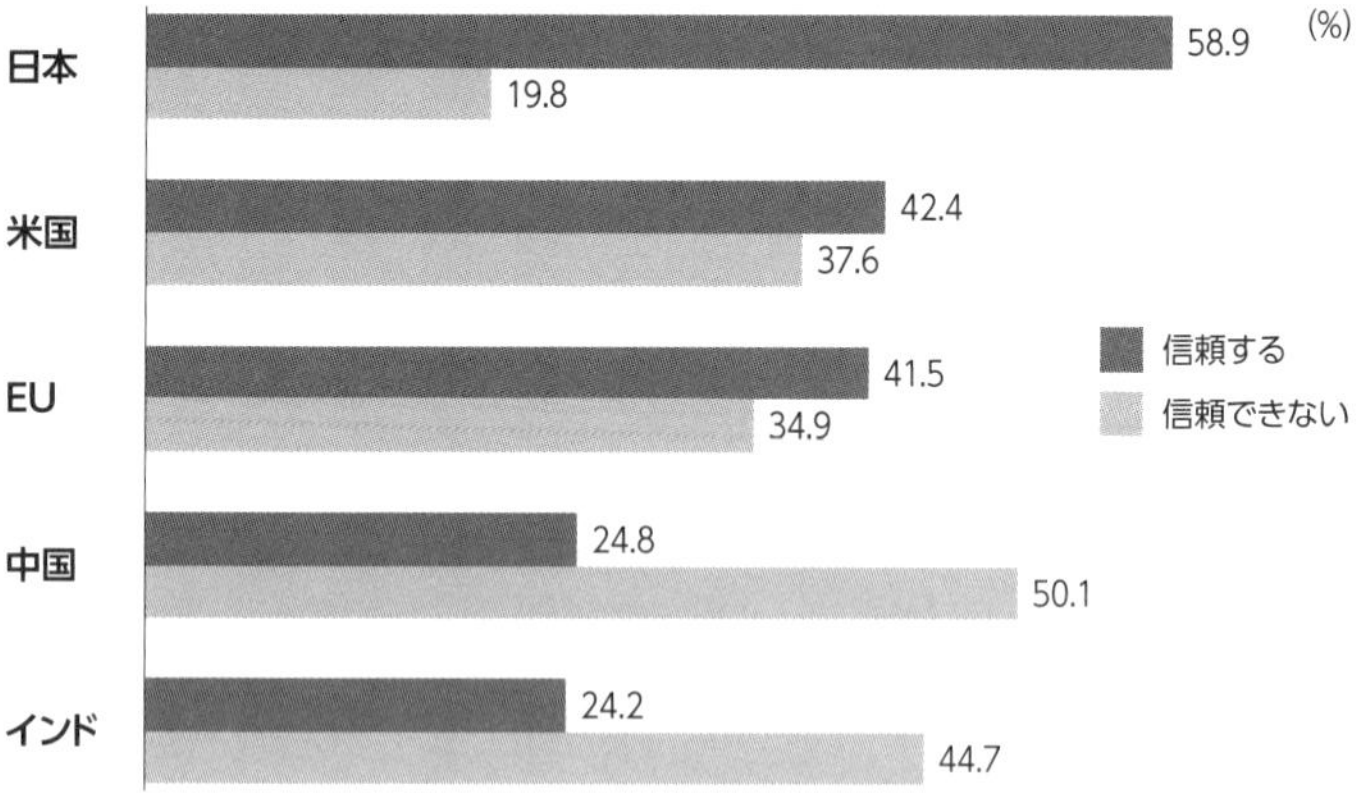

注：回答者はASEAN各国の有識者。実施期間は2024年1～2月
（出所）ISEAS-Yusof Ishak Institute “The State of Southeast Asia: 2024 Survey Report”より筆者作成

このように見ると、日本でよく指摘される、ASEANの日本への期待や信頼の高まりは確かだと言えそうである。そこでは、日本の「自由で開かれたインド太平洋」の提唱とそれに伴う外交の積極化も肯定的に影響しているであろう。ただ、より俯瞰的に捉えれば、ASEANが不信感や警戒感を抱く米中両国の対立が激化する外部環境のなかで増幅されてきたものとも言える。ASEANは相対的な経済力の低下といった日本の限界も理解しつつも、ASEANの米中間での複雑な立ち位置を理解し、信頼できるバランサー、そしてイコールパートナーとしての役割を日本に期待しているのであろう。

図表3-3｜ASEANが米中対立の不透明性をヘッジするなら、どのパートナーが望ましいか

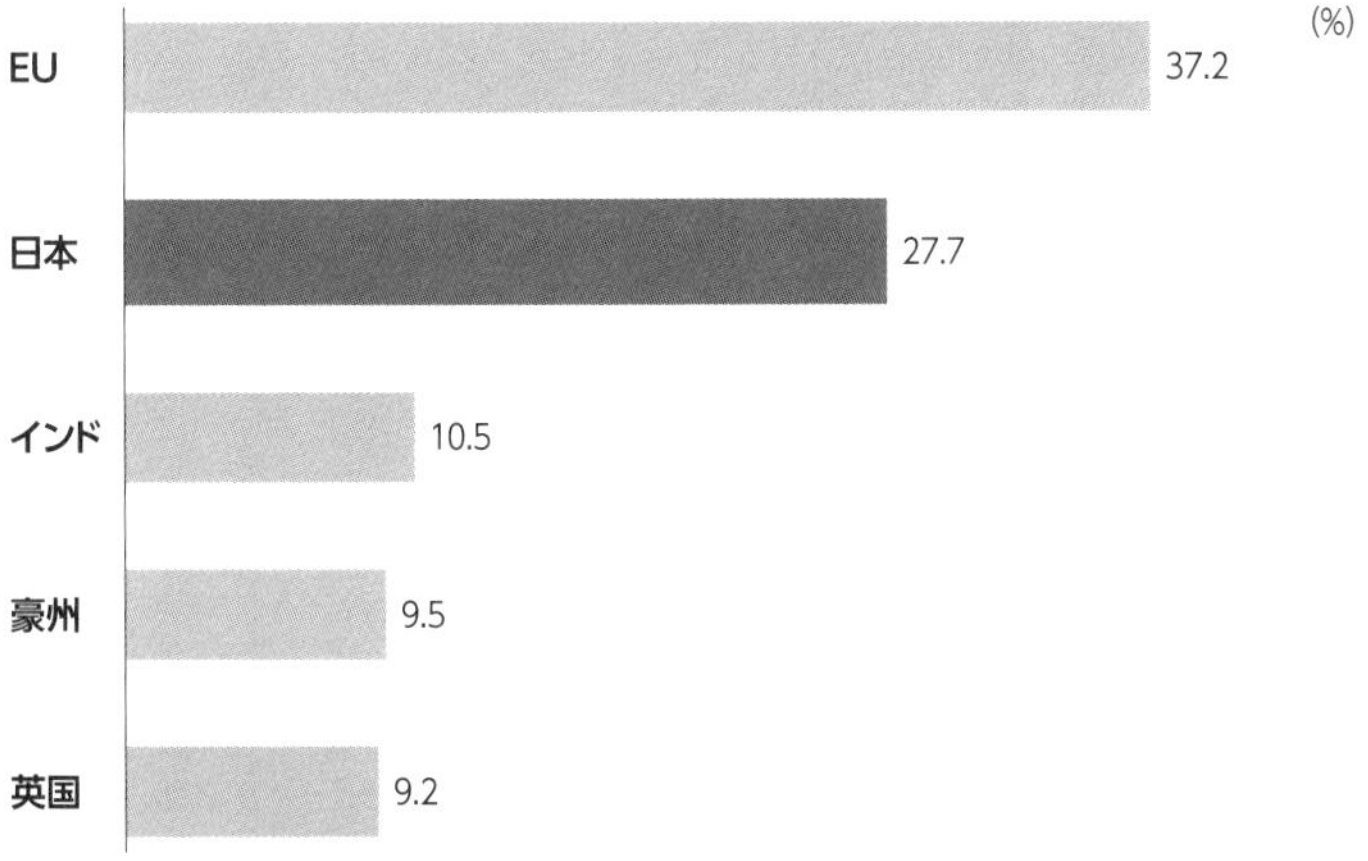

（出所）図表3-2に同じ

日本に対して高まる建設的な役割への期待

今後を展望しつつ日本の役割を考えてみると、日本としてはＡＳＥＡＮの多国間協力を支援する域内プレーヤーとして積極的に関与していくことがますます重要になる。具体的には米国のアジアへの建設的な関与の維持への貢献と、米国の関与が薄れた場合のアジア域内でのリーダーシップの発揮が挙げられる。

第２期トランプ政権下においてＡＳＥＡＮに対する米国の関与低下が想定されるなかで、米国を地域につなぎとめることは大きな役割のひとつとして期待されている。先述のとおり、第１期トランプ政権では、如実にアジア、ＡＳＥＡＮへの関心の薄さが表出したが、この傾向はバイデン前政権においても見られた。同大統領はＡＳＥＡＮのみならず、米国や日中韓、インド、ロシアなど主要国が参加するＡＳＥＡＮ関連首脳会議に２０２３年から２年連続で欠席した。米大統領選挙との兼ね合いなどがあるにせよ、これにはＡＳＥＡＮ側からは落胆の声があがった。ＡＳＥＡＮ側から見れば、域外のプレーヤーである米国が繰り返し述べる「ＡＳＥＡＮの重要性」は実際には相対的なものにすぎず、ＡＳＥＡＮへの関心は容易に希薄化するものに思われる。

中国の影響力が高まるなか、ASEANが地域の安定を維持するうえではもうひとつの超大国である米国のコミットメントの維持・強化は不可欠で、極めて重要な課題と言える。アジアやASEANにおける米国の存在の重要性や、同地域の安定が米国にもたらすメリットを米国に伝えていくことは、日本に求められる役割のひとつと言えよう。

また米国の関与やリーダーシップが薄れるなかでは、日本には特に経済面での多国間協力でリーダーシップを取ることが期待される（図表3-4）。トランプ大統領は第1期政権の発足直後、前オバマ政権のアジア回帰を象徴するものでもあったTPP（環太平洋パートナーシップ協定）から離脱した。その際、日

図表3-4｜インド太平洋における経済分野の多国間枠組み（2025年2月時点）

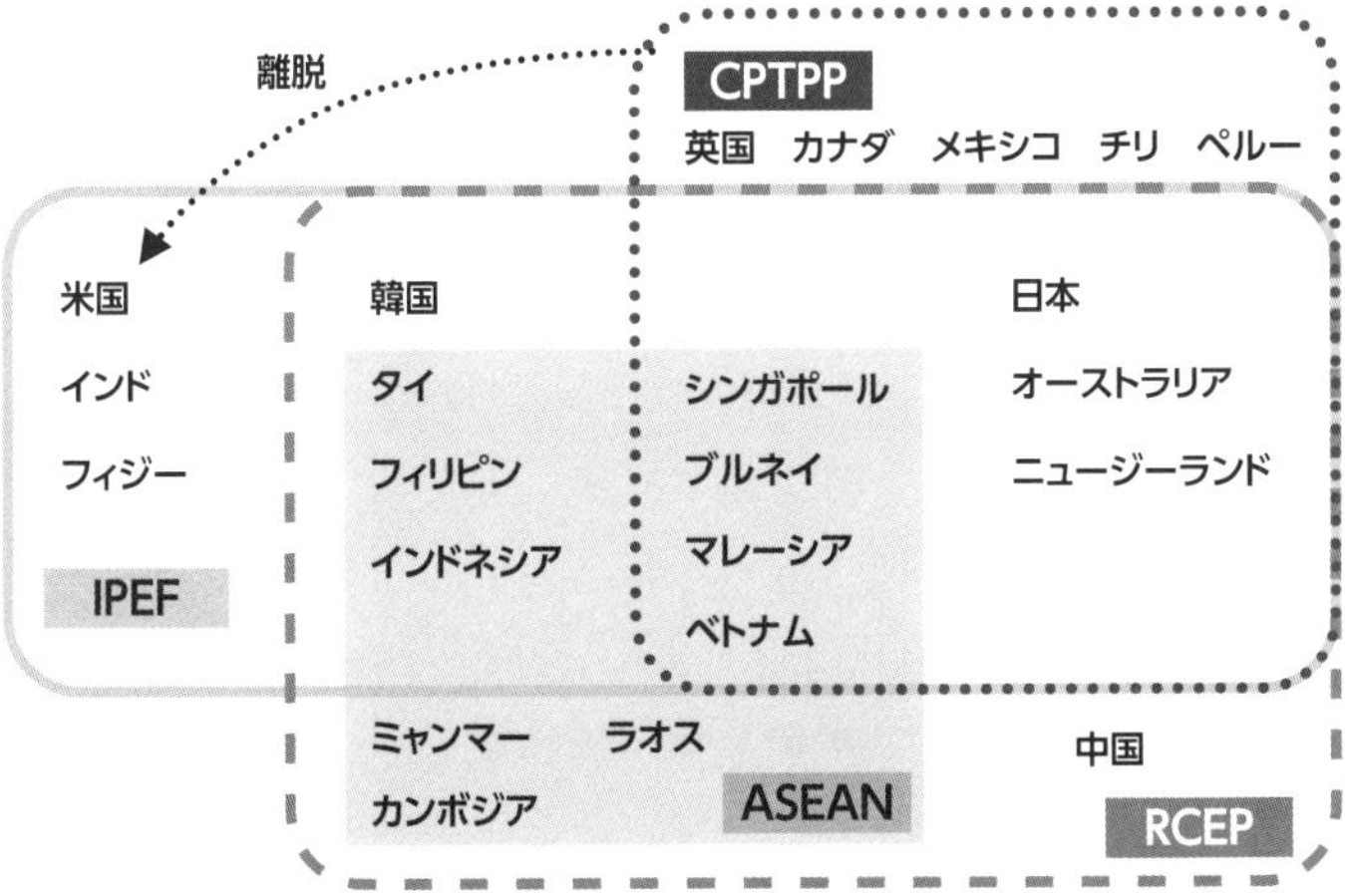

（出所）外務省資料等をもとに筆者作成

本は参加各国（ＡＳＥＡＮではブルネイ、マレーシア、シンガポール、ベトナム）との調整に尽力し、後継のＣＰＴＰＰの発効にこぎつけた。バイデン前政権が主導したインド太平洋経済枠組み（ＩＰＥＦ）についても、関税引き下げを伴わないことから対米輸出の拡大というメリットが感じられないなか、サプライチェーンの強靭化に資するような実務的なメリットを得られる内容とすべく日本も汗をかいたとされる。こうした日本の姿勢はＡＳＥＡＮでも前向きに評価されている。

今後、仮に米国からＡＳＥＡＮを巻き込む形で中国排除の色彩の強い枠組みが提案された場合、ＡＳＥＡＮ各国は対中関係への影響を考慮し、参加をためらうかもしれない。日本としてはそうした際、アジア側の声や利益を反映させ、地域にとって実効性のある経済枠組みとするべく、両者の橋渡し役を担う必要があるだろう。

ＡＳＥＡＮの立場を踏まえた関係構築の重要性

日本が地域の安定に向けて建設的な役割を担い、ＡＳＥＡＮとの協力を深化させていくうえで、ＡＳＥＡＮのポジティブな対日認識は日本にとって大きなアドバンテージとなるだろう。重要なのはG7の一角を占める国としての日本側の思惑にとどまらず、ASEAN側の論理をしっかりと理解し、それを尊重しつつ、地域の安定という目的に向けてすり合わせながら進めることである。ASEANが政治的・経済的な基盤を強化し、存在感を高めることが日本にとっての国益であり、日本企業の事業環境を支えるという発想である。

この点に関連し、米中両陣営の意図として「経済協力を通じてASEANの取り込みを図る」との表現がよく使われる。経済面で中国への過度な依存を解消するデリスキングを図る先進国にとって、ASEANは重要鉱物の供給源や生産拠点の移転先として重要性を増しているのは確かである。しかし、ASEANからすれば、東西それぞれの陣営との貿易、投資、融資などを通じた経済関係の強化は排他的なものではない。それぞれを補完させることで、自国の発展に資する経済的実利の最大化を図っているのである。先進国との経済関係強化の目的はデリスキングの支援ではなく、中国と距離を取る狙いがあるわけではない。あくまでも自国のサプライチェーンの強靱化や産業高度化に資するか否かが重要なのである。

気をつけておきたいのは、事業の展開先となりうる国について親西側か親中国かといった色分けをしすぎないことである。ASEAN各国をはじめとするグローバルサウスの国々は、先進国やその企業がそうした二元論を持ち込むのを嫌う傾向にある。先進国が価値観や信頼感を共有する国との間で供給網を強化することを「フレンドショアリング」と呼ぶが、グローバルサウスの国々からすれば「フレンド」は排他的なものではない。西側先進国とも中国ともサプライチェーンで結びつくことが自国のレジリエンス向上に資するのである。

日本は西側先進国の一員であるが、分断のなかで中立姿勢を維持しながら多国間連携を進めるASEANとの紐帯をさらに強化することが、世界経済の分断と米中対立による不透明さへの対応力を増すことにつながる。こうした考え方は日本企業の事業戦略においても同様であろうが、日本企業においてはASEAN各国を親中か親米かという二元論で整理し、それに基づいて事業環境を把握しようとする傾向があるように思われる。まずはASEANの立場をしっかりと理解したうえで、日本企業としてのビジネス機会を探る姿勢を持つことが肝要であろう。

問われる日本企業のASEAN事業

対立と分断のなかで中立姿勢を維持するASEANは、両陣営からの投資という〝漁夫の利〟

を得ているとされる。それは中国企業が積極的に進出する状況にあることも意味し、日本企業がこれまで優位性を保ってきた同地域での競争環境は変化を余儀なくされている。日本企業のASEAN事業の今後を考えるうえで、中国企業の存在感を前提とする必要性はますます高まる。

日本企業の牙城ではなくなるASEAN市場

ASEANでは中国や中国企業は無視できない存在になっている。ASEAN側の投資受け入れの統計を見ると、中国・香港が全体に占めるシェアは2005〜2014年には8・7%であったが、2015〜2023年は13・0%まで上昇している。製造業に限って見ると、投資額は米中摩擦が激しくなり始めた2018年から増加基調となり、全世界からの製造業投資に占める中国・香港のシェアは2023年には25・8%を占めた（図表3-5）。

中国企業の視点で見ても、地政学・経済安全保障の文脈から西側先進国での事業展開の難度が高まる。地政学・経済安全保障リスクが相対的に低く、市場としても成長余地の大きいASEANの投資先としての重要性は増している。中国の対外直接投資の動向を見ると、ASEAN向けの金額および全体に占めるシェアはともに右肩上がりで伸びている。投資迂回地である香港、英領バージン諸島、ケイマン諸島を除いた投資額全体に占めるASEANのシェアは約45%まで高まっている（2023年）。

日本貿易振興機構（ジェトロ）のASEAN進出日系企業を対象とした調査[注15]によると、日系製造業企業が選ぶ競争力が最も強い相手は、地場企業(29・2%)、日本企業(27・5%)に次いで中国企業（26・5%）が僅差で続く。国別で見て、競争力が最も強い相手として中国企業を挙げた割合が3割を超えたのはタイ（33・2%）、マレーシア（32・0%）、シンガポール（30・8%）である。各国を産業別に見ると、タイの電気・電子機器部品（50・0%）、マレーシアの電気・電子機器部品（44・4%）、電気・電子機器（40・0%）は

図表3-5｜中国の対ASEAN投資（製造業）

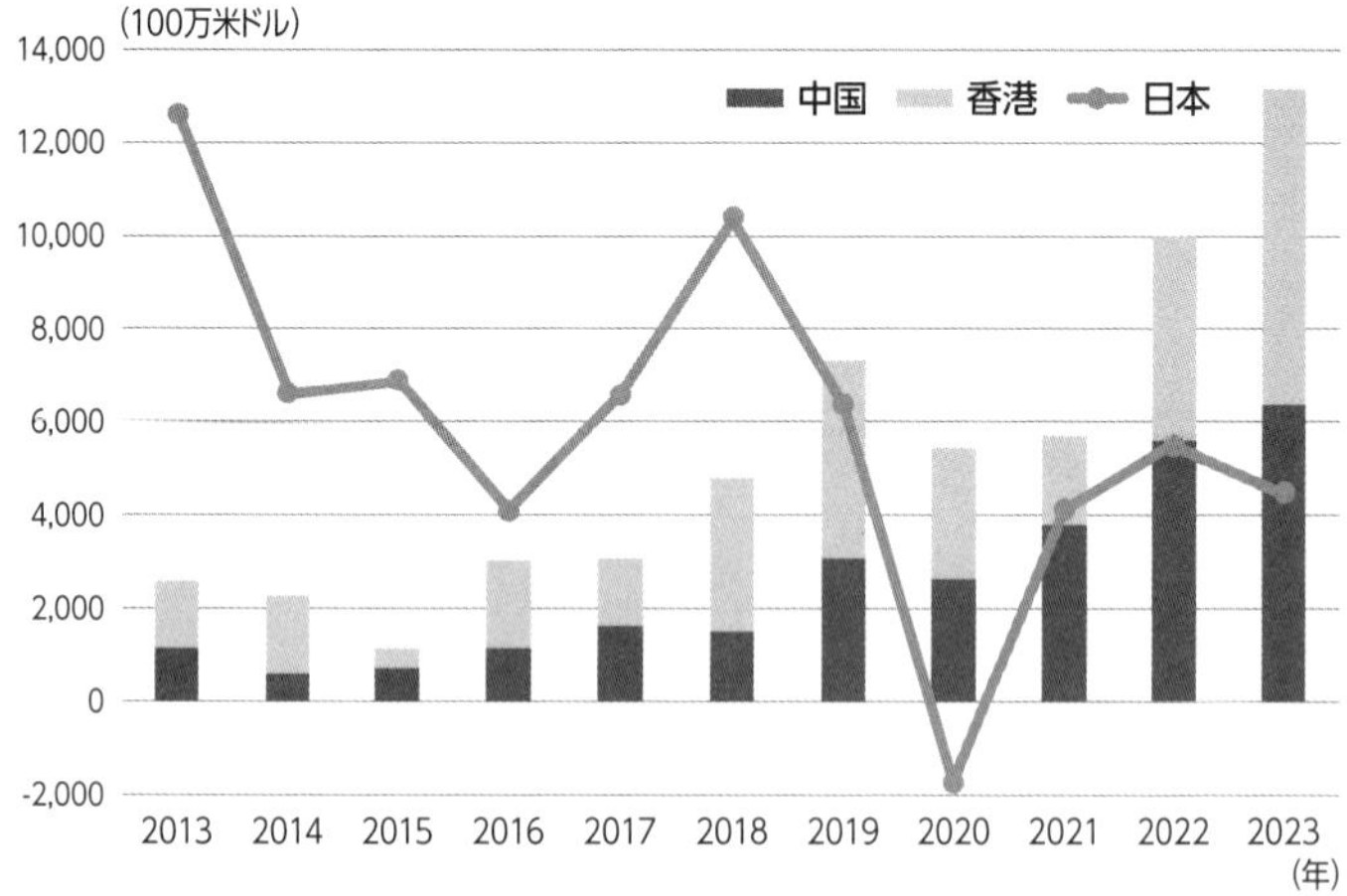

（出所）ASEAN Stats Data Portalより筆者作成

注15：ジェトロ「2024年度 海外進出日系企業実態調査（アジア・オセアニア編）」（2024年11月）

高い値である。

ASEANにおいて日系企業が競争優位を失いつつあることを示す一例は自動車市場である。ASEANは日系企業の「牙城」とも呼ばれ、特に日系企業がこぞって進出し、生産・輸出拠点として活用してきたタイでは約9割のシェアを占めてきた。しかし、ここ2～3年で7割台まで低下してきている。シェアを奪っているのはEV（電気自動車）をテコに積極的に参入している中国企業である。乗用車の販売に占めるBEV（バッテリーEV）の比率は2023年に1割を超えたが、そのなかでの中国企業のシェアは8割を超える。中国系企業はBEV比率の上昇に比例して日本企業のシェアを奪う構図をつくり上げたと言える。EVがどこまでの速度で普及するかは不透明な面もあるが、中国企業はEVをかねてよりゲームチェンジャーと捉えており、現時点で見る限り、その狙いは一定程度実現していると評価できる。

産業の高度化、グリーン化、デジタル化が焦点

今後を見通すと、ASEANにおいて中国企業の存在感はさらに高まり、競争環境はますます厳しくなる公算は大きい。ASEAN各国は中国企業の投資は基本的に歓迎している。確かに一

部の中国企業が進出先国で現地法制・コンプライアンスの軽視、環境破壊などによって摩擦を引き起こしている事案があるのは事実である。また、ASEAN各国の現地政府や産業界は中国という特定の一国からの投資に過度に依存することへの懸念は有しており、日本など西側先進国からの投資も期待している。しかし、中国の企業や資金、製品、テクノロジーに対しても、西側先進国ほどの強い忌避感は抱いていない。地場企業にとっても事業上の連携相手は日本企業だけではなく、中国企業も有力な選択肢のひとつになってきている。

中国に対する期待が大きいのは、産業高度化や新たな潮流への適応における貢献である。ASEAN各国と中国の首脳会談や共同宣言などで言及される産業やプロジェクトを見ると、各国が対中経済連携を既存産業の高度化や今後の経済成長の牽引役となる新しい産業の発展、グリーン化（気候変動対応・脱炭素）、デジタル化（DX）への対応につなげようとする絵姿が見える。

製造業の高度化については、ジェトロなどがASEANのビジネス関係者を対象に実施した調査[注16]によると、ASEANのインダストリー4・0における変革（トランスフォーメーション）を支援しうる最も有望なリーダーだと思われる国として中国は1位となっており（32・2％）、日本は僅差で2位である（29・2％）（**図表3-6**）。これまで製造業の発展に寄与した度合いについてはおそらく日本が中国を大きく上回るであろう。しかし、「中所得国の罠」の回避やそこから

注16：ジェトロ、AJBC、ASEAN ビジネス諮問評議会（ASEAN-BAC）、「ASEAN 経済界意識調査 2022」。実施時期は 2022 年 1 ～ 2 月。

の脱却を目指しているASEAN各国の多くのビジネス関係者が製造業の高度化を実現するためのパートナーとして、労働集約型のみならず資本集約型、技術集約型の業種でも強く、新興産業、DX、スマート化といった点でも強さを見せる中国を挙げている点は無視できない。

中国はグリーン化、デジタル化をどの産業分野においても切り離せない要素と認識し、そこに強みと商機を見出している。グリーン領域ではASEAN各国は経済成長に伴い堅調に伸びるエネルギー需要を満たしつつ、同時に気候変動対応、脱炭素を進めるという難しい課題に取り組まなければならない。中国自身も重要な取り組み課題として対応を進め

図表3-6｜ASEANのIndustry 4.0 transformationを支援する最も有望なリーダー国

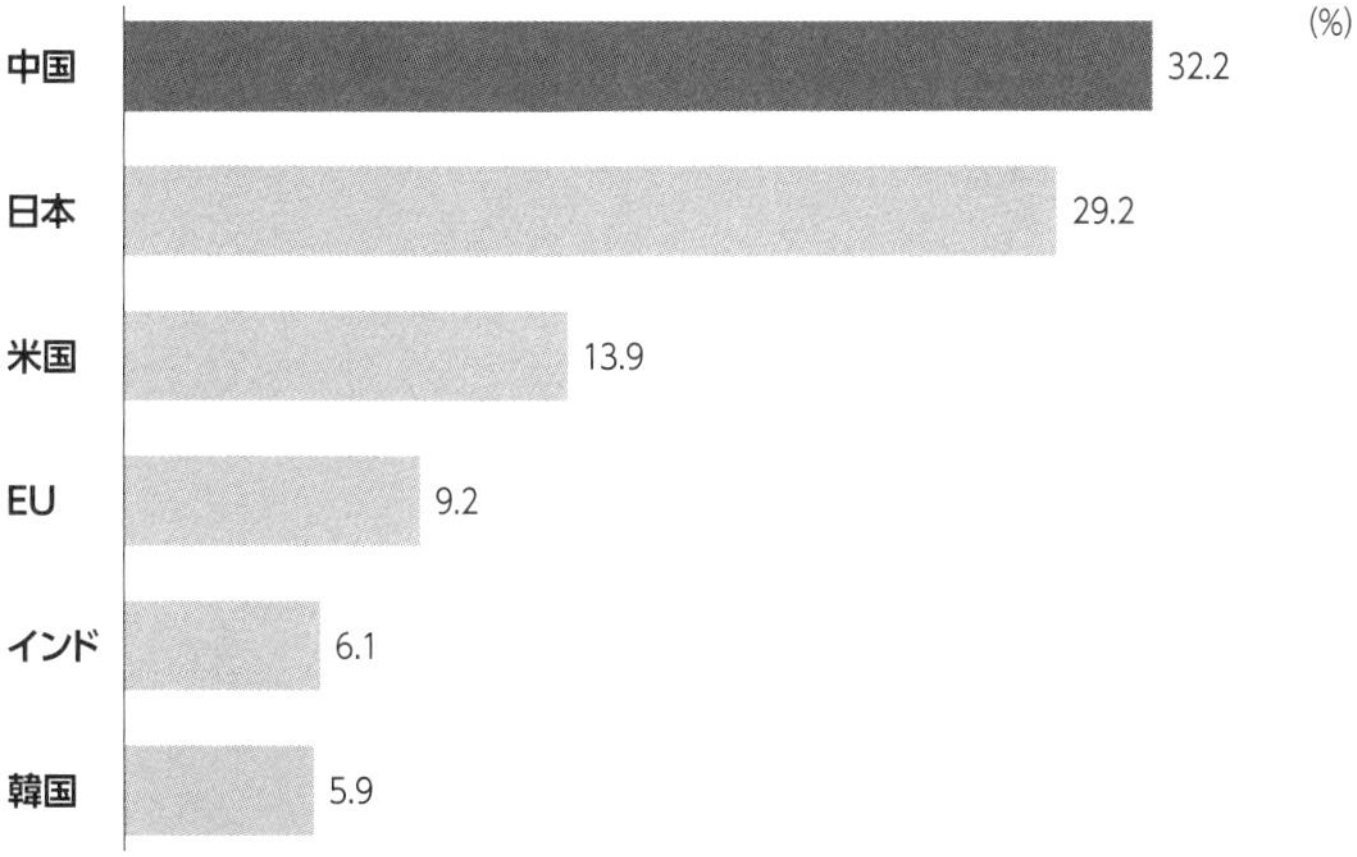

（出所）ジェトロ、AJBC、ASEANビジネス諮問評議会（ASEAN-BAC）、「ASEAN経済界意識調査2022」より筆者作成

るなか、新エネルギー車、車載電池・関連鉱物資源、風力発電設備、太陽光パネルをはじめとする領域でのASEANとの連携や投資を重視している。今後、中国企業が説得力のある、コストパフォーマンスに優れた製品やサービスを開発し、ASEAN各国に展開していく可能性は十分にある。

また中国では、中所得国の段階にありながらもデジタルが急速に社会に浸透し、企業には、そのなかでデジタルを活用した様々なビジネスを創出してきた経験がある。この点では日本よりも、新興・途上国との親和性は強い。中国企業においても、5G、IoT、AIなどの基幹テクノロジーのほか、スマートシティ、教育、ヘルスケア、ECなどでもASEAN市場の開拓に力が入る。消費者向けビジネスでは、中国企業の、特にスマートフォンのアプリを通じたサービスのASEAN諸国への浸透力は強いものがある。中国のテックジャイアントは、ASEANのスマホ決済、EC、ライドシェアなどのスタートアップに出資し、存在感を示している。中国のビジネスモデルがそのまま移植できるわけではなく、各市場に合わせた現地化は不可欠であるが、ASEANの複数のスタートアップ企業からは、出資者である中国企業からデジタルの社会実装における最先端、最前線の情報、経験が共有される意義は大きいといった声が聞かれる。

現地への貢献を愚直に追求する重要性

ＡＳＥＡＮに展開する日本企業は今後、中国企業の存在感がこれまで以上に増すという前提で事業環境を捉える必要がある。グリーン化、デジタル化といった切り口で事業機会を模索する日本企業は多いが、中国企業も同様である。また、日本企業は中国依存の低減を図るデリスキング、サプライチェーンの強靭化、各国の自国優先の産業政策への対応に追われている。この文脈において、ＡＳＥＡＮでの事業拡大は重要な対応策のひとつである。ただ、こうした対応を加速しているのは日本企業だけでなく、中国政府・企業しかりである。今後の事業環境を考える際、中国政府の貿易、対外投資、他国との経済協力における方針や方向性、さらに中国企業の海外戦略を、その実現可能性に議論の余地はあるにせよ、将来のシナリオに組み込んでみることは有用であろう。

こうしたなかでは、中国企業を学ぶ相手として捉える姿勢も持ち合わせる必要があるだろう。日本企業は中国企業の補助金をテコにした事業拡大、過当競争によるダンピングといった「ネガティブな側面」のみならず、本業における強みを冷静に分析することも重要である。例えば、経営における意思決定の迅速さ、生産面では低価格を可能にするコスト削減能力、最新の製造技術の貪欲な導入などであり、販売面では、SNSの活用、巧みなブランディングによる消費者への訴求などが挙げられよう。

中国企業の進出を競争環境の悪化と一面的に捉えず、潜在的なビジネス機会になりうるというプラスの面に目を向けることも必要となる。製造業企業であれば、進出先における中国企業との調達、販売面での関係構築を検討する価値はあろう。仮に、従来は中国からの輸入で調達していた品目を現地に拠点を構えた中国企業から調達できるようになれば、調達コストの削減、現地調達率の向上、サプライチェーンの安定にも寄与する。

また、中国企業の存在感が大きくなるほど、現地においては過度に依存するのを避けるため、それ以外の国・地域からの投資を誘致する必要性が増す。現地のこうしたバランス感覚やリスク感覚を踏まえると、日本企業にも現地に入り込む機会はあるだろう。特に規模の大きいインフラ関係などのプロジェクト案件では、リスク回避の観点から日本企業が求められる場面もあると思われる。環境問題への対応でもASEAN諸国からの期待は強い。日本企業には長期目線で全体最適を考え、関係者の意向をすり合わせながら、より実現可能性の高い計画を立案し、地道に実行する点で一日の長がある。海外からの投資を産業高度化や雇用の創出などに結びつけたい各国のステークホルダーに対し、自社の事業がもたらすメリットを現地目線で丁寧に説明し、事業展開先に寄り添う姿勢を示していくことも期待される。

中国企業との関係性のあり方を考える

中国企業は、先進国における対中警戒感が高まり中国企業の投資への目も厳しくなるなか、グローバルサウスへの投資に注力するようになっており、その筆頭がＡＳＥＡＮである。日本企業が、こうした地域で中国企業といかに付き合っていくかは重要なテーマである。日本企業は、日本、中国以外の第三国となる新興・途上国においても、中国企業とのビジネスには慎重になってきているようにみえる。一方で、いまだに競合となりうる中国企業の実力を軽視するビジネスパーソンも少なくない。日本企業がＡＳＥＡＮで事業展開していく際には、中国企業の存在感を十分に踏まえつつ進めていく必要があろう。

中国企業のＡＳＥＡＮ進出が勢いを増すなか、リスク管理の観点から一定の線引きをしながら、いかに中国企業と付き合っていくかについて平素から検討しておく必要があろう。現地の出資先や取引先などが中国企業と連携をしたり、中国企業の出資を受け入れたりすることも往々にしてあるとみられ、それらをどう捉えるかについて整理しておきたい。
例えば、ＡＳＥＡＮのある日系製造業企業では、部品調達のオファーをしてきた中国企業と取引を開始するかどうか社内で時間をかけて議論をしている間に、オファー自体が実質的に立ち消えになったとの話も聞く。また、日系企業が現地スタートアップ企業に出資する際も、中国企業がすでに出資し、一定程度の比率で株式を保有していたり、事後的に出資したりするような状況を想定した議論に時間を要したとの話もある。今後、こうしたケースは増えるであろうが、平素から自社なりの対応を想定しておかないと現地ビジネスのスピード感についていけないことも出てくるだろう。

対立や分断が深まるなかだからこそ、中立的な姿勢を維持し、多国間連携やより多くの主要国との関係強化を図るＡＳＥＡＮの存在は重要性を増す。外交・安全保障の観点からは、中国の影響力が強まるなか、米国のＡＳＥＡＮ関与をつなぎとめることも含めて、地域におけるパワーバランスの安定に向けたリーダーシップを発揮することが求められる。ビジネスの側面では、中国企業の台頭を前提に、日本企業は強みを活かして差別化を図りつつ、競争、共存していくこととなる。

外交・安保とビジネスではよって立つ利益が異なり、ASEANの重要性が持つ意味も異なるところもあろう。ただ、いずれにおいても、ASEAN側の視点や論理を理解、尊重しながら、相互利益を模索する姿勢を持つことが肝要である点では共通する。確かにASEANは親日的とされることも多く、日本や日本企業に対する信頼感や親近感が強い面もあるが、こうした定性的なものを過信するのは避けたい。信頼や期待を背に、企業として現地でどのような事業展開と貢献ができるかを考え、実行していくことが重要である。

column

中国と先進国の第三国市場協力

中国企業との連携において示唆となるのは、中国と先進国の連携の形のひとつである第三国市場協力である。中国は一帯一路の一環として、かねて欧州やアジア・大洋州の先進国をパートナー国とし、中国と各国企業の連携による第三国での事業展開を後押ししてきた。先進国側からすれば、中国に対する警戒感の高まり、米中対立や東西両陣営の分断の進展などを背景に、この協力を以前のような打ち出しで推進するモメンタムはかなり低下している。

しかし、先進国やその企業としても、中国（企業）と連携するのであれば、自国や中国よりも、第三国を舞台とする案件のほうが検討の余地は相対的に大きいだろう。特に気候変動対応のように新興国や途上国にとっても喫緊の課題で、かつ中国が重要な役割を果たしうる分野においては、「一帯一路」や「第三国市場協力」という言葉は使用しないにしても、連携の可能性は出てくるだろう。

現状で具体的な動きが見えるのはフランスの例である。同国と中国は2023年7月に開催した高官級経済財政対話の共同ファクトシートで、産業分野での協力のひとつとして第三国市場協力に言及している。そのなかで、両国は同協力を開始した2015年以来の成果に満足しており、今後もパイロットプロジェクトのフォローアップを続けていくとしている。このパイロットプロジェクトは2022年2月に両国が署名したもので、中国政府側のプレスリリースによると、インフラ、環境保護、新エネルギーなど計7件、総額17億米ドルで、展開地域はアフリカ、ASEAN、中東欧である。連携形態としては共同での投融資、中国企業のEPC事業者としての活用などである。また、両国の比較優位として中国企業についてはインフラ建設、エネルギー、機器製造、インターネット、フランス企業については先進製造業、環境エンジニアリング建設が挙げられている。

日本もCOVID-19の流行以前には中国との間で同協力の取り組みを進めていた。現在は地政学的状況や経済安全保障といった外部環境が大きく異なり、表立って俎上に載ることは極めて限定的になっている。しかし、中国企業との相互補完によって事業の質が向上して新興・途上国が裨益《ひえき》し、リスク管理上も問題ないと判断しうるのであれば、中国企業との協業はひとつの選択肢として検討する余地はあろう。少なくとも、第三国における他の先進国企業と中国企業の協業のありようを把握することは、中国企業との間合いの取り方を考えるうえで参考になるであろう。

第Ⅱ部

アジアの社会課題と、日本の貢献の可能性

第4章

超高齢社会を迎えるアジアの財政・社会保障

本章では、中国、インド、ASEANを含むアジア各国が直面する財政・社会保障の課題を取り上げる。アジアの人口はすでに日本や中国など一部の国で減少局面に入り、2040年代半ば以降はインドを含めたアジア全体で減少局面を迎える。人口が増加中の国であっても高齢化は進行中であり、日本よりも所得水準の低い段階で社会保障の財政負担が拡大することが見込まれる。人口減少・人手不足に加えて、社会保障の財源確保のための税や社会保険料といった国民負担の増加が経済成長の押し下げ要因となりうる。先んじて高齢化を果たした日本の経験を踏まえて、超高齢社会を迎えるアジアでのビジネス展開を目指す日本企業が注目すべき3つの視点を提示したい。第1に社会保障のための安定財源確保よりも、経済成長を重視している国への投資を増やすこと、第2に徹底したAI・テクノロジーの活用による人手不足の克服、第3に課題先進国である日本での技術や経験を活かした経済成長への貢献である。

アジア経済の成長要因

世界経済を牽引してきたアジア経済

アジア各国の財政・社会保障の課題を考える前に、これまでの経済成長率の推移を確認しておこう。1981〜2020年までの世界の経済成長率は3・3%であった。このうち、先進国の成長率は2・3%にとどまり、新興国の成長率が4・3%と世界全体の伸びを押し上げた。特に、中国を含むアジアの新興国は7・0%と大幅に伸びた。他の地域と比較しても、アジアの経済成長率が世界経済を押し上げてきた。

中国経済の成長要因

このようなアジアの高成長はどのようにもたらされたのであろうか。序章では、世界各国の実質ＧＤＰ成長率を、資本投入量、労働投入量、資本と労働といった生産要素をどれだけ効率的に生産に振り向けられたかを示す全要素生産性（ＴＦＰ：Total Factor Productivity）に分解したうえで、中国やインドなどの中所得新興国においても生産性の伸びが小さいことを見た。ここでは中国経済を詳細に見た後でアジア各国を細かく確認していこう。

まず**図表4-1**で成長を牽引したとみられる中国経済の成長を分解して見てみる。生産性の伸びが高ければ、今後労働や設備投資の伸びが鈍化してもＧＤＰが成長し続けることが可能となる。その観点で見ると、２００８年の国際金融危機の前後（２００５〜２０１０年）では4兆元の経済対策により、ＧＤＰは2桁成長（10・４％）したものの、生産性の伸びはゼロであった。むしろ、そのときの過剰投資で無駄な設備を抱えてしまったため、その後の生産性はマイナス（−０・７％）となる。マクロ的にはつくった設備が価値を生まず、資本が廃棄された結果につながったと見込まれる。２０１６〜２０１７年の実質ＧＤＰ５・９％成長のうち０・８％ポイント、ＧＤＰ

図表**4-1** | **中国の経済成長**

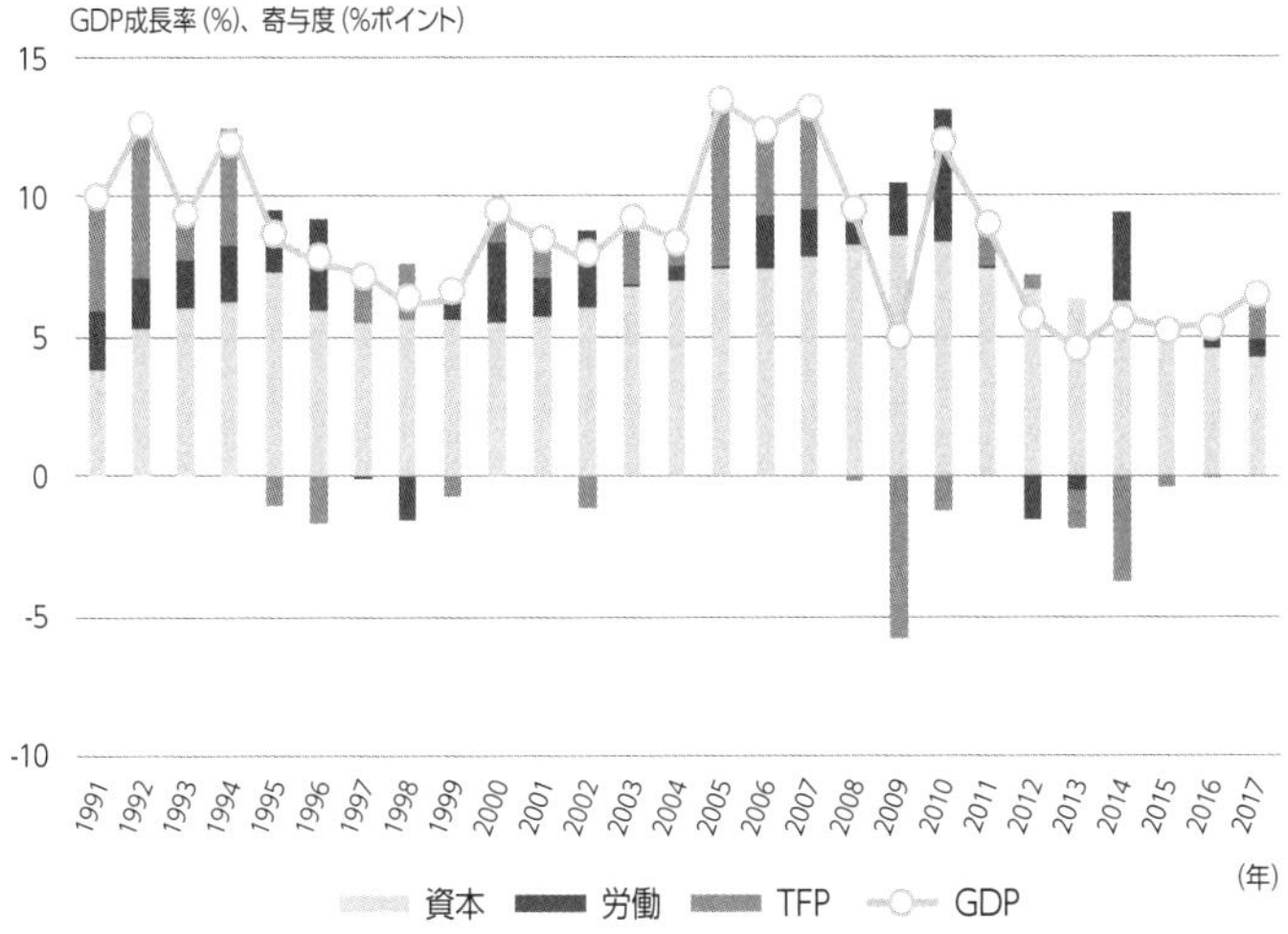

GDP成長率(%)、寄与度(%ポイント)

	1991-1995年	1996-2000年	2000-2005年	2005-2010年	2010-2015年	2016-2017年
GDP	10.5	7.3	9.4	10.4	6.0	5.9
資本	5.7	5.6	6.6	8.1	6.4	4.4
労働	1.9	1.2	1.0	2.3	0.3	0.7
生産性(TFP)	2.9	0.5	1.9	-0.0	-0.7	0.8

寄与率(%) (%)

資本	54.4	76.8	69.6	77.9	107.0	75.2
労働	18.5	16.2	10.3	22.6	4.8	11.3
生産性(TFP)	27.1	6.9	20.1	-0.4	-11.8	13.5

注1：寄与度(%ポイント)はGDP成長率のうち、何%ポイントが資本、労働、生産性(TFP)の伸びによるものかを示している。
注2：寄与率(%)はGDP成長率の伸びを100としたときの資本、労働、生産性の貢献度合い。
(出所) Asian Productivity Organization "Asia Productivity Databook 2024"より筆者作成

の1割強（13・5％）が生産性の伸びによるものである。第1章で見たように過剰生産問題を抱える中国経済において、今後資本の伸びが経済成長を牽引することは想定しづらい。また人口減少局面に入っている中国では労働力によるGDP成長率の押し上げも見込めない。このため、今後のGDP成長率は生産性の向上にかかっていると言えよう。

中国以外のアジア各国の成長要因

次に**図表4-2**では中国以外のアジア経済の成長要因を示している。まずGDP成長率は、韓国の3・6％からタイの8・3％までばらつきがある。このうち、各国の平均で見ると、GDP成長率5・4％のうち、最も多いのは資本で2・7％ポイントであり、成長の約半分（50・2％）に寄与している。また、労働が1・9％ポイントで3割以上（35・1％）を占めている。一方で長期的な経済成長にとって重要な生産性による寄与は0・8％ポイントにすぎず、全体の1割強（14・7％）の寄与にとどまっている。中国を含むアジア各国の生産性の伸びは15％程度にとどまっており、今後経済成長率を維持・拡大していくためには、生産性の伸びを高めていくことが重要だということがわかる。

図表**4-2** | **アジア各国の経済成長**（2000〜2022年平均）

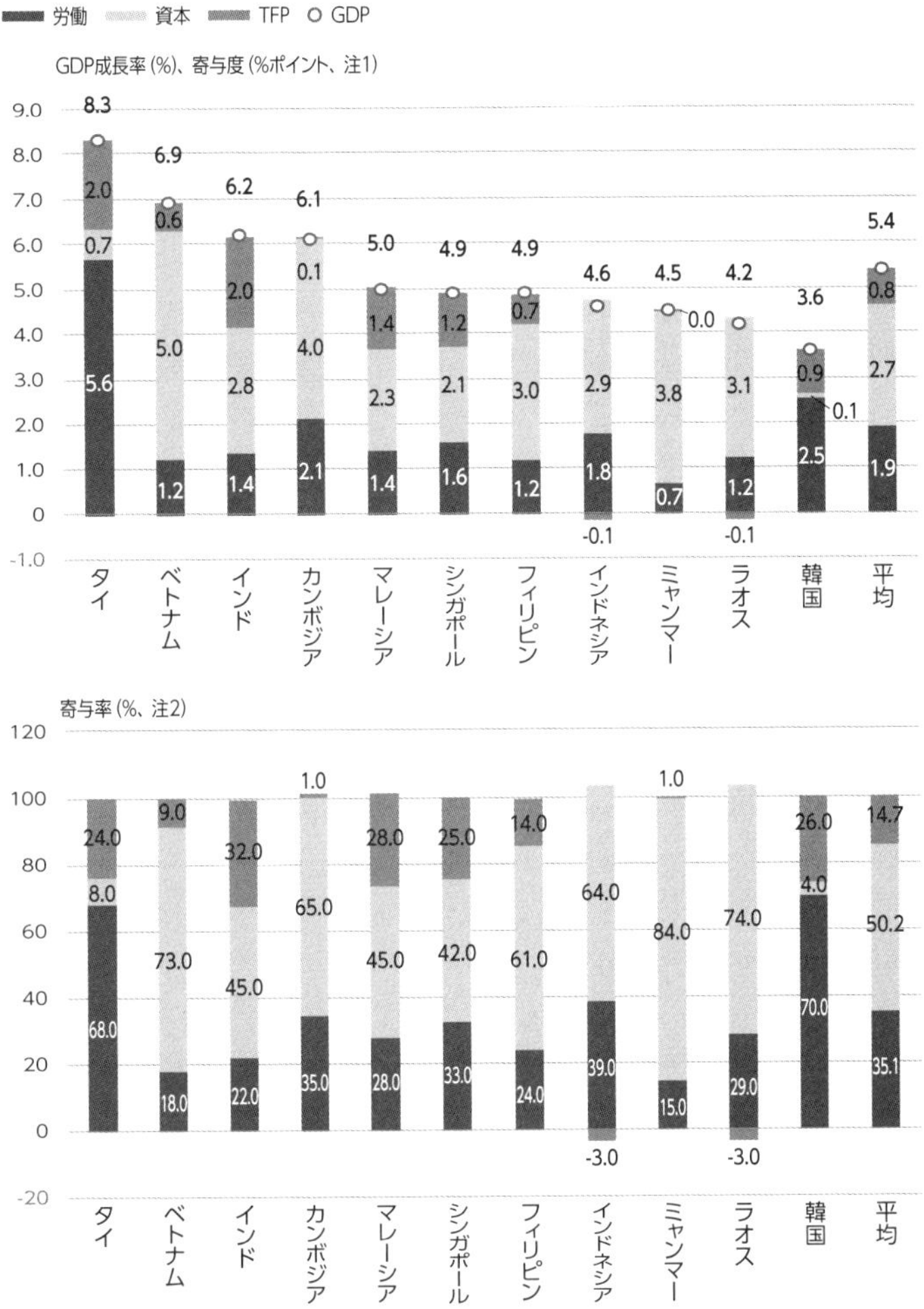

注1：寄与度（%ポイント）はGDP成長率のうち、何%ポイントが資本、労働、生産性（TFP）の伸びによるものかを示している。
注2：寄与率（%）はGDP成長率の伸びを100としたときの資本、労働、生産性の貢献度合い。
（出所）Asian Productivity Organization "Asia Productivity Databook 2024"より筆者作成

経済成長率は、労働と資本の量的な拡大と、それらをどれだけ効率的に生産に振り向けられるかの生産性の伸びに分解できる。このうち、労働は人口成長率、人口のうちどれだけの人が職を得られるかにかかっている。このため、人口が減少すると労働投入量には減少圧力がかかる。また、資本については労働者がどの程度貯蓄するかにかかっているが、これも労働者数が減少すればその分拡大が難しくなる。そこで次に、アジアの人口動態について確認していこう。

アジアの人口動態と高齢化の状況

アジア各国の人口動態

図表4-3は国連によるアジア14カ国の2024年から2100年までの人口推計である。2024年時点では、インドが14・4億人と中国の14・2億人を上回って世界で最も人口の多い国である。インドは2062年に17・0億人となるまで人口増加が継続し、その後、緩やかに人

口が減少して2100年時点で14・4億人と2024年時点まで減少することになる。一方、中国は人口減少が継続し、2031年には14億人を割り込んで13・96億人、2047年には13億人を割り込んで12・94億人となる。2100年には6・4億人となってインドの44・2%と、半分以下の人口となる。中国と同様、推計期間のうち2024年時点ですでに人口減少局面にあり、2100年まで人口減少が継続していくのが日本、韓国、タイの3カ国である。前年からの人口減少率を見ると、日本は2025年の0・51%減から2066年の0・81%減まで減少ペースが加速していく。一方、韓国は2051年、中国は2055年以降、人口の減少ペースが1%

図表4-3｜アジア各国の人口動態（2024年から2100年の推計）

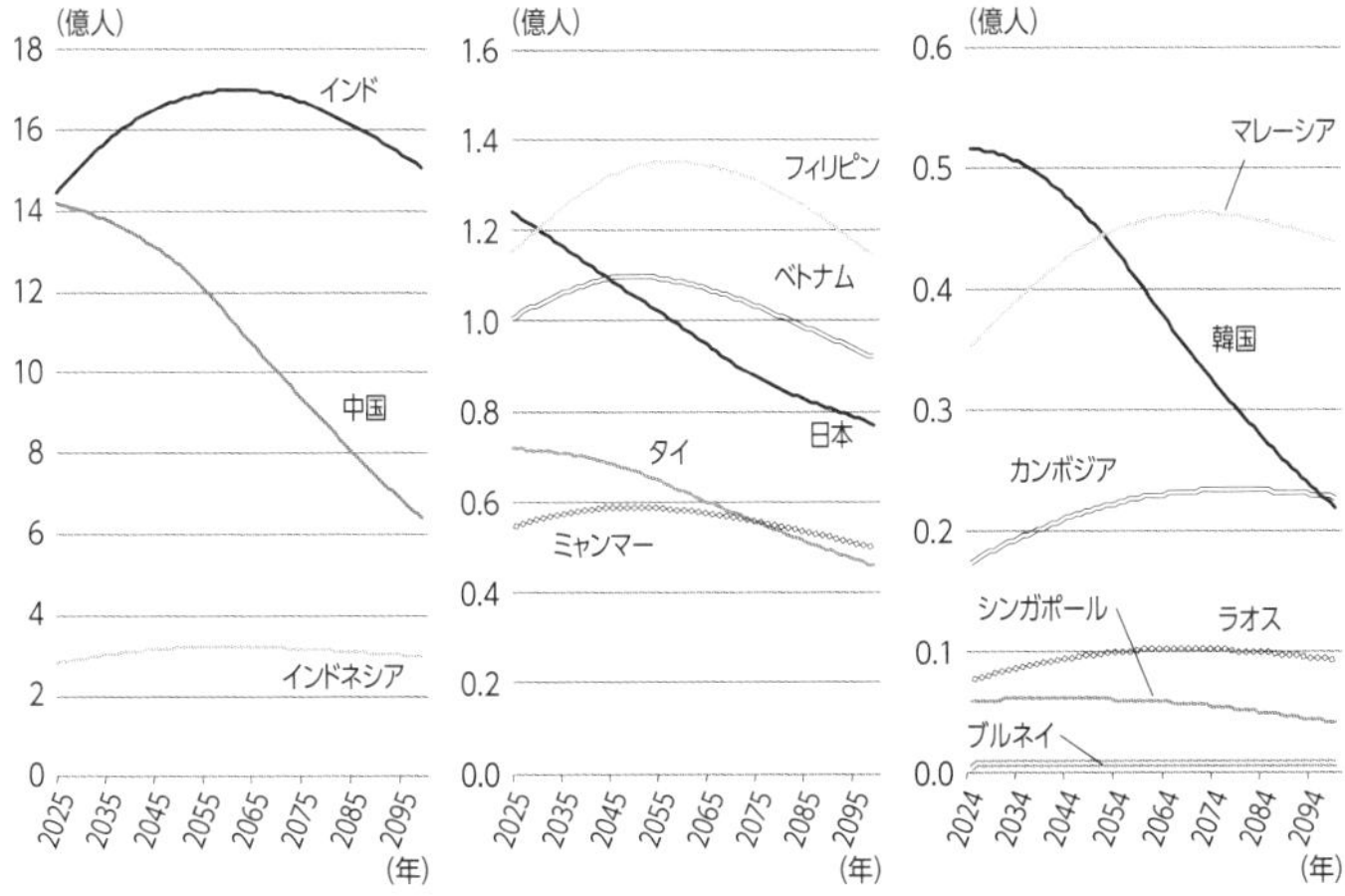

（出所）United Nations "World Population Prospects 2024"より筆者作成

減よりも加速して減少する。これは日本よりも速いペースで人口減少となる。次にインドは2062年が人口のピークだが、ラオスは2068年、マレーシアは2073年、カンボジアは2078年まで人口が増加していく。それ以外の国の人口のピークはシンガポール(2040年)、ミャンマー(2049年)、ベトナム(2050年)、ブルネイ(2055年)、フィリピン(2057年)、インドネシア(2059年)となる。

以上のアジア14カ国合計で見ると、2024年の37・3億人から2044年には38・9億人までの動きをならして見ると毎年730万人ペースで緩やかに増加する。その後、人口減少に転じて毎年1700万人ペースで減少し、2100年には29・3億人となる。

アジア各国の高齢化の状況

このように2040年代半ばまで人口は増加するものの、高齢化は進展する。アジア諸国は、世界的にも今後の高齢化のスピードが速いと目されている。まず65歳以上の人口が全人口に占める割合で見た高齢化率を確認しておこう。日本を見ると、1970年に高齢化率が7%を超える「高齢化社会」に、1994年に同比率が14%を超える「高齢社会」に、2007年に21%を超える「超高齢社会」に到達した。**図表4-4**は、日本を含むアジア諸国について、足元の２０２２年、２０５０年、２１００年の高齢化率を見ている。左から２１００年の高齢化率の高い順に並べている。２０２２年時点では日本の高齢化率は29・9%と突出して高いことがわかる。また、韓国、中国、シンガポールはすでに14%を超えて「高齢社会」に突入している一方、それ以外の国はおおむね７%前後の「高齢化社会」の段階にとどまっている。しかし、２０５０年となると韓国、中国、タイ、シンガポールの高齢化率が30%を超え、足元の日本以上の高齢化が進展する。ブルネイ、マレーシア、ベトナムでも21%超の「超高齢社会」に近づき、それ以外の国でも１４%

図表**4-4**｜**アジア各国の高齢化率**（2022年、2050年、2100年）

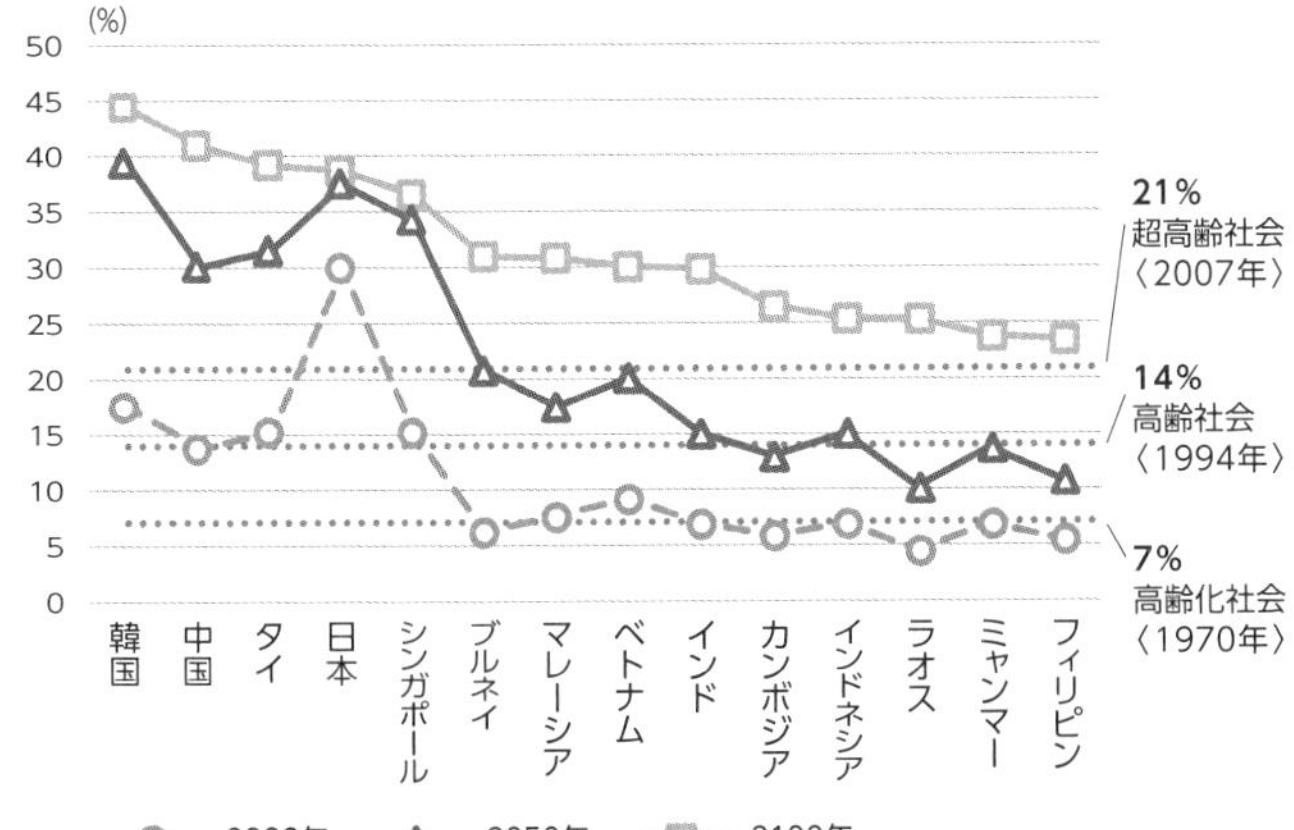

注：高齢化率＝65歳以上人口／全人口の割合。
（出所）United Nations "World Population Prospects 2024"より筆者作成

超の「高齢社会」に接近する。２１００年にはすべての国で21％超の超高齢社会を迎える見込みである。なお、日本は２０２２年時点での高齢化率は29・９％と突出して高いものの、２０３０年に31・４％、２１００年に38・７％となることが見込まれている。足元から先行きの変化幅という意味では他の国と比較すると変化が限定的となっている。このように、アジア各国では高齢化が進展し、特に韓国、中国、タイ、シンガポールでペースが速い。第2章ではインドの平均年齢が比較的若い点を見たが、２１００年にはインドを含めたアジア諸国で超高齢社会を迎える。

最後に人口数で議論をまとめておこう。アジアの65歳以上の高齢者数は、２０２４年の４・7億人から、２０５０年には9・4億人までほぼ倍増する。２１００年には12・２億人まで増加が継続する。社会保障の財政負担増という面でみれば経済成長の課題となるが、高齢者に応じたニーズという意味では需要が拡大する市場と捉えることもできよう。

アジアの財政・社会保障の状況

アジア各国の年金の状況

このように、アジア各国では高齢化が急激なスピードで進展しており、社会保障制度への影響も日本以上となることが予想される。そこで現状の年金、医療、介護の社会保障制度を見ておこう。まず制度を支える所得水準について**図表4-5**で一人あたりGDPを見ると、中国、マレーシアが1万米ドルを超えているが、それ以外の国は依然として低水準に

図表4-5｜一人あたりGDP（2022年）

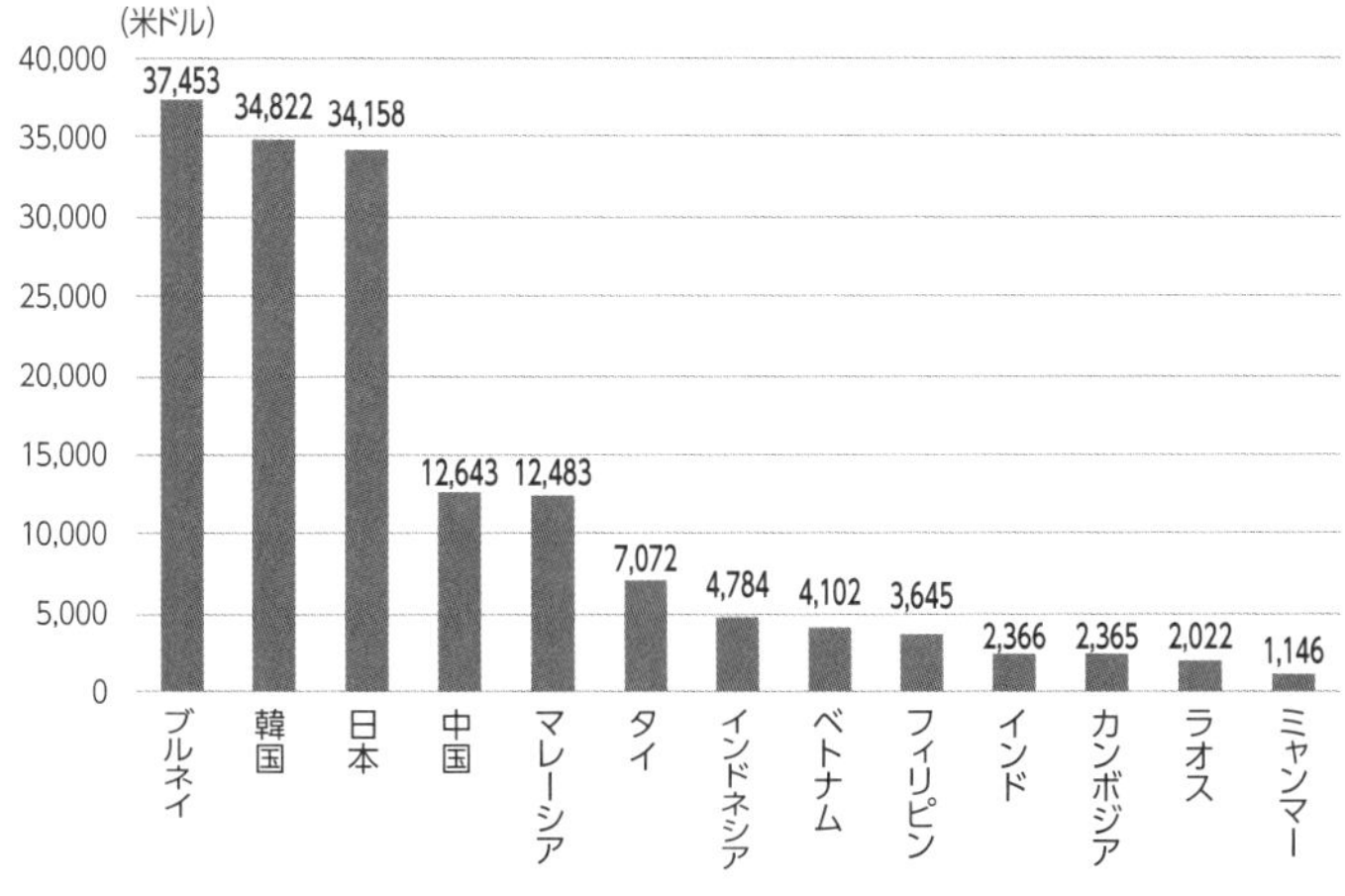

（出所）IMF "World Economic Outlook, October 2024"より筆者作成

とどまっている。日本は高齢社会を迎える前の1980年頃には1万米ドルを超えていたため、多くの国でそれ以下の水準で高齢化が進展していく見込みである。所得水準が低い場合、税や社会保険料を負担する余地が小さくなり、経済成長が鈍化しやすくなる。

次にアジア各国の社会保障制度のうち、年金制度を確認していこう。年金制度は退職後の所得を政府が支給する。OECDの統計で各国の退職年齢を見ると、日本とシンガポールは65歳であり、OECD平均では63・8歳、韓国で62歳と軒並み60歳代となっている。一方、それ以外の国を見るとベトナムの女性で55・7歳、スリランカの女性で50歳と退職時期はより低い年齢に設定されている。中国は男性が60歳、女性で55歳となっている。

また、年金の給付対象者が少ないことも課題である。**図表4-6**は、義務的に加入する年金受給者数が、人口の何割程度を占めているかを示している。例えば一番左の日本では15~64歳人口のうち9割（91%）の人が義務的な年金に加入している。ここでの年齢区分の上限である64歳はこれまでの定年退職の年齢などを参考に便宜的に設けられた基準である。しかし、足元では65歳以上で働いている人々も増加しているため、15歳以上の就業者数と失業者数の合計である労働力人口対比で見たのが**図表4-6**のグラフである。韓国では15~64歳人口のうち労働の意思がある人を示す労働力人口のうち、年金を受け取れる人の比率は、6割以上のカバー率となっている。もっとも、他の国では中国が50%程度、パキスタンに至っては1割程度の低いカバー率となっている。このように所得水準が低く、今後急速な高齢化が見込まれるものの、年金で制度的に退職後の生活がカバーできていない問題がある。

仮に年金を受け取れる場合、現役所得の何割程度がもらえるのかを示す所得代替率をOECDの統計で見ると、日本では3割程度、OECD全体では5割程度となっている。中国、フィリピン、ベトナム、シンガポール、インドネシアでは所得代替率が5割を超える。しかし、先ほどの年金が受給できる人の割合の低さを踏まえると、給付対象が一部の国民に限定されているのが現状となっている。

図表4-6 義務的な年金制度のカバー範囲

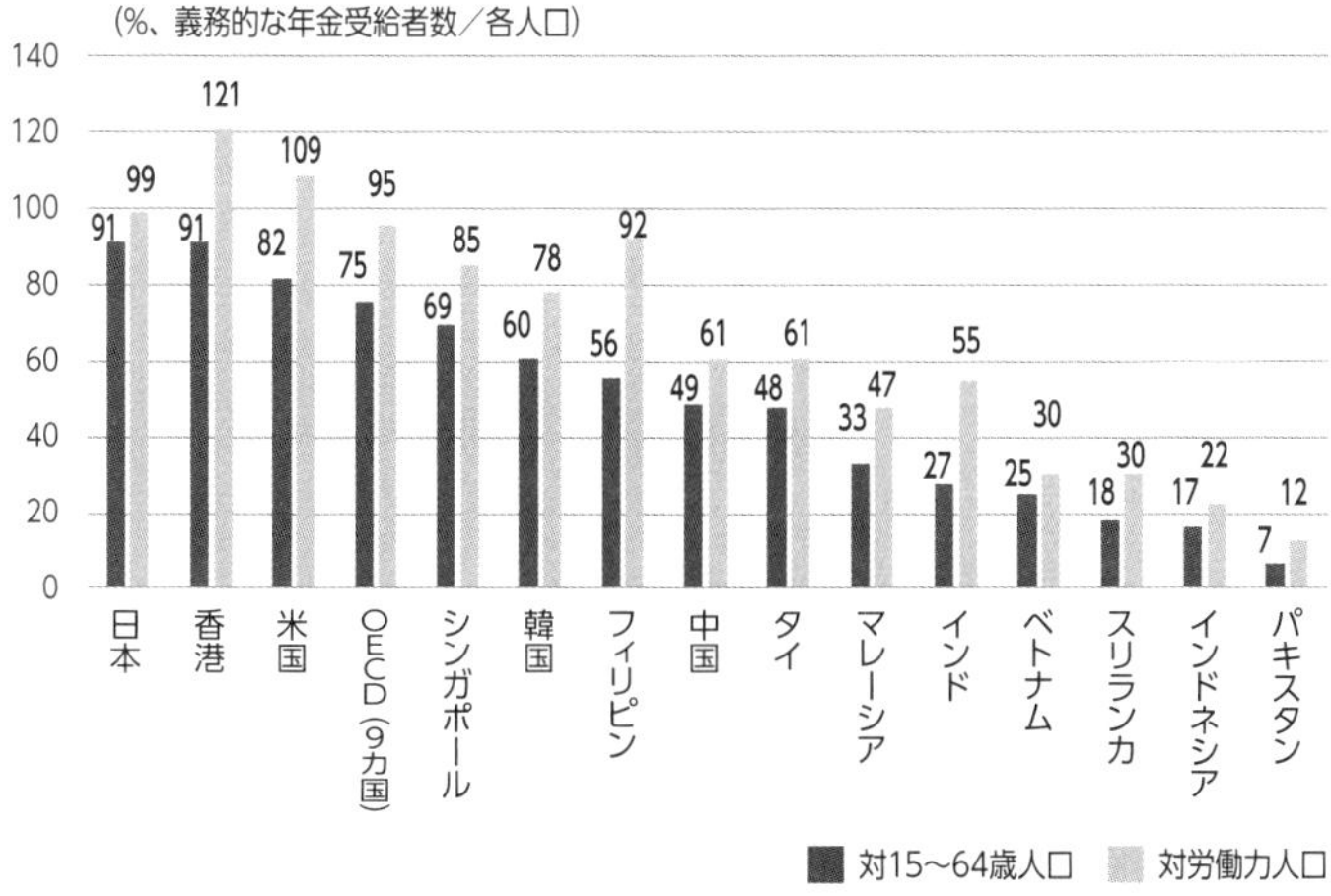

(出所) OECD "Pensions at a Glance Asia/Pacific 2024"より筆者作成

アジア各国の医療の状況

次に、年金とならび高齢化社会で影響の大きい医療について確認しておこう。一般政府支出に占める医療支出の割合を見ると、日本とシンガポールは2割程度と高く、韓国、タイ、インドネシア、マレーシアで10～15％となっている。インドは3・7％と突出して低く、医療費は抑えられている。次に**図表4-7**で医療体制として国民1万人あたりの医師、看護・助産職員の人数を見ると、日本が看護・助産職員を中心に150・7人と突出して多い。シンガポール、韓国、ブルネイでも高くなっている。一方、他の国々では同70人

図表**4-7**｜**アジアの医療の状況**

	人口1万人あたりの医療従事者数（人）			保険支出比率（%）	非感染性疾患率（%）	UHC
	合計（人）	うち医師（人）	うち看護師（人）			
日本	150.7	26.1	124.5	21.5	8.3	83.5
韓国	114.3	25.2	89.1	14.8	7.3	89.1
ASEAN	44.4	11.4	33.1	9.7	20.5	66.8
中国	60.4	25.2	35.2	8.9	16.0	81.0
インド	24.5	7.3	17.3	3.7	23.7	63.3

注1：保健支出比率（%）は、「国内一般政府保健支出（GGHE-D）の一般政府支出（GGE）に対する割合（%）」である。

注2：非感染性疾患率は、「30歳から70歳までにCVD（Cardiovascular Disease：心血管疾患）、がん、糖尿病、CRD（Chronic Respiratory Disease:慢性呼吸器疾患）のいずれかで死亡する確率（%）」である。

注3：UHCはユニバーサル・ヘルス・カバレッジ指数であり、経済的な困難を伴うことなく保険医療サービスを享受できる状態にある国民の割合。

（出所）WHO "World health statistics 2024"より筆者作成

以下と非常に低い人員にとどまっている。

こうした予算・人員体制を踏まえて、アジア各国の衛生状態、健康状況を確認しよう。人々の死因は衛生状態等が悪いと感染症による死亡が多くなるが、衛生状態の改善により徐々に感染症以外の死因が増加する。さらに医療が発展すると感染症以外での死因も減少する。この状態を見るために主要な非感染症による死亡率を見たのが**図表4-7**の右から2列目の非感染症疾患率である。

新興国・途上国では、経済的な困難を伴うことなく保険医療サービスを享受できる状態をユニバーサル・ヘルス・カバレッジ（UHC）と呼んでいる。日本では衛生状態が大きな問題となることは少ない。WHO（世界保健機関）は、こうしたUHCの望ましい状態にある人口を10億人にすることを目標としているが、2025年までに達成できるのは5億8500万人にとどまるとされている（WHO〈2024〉）。このUHCは、日本、韓国、シンガポールなど所得の高い国ほど高く、良好な衛生状態にある。また、ミャンマーやラオスなど所得の低い国ほどUHCが低くなる傾向がある。所得や医療状況等の改善によって、死亡率の低下、ウェルビーイングの状況の改善余地がある、ということである。

アジア各国の介護の状況

次はアジアの介護の状況についてである（**図表4-8**）。介護については、高齢化の進展が最も速かった日本において2000年に公的介護制度が制定された。2008年に韓国、2017年に台湾で類似の制度が発足し、中国では一部で制度が導入されている。アジアで介護が必要となる人数を見ると、日本では2015年の200万人から2050年には400万人を超えて倍増する見込みである。また、中国では2015年の470万人から2020年の900万人に倍増、さらに2050年の2000万人超と、さらに2倍

図表**4-8**｜**アジアの要介護人数**

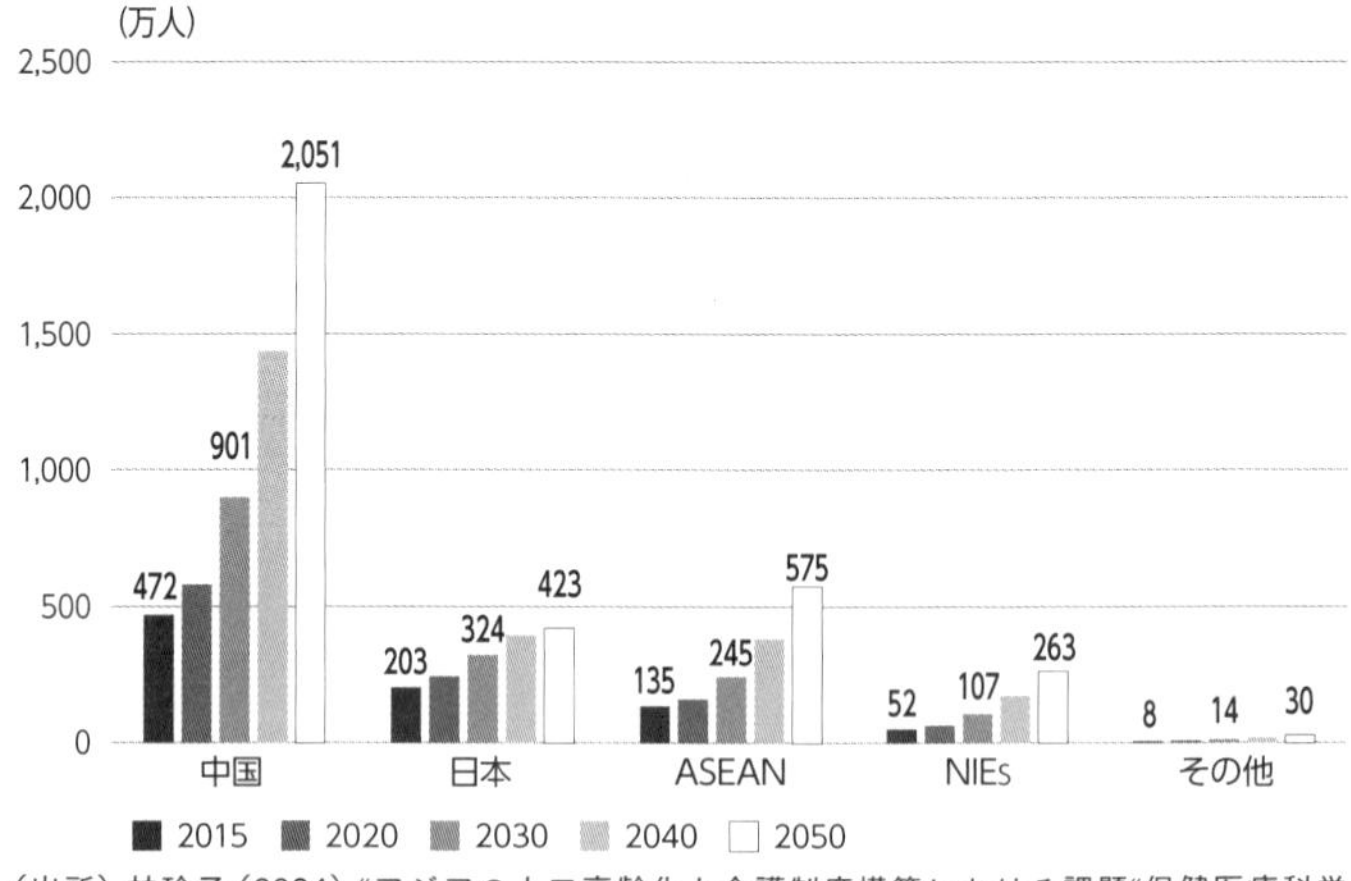

（出所）林玲子（2024）“アジアの人口高齢化と介護制度構築における課題“保健医療科学 2024　Vol.73　No.3　p.174－ 184より筆者作成

以上に増加することが見込まれている。ASEAN、NIEs（新興工業経済地域）でも中国と同様に急増が見込まれる。

アジア各国の財政状況

以上の高齢化に伴う年金、医療、介護制度の拡充により、社会保障支出が増加することで財政赤字が悪化する見込みとなっている。

図表4-9で今後の財政状況を見ると、アジアの新興国・発展途上国は、一般政府の財政赤字（純貸出、借り入れの対GDP比）が、最も悪化する見込みとなっている。

図表4-4で示した日本を含むアジアの高齢化の状況を踏まえると、日本は現時点で高齢

図表**4-9**｜**一般政府の財政赤字の見通し**

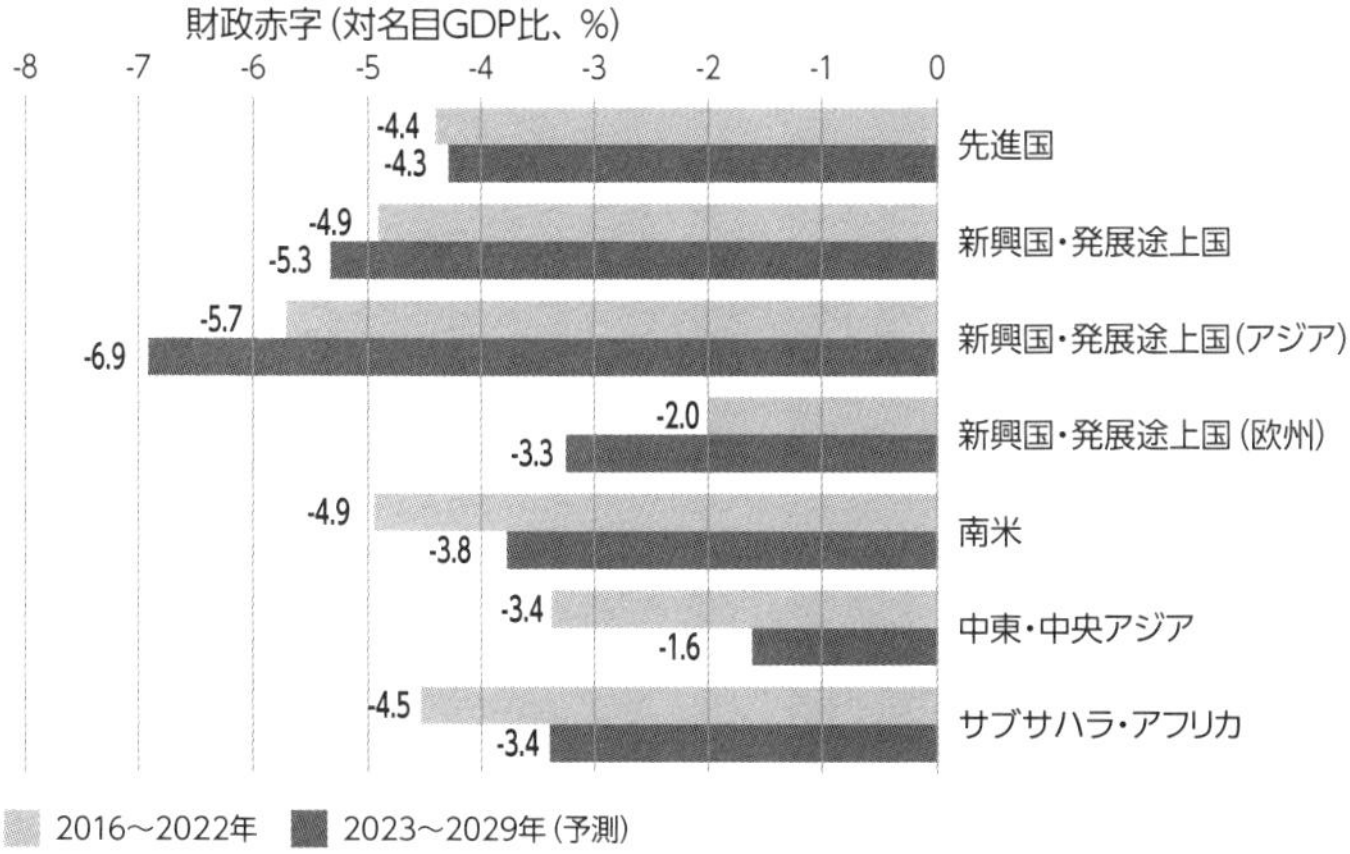

注：財政赤字は、一般政府の純貸出・借り入れ（General government net lending/borrowing）の対GDP比。
（出所）IMF "World Economic Outlook, October 2024"より筆者作成

化が最も進展しているものの将来のさらなる進展は見込まれない一方、アジア各国の新興国・途上国は、今後、急激に高齢化が進展する姿が確認できる。地域別に見た財政赤字でも、先行きの期間はやや限られるものの、アジアの新興国・発展途上国でGDP比8％程度の大幅な赤字が継続する見込みである。日本は高齢化に伴う社会保障費や財政赤字の拡大懸念、経済成長率や技術革新の鈍化懸念といった様々な課題先進国である。アジア各国の未来を投影しているのが現在の日本であると言える。

超高齢社会を迎えるアジアで求められる日本企業の3つの視点

これまで本章では、過去40年間でアジア各国が世界経済の牽引役であったものの、それは労働と資本の伸びに頼っており、生産性の伸びは必ずしも高くなかったことを見た。また、1980～2020年まで成長を牽引してきた中国、韓国、ASEANの国々で少子高齢化が進展することで、労働と資本の投入量が減少して成長率が鈍化する見込みである。さらに、高齢化社会を支える年金や医療制度については、日本と比較しても十分とは言えず、今後、財政赤字の影響が懸念される。人口減少・人手不足に加えて、社会保障の財源確保のための税や社会保険料の増加が経済成長の押し下げ要因となりうる。こうしたアジア各国の課題に対して、日本企業として注目すべき3つの視点を議論したい。

社会保障のための安定財源確保よりも、経済成長を重視している国への投資を増やす

日本企業のアジアでのビジネス展開にあたって重要な第1の視点は、各国の政府・中央銀行のマクロ経済政策（財政・金融政策）の的確な把握である。高齢化の進展により年金、医療、介護の財政ニーズが高まる。高齢化で先行した日本はマクロ経済・財政の対応として、景気変動に左右されにくい安定的な財源確保のため、消費税率の引き上げを繰り返してきた。**図表4-10**で日本の国内家計消費の推移を見ると、日本経済がデフレに陥った1990年代後半以降の消費税率の引き上げのタイミングで消費の伸びが鈍化していることが確認できる。

２０１２年末の大規模な金融緩和以降、デフレではない環境とはなったものの、引き続き家計の消費は弱く、経済が完全に回復するまでには至っていない。このため、アジア各国も高齢化への対応としてはあくまでも経済成長を重視し、拙速な税や社会保険料などの負担増には慎重になるべきである。しかし、アジア各国は社会保障制度が未整備ななかで急速な高齢化を迎えるため、その対応次第では短期の景気動向だけでなく、企業のビジネスに影響を与える長期の経済成長にも大きな影響が及ぶだろう。このため、各国の財政金融政策、経済動向の把握はビジネス展開の重要な基礎情報ともなりうる。特に中国経済は、すでに住宅バブル崩壊の影響で内需が低迷し

図表4-10｜日本の消費と消費税率の引き上げの推移

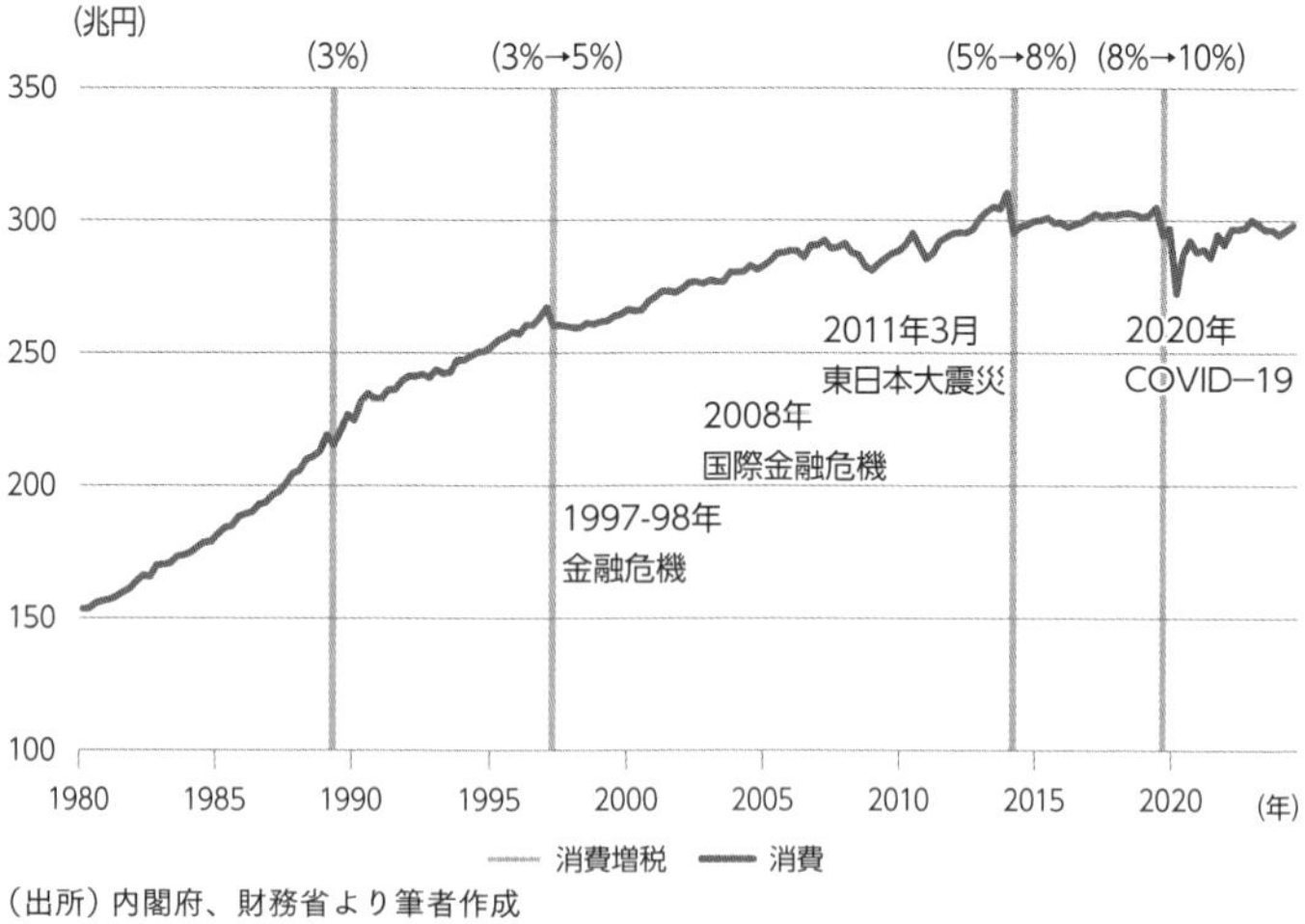

（出所）内閣府、財務省より筆者作成

ており、控えめに見てもディスインフレの状況に直面している。拙速な負担増による社会保障の充実を図れば、低迷がさらに長期化する公算が大きいであろう。あくまでも経済あっての財政・社会保障である。アジアの各国政府・中央銀行には急激な高齢化に直面しても、社会保障の財源確保のために過度に税や社会保障の負担を増やし過ぎて経済成長が停滞することを回避しつつ、着実に社会保障制度を整備することが求められる。経済が低迷すればかえって社会保障制度の整備が進まないことになる。日本企業は、アジア各国政府が経済と財政・社会保障のバランスをとっているかを見定めることが重要となる。日本企業は各国の経済動向を踏まえ経済成長が見込める国に多くの資源を投入する経営戦略を策定することで、自社の競争優位を確立できよう。

徹底したＡＩ・テクノロジーの活用による人手不足の克服

アジアで展開する日本企業に求められる第2の視点は、徹底したＡＩ・テクノロジーの活用による人手不足の克服である。すでに人口減少に転じている日本、中国といった国々に加えて、2040年代半ば以降はアジア全体で人口減少社会に突入する。第1の視点で見た通り、経済成長を重視するスタンスは重要であるが、少子高齢化の中で経済成長を達成する必要がある。足元の日本では人手不足が大きな課題となっているが、各国も同様の状況に直面するはずである。その克服には徹底的なＡＩやテクノロジーの活用が必須となろう。なお、本書第７章では、テクノロジーが何ができるかの機能志向から、何のために何を解決すべきかの社会課題志向に変化している点を強調している。人手不足の克服は、日本だけでなくアジアで解決すべき社会課題であるといえる。

現在の生産技術・テクノロジーは、ＡＩやデジタル化の進展によって大きく変化している。デジタル技術の活用については第７章でも議論しているが、ここではデータについて日本経済の観点から見ておきたい。データにはネット販売などのｅコマースにおける購入履歴、ウェブ検索情報、保険会社が取得する契約者の健康情報、建設機械が収集しているセンサー計測結果などがある。こうしたデータは、「生産活動の結果生み出されており、かつ、繰り返し生産活動に利用されうる」ため、ＧＤＰを計測する際のルールであるＳＮＡの固定資本の概念に合致する。内閣府が推計したデータ生産額の推計額では、２０１０〜２０２０年で５兆１１６０億円から６兆７５００億円の間で推移している。２０１０〜２０２０年平均で見たＧＤＰ押し上げ効果は名目ＧＤＰ比で１〜３％程度とされている。データの内訳を見ると、自社内用の固定資本形成が94・６％とほぼすべてを占め、社外への販売用の固定資本形成は１・８％となっている。

また、**図表4-11**で産業別の動向も確認しておこう。データの生産額が多いのは、卸売業・小売業の１兆３３８０億円、鉱業・製造業の１兆２３１０億円となっている。前者は生産・流通過程におけるＰＯＳデータの活用、後者では採掘時のデータ活用や工場でのファクトリーオートメーションなどが進展しているとみられる。また、**図表4-11**で過去10年間平均の伸び率の高い順に見ていくと、最も高い伸びを示しているのは医療、福祉の４・22%である。これは電子カルテ導入などが進んでいる影響とみられる。次いでデータ自体を扱う情報通信業の４・15%となっている。不動産業・物品賃貸業の４・10%は、取り扱う物件のデータ化が容易であることが影響し

図表**4-11**｜**産業別のデータ生産額**（内閣府による推計値）

	2020年（10億円）	過去10年間平均の伸び率（%）
農業・林業・漁業	26	**3.99**
鉱業・製造業	**1,231**	2.45
建設業	533	2.65
電気・ガス・熱供給・水道業	51	2.41
情報通信業	320	**4.15**
運輸業・郵便業	227	1.74
卸売業・小売業	**1,338**	1.48
金融業・保険業	323	1.30
不動産業・物品賃貸業	272	**4.10**
学術研究、専門・技術サービス	563	**3.66**
宿泊業、飲食・サービス業、生活関連サービス業	175	1.95
教育、学習支援業	226	2.41
医療、福祉	651	**4.22**
サービス業	524	3.17
公務	290	1.72

（出所）内閣府「2025SNA（仮称）に向けたデジタル経済の計測に関する調査研究」

ている可能性がある。また、興味深いのは農業・林業・漁業が3・99％と高い伸びを示している点である。これはスマート農業など、担い手不足の解消などでデータ活用が進んでいる可能性があろう。

右記で見たとおり日本におけるデータ生産額の推計値は対名目GDP比で1〜3％となっている。もっともこれは生成AIが本格的に普及する前の2020年までの推計値であり、足元や将来での経済においてはこれよりも大幅にGDPを押し上げる公算が大きい。過去、ソフトウェア投資がGDPに計上されることになった際にも当初は大きな影響がないとされていたものの、その後の経済活動は大きく変化した。今後生成AIの登場により、特別なプログラマーなどの専門職に限らず、より一般的かつ広範な職種におけるデータの生成・利用・分析によって付加価値を生み出す余地が広がっている。日本やアジア各国では、徹底したAIやIoT、デジタルツインやロボットの活用によって、少子高齢化を克服して経済成長を遂げる余地が大きく広がろう。

課題先進国である日本での技術や経験を活かした経済成長への貢献

日本企業が超高齢社会を迎えるアジアでのビジネス展開に資する第3の視点は、年金、医療、介護における課題先進国の日本企業の技術や経験を活かした事業展開や、今後の制度改革に応じた貢献である。社会保障の年金、医療、介護の主要3分野のうち、年金については基本的に国民が年金保険料や税を負担し、国から給付金を受給する仕組みとなるため、日本企業の直接的な介在余地は小さい。すでに日本では年金については、マクロ経済の状況と連動して、現役世代の所得の一定程度の年金受給額を得られるように制度改正が実施済みであり、安定的に推移していくものとみられる。このため、アジアの財政・社会保障にとってはマクロ経済の動きと連動させる形で、年金制度を拡充していくことが目指すべき方向性となる。さらに日本企業からすると、公的な年金制度の拡大が遅れれば、私的な年金サービスの提供余地があろう。

次に、医療と介護については、国民が保険料や税金を負担するものの、医療や医薬品、介護等のサービスは民間企業から受けることになる。日本企業は、日本での医療・介護等のビジネス経験をもとにして、アジアでサービスを展開することが可能となろう。医療の分野では、インバウンド需要の一部として、日本の高度な医療サービスを提供する事例も見られる。さらに医薬品の分野では、日本は、米国、欧州と並んで新薬の開発、創発の能力を持っている。それを見るには新医薬品の承認品目数がひとつの目安となる。医薬産業政策研究所が日本の医薬品医療機器総合機構（ＰＭＤＡ）、米国食品医薬品局（ＦＤＡ）、欧州医薬品庁（ＥＭＡ）の情報をまとめたデータがある。２０１４年から２０２３年における全承認品目数を見ると、米国では１３０９件、日本はそれに次ぐ１２３２件であり、欧州は１１７４件となっている。また、治験において初めて試される新規化合物を指す新有効成分含有医薬品（ＮＭＥ）も注目されている。ＮＭＥは既存の化合物とは異なる全く新しい化学構造を持つ分子であり、新しい治療オプションを提供しうるものである。ＮＭＥについて前記と同じ10年間で見ると欧州で４５６件、日本で４２２件、米国で４０２件となっている。序章で見たように、日本経済の持続的な成長には日本企業は無形資産への投資が重要となり、その一部は知的財産の受け取りとして現れる。海外とのやり取りを見ると、最も多いのは自動車産業だが、それに次ぐのは製薬分野であることがそのことの証左のひとつであろう。これは新薬開発後の特許期間に、ロイヤリティを獲得するものである。もっともアジアからの受け取りという意味で見ると、アジア諸国の医薬品はジェネリック製品が大宗を占めるため、アジアからの受け取りは限定的となっている。今後アジア諸国で所得や生活水準の向上などを受けて、新薬へのニーズが高まれば、日本企業がアジア向けに展開していくことも十分に考えられる。また、日本企業が現地で医薬品の製造を手掛けることもありえるだろう。

介護分野は基本的に労働集約的な産業とされる。アジアでは子が親のケアをすることが重視される傾向があるものの、都市化や核家族化を受けて一人暮らしの老人は増加している。65歳以上の一人暮らしの男女合計数は、2005年の386・5万人から2020年には671・7万人（総務省「国勢調査」）と、285・2万人、73・8％の増加となった。さらに30年後の2050年には1083万人と、2020年から412・2万人、61・4％の増加となる見込みである（国立社会保障・人口問題研究所「日本の世帯数の将来推計（全国推計）」）。介護や日常的なケアに関するニーズは拡大するであろう。また、人の面でもアジアからの介護サービスの担い手を受け入れ、日本で経験を積んだ人々が母国に帰国後に介護サービスの提供者となる取り組みも進んでいる。ロボットによる介護や移動のサポート、IoTの活用による健康状態の把握など、直接的な労働に頼らなくても日本企業が貢献できる余地が大きいであろう。さらに介護の関連分野として、要介護となる前の段階でのニーズも存在する。近年の日本では自宅警備サービスの一環として、盗難などの基本的なニーズよりも、高齢化や一人暮らしのお年寄り世帯の増加に応じて、見守りサービスなどの需要が拡大している。これは一人暮らしのお年寄り世帯に対して、トイレなどの生活動線にセンサーを設置、長時間反応がなかった場合には急変や急病とみなして警備会社に通知が送られて人を派遣するサービスである。

さらに日本、日本企業がアジアの課題解決に貢献していくためには、日本で培ったテクノロジーやノウハウをアジアに横展開していく視点も重要となる。本章のコラムにおいて議論している通り、医療や介護のテクノロジーやノウハウを国際標準としていくことで、高齢化という社会課題を優位性に転換することができよう。

こうした3つの視点を踏まえれば、日本企業はこれまでの国内市場でのビジネスを活かして、超高齢社会を迎えるアジア各国の社会課題の解決に貢献しつつ、自社の企業価値向上を実現できるであろう。

column

社会課題を優位性に転換するには
——「高齢化」に関する国際標準の活用から

高齢化は、各国・地域が抱える社会課題の枠を超え、国連やWHOでの議論を契機に世界レベルで解決すべき課題として認知されるようになった。日本は自国を「超高齢社会先進国」と位置づけて関連産業の海外展開を進めており、「アジア健康構想」といったイニシアチブや介護用ロボット技術など、先進的な取り組みで世界をリードすることが期待されている。

ただし、高齢化のような社会課題の解決には、社会全体での課題共有から個人の行動変容につながる技術容認に至るまで複合的な対応が求められ、国・地域ごとの規制や文化的な制約を受ける。そこで、国際標準化機構（ISO）では「高齢化に関する専門委員会（TC314）」を2017年に設立し、日本を含む30カ国が投票権を持つ「Pメンバー」として参画し、高齢化に関する国際標準制定を進めている。これにより、技術の互換性・品質の比較可能性が高まるだけでなく、業務の体系化が可能になる。TC314が発行した5つの国際標準のうち、「在宅医療製品やサービスに対する考慮事項」や「地域社会のウェルビーイングを促進するためのガイドライン」は日本が主導した。また、日本基準の反映を目指した「介護サービスの質や安全性に関するガイドライン」も2025年中に発行となる予定だ。

一方で、高齢者関連産業を実際に展開するためには、その国に良好な社会的基盤があることが前提となる。実際、アジアの多くの国では、社会が「豊かになる前に老いる」「準備できる前に老いる」という課題に直面している。加えて、介護は家族が担う習慣が根強く、適切なケアを得るために行政や各種の福祉サービスを活用することに抵抗のある人も多い。

この状況のなか、日本企業としては、高齢化に対応した地域単位でのエコシステムの構築まで視座を広げたビジネスモデルを構想することが有用だ。介護保障の整備、地域密着の医療サービス、機能的な福祉用具の提供、デジタル技術の活用、小売×医療の新ビジネスモデルなどが有機的に作用する「まちづくり」を目指したい。その際には、国際標準の基礎となった、地域の自主性に基づく日本の「地域包括ケアシステム」が参考になる。

既にアジアでタイ、フィリピン、シンガポール、韓国、中国、インドもＴＣ３１４のＰメンバーとして標準の発行にあたり、課題と技術需要に関する認識のすり合わせを行ってきた。こうした国際標準をテコに、日本企業が全体を俯瞰するプラットフォーマーとして、社会課題の解決に資する産業エコシステム構築をリードすることで新たな価値創造につなげられよう。

第5章

環境課題に挑む
サステナブル・アジアへ

環境問題の視点からアジアを見ると、経済成長に伴い、CO_2排出量やプラスチックによる海洋汚染など世界に与える負の影響が増大している重要地域として捉えることができる。東南アジアでサプライチェーンを構築しビジネスを展開してきた日本においても、ここでの環境問題の解決は急務である。近年、大気汚染などローカルな環境問題を解決する必要から、中国を筆頭に東南アジア諸国は環境課題への挑戦を始めている。このような転換の背景には、化石燃料や金属などの資源に乏しいアジア諸国が、自国の再生可能エネルギーやバイオマスの活用により、必要な資源の自給率を高める中長期的な狙いがある。資源の循環利用を目指すサーキュラーエコノミーもこの方向に合致するものである。日本は、資源に乏しいという同様の課題に向き合ってきた経験を活かすことができれば、アジアのサステナブルな転換をリードできる可能性がある。

環境問題の最重要地域としてのアジア

アジアは世界のなかでも急激な人口増加と経済成長が続いており、その結果として、世界的な環境問題を考えるうえでの最重要地域となっている。気候変動の主要因である化石燃料由来のCO_2は、中国やインド、日本などの多排出国に加えて、東南アジアも増加傾向にあり、世界全体の排出の5割以上をアジアが占めるに至っている（図表5-1）。また、海洋生態系や沿岸の環境に多大な悪影響をおよぼしている海洋プラスチックは、フィリピンやインドなどアジアが主な発生源となっている。さらには、アジア地域は、貴重な熱帯雨林や海洋生態系を有し、生物多様性が豊富な「ホットスポット」であるが、森林開発などにより生物多様性の喪失が続いている。

このアジアの環境問題は、日本にとっても他人事ではない。日本はアジアの東に位置し地理的には孤立しているが、特に、東南アジアは生産拠点としても市場としても重要であり、同地域における環境対策を必須と考える企業も多い。ビジネスの世界では、原材料採掘から製造、販売、廃棄までの一連のサプライチェーン全体に責任があると考えられるようになっている。また、気候変動（ＴＣＦＤ）や生物多様性喪失（ＴＮＦＤ）など、環境問題の物理的なリスクと規制への対応リスクを正しく経営に織り込むことを投資家から求められるようになっているからである。

その対策として、サプライチェーン各所における環境に配慮した原材料調達や再生可能エネルギーの利用、適切な廃棄物処理やリユース・リサイクル（サーキュラーエコノミー）の実施が急務となっている。一方でこうした取り組みは、投資家や消費者の評価を左右する競争力の源泉ともなりうる。また、冒頭に述べたアジアの環境負荷の大きさから

図表5-1｜世界の化石燃料CO_2排出量（2023年、エリア別）

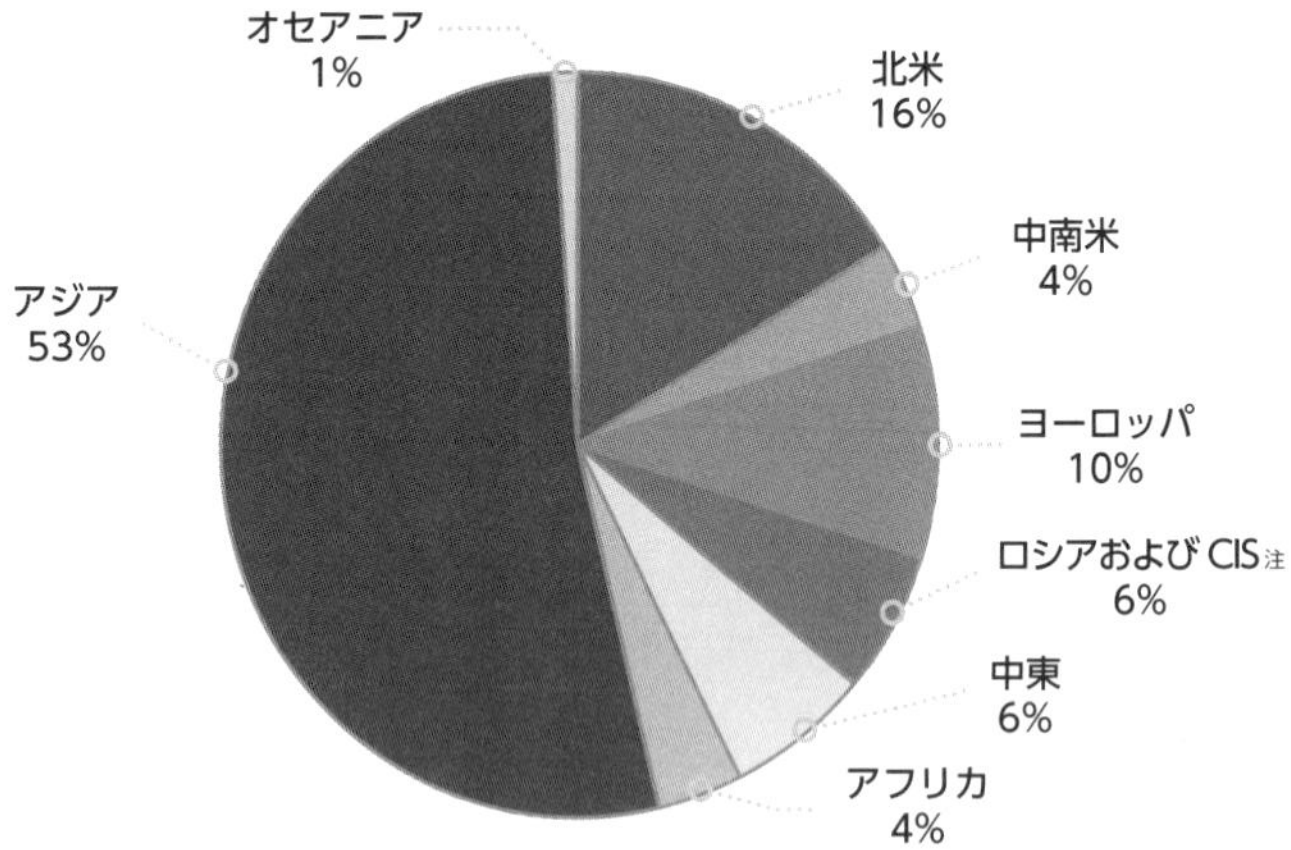

注：ソビエト連邦を構成していた共和国からなる独立国家共同体
（出所）Energy Institute (2024) "Statistical Review of World Energy"より筆者作成

も、日本が問題解決へ貢献することができれば、環境領域におけるソフトパワーを高めることになるだろう。実際に、日本は主に東南アジア諸国とパートナーとして域内のネットゼロ排出実現のためアジア・ゼロエミッション共同体（ＡＺＥＣ）を主導するなどしている。そのため、本章ではこれ以降、主に東南アジア諸国に焦点を当てて、環境課題の解決と日本の貢献を考える。

アジアの環境問題と向き合うときの歴史的な視点

アジアの環境問題の多くは、先進国が経済発展するなかでたどってきた道であり、アジアの新興国は遅れてその問題に直面しているとも言える。これまでの経済成長の基本的なモデルは、欧米先進国が発明した化石燃料をベースとした大量消費・廃棄の経済システムであったからである。例えば、CO_2排出の主要因となっている石炭火力発電は英国が発明したものである。東南アジアで批判の多いパーム油プランテーション開発は、植民地時代のゴムや茶のプランテーション経営モデルの延長と言えなくもない。アジアの大都市で悪名が高い大気汚染であるが、ロンドンでも１９５０年代まで石炭利用によるスモッグ被害が深刻であった。高度経済成長期の日本でも、多くの都市でぜん息被害が発生している。

さらには、第二次世界大戦後に限ったとしても、熱帯雨林の大量伐採など、現在のサステナビリティの基準から見れば、容認できないビジネスを日本も展開していたことも認識しておく必要がある。また、日本企業は安価な労働力と成長市場に期待して東南アジア諸国へ生産拠点を移してきたが、これは環境面で見れば、CO_2や廃棄物排出の移転という側面を持っている。加えて、東南アジア諸国では廃棄物処理やリサイクルなど静脈物流が整備されていないなかで、中古品や廃プラなどの廃棄物を輸出してきた歴史があったことも忘れてはならない。

アジアは自給してつながることでサステナブル転換を目指す

環境問題の克服に向かうアジア

一方で、国内を見れば、経済発展の必要悪と開き直れない状況になっていることが、アジア各国を環境問題の克服に向かわせている。例えば、大気汚染である。アジア諸国では、石炭火力発電所や自動車からの汚染物質の排出に加え、農業残渣の野焼き、そして頻発する森林火災などにより大気汚染が常態化し、一般市民に深刻な健康被害をもたらしている。

さらには、気候変動による猛暑や豪雨による水害の被害が深刻化している。2024年4月には40℃を超える熱波が南アジアや東南アジアを襲い、夏には台風がベトナムや中国南東部を直撃し、洪水をもたらした。もともとアジアの大都市の多くは河川の河口部に位置し、海水面に近いことから、水害リスクが高い。今後は海面上昇が予測されることから、防災対策では済まされず、移転が必要になる都市もあるだろう。農業生産への影響も大きく、食料の安全保障にも影響をきたすおそれもある。

また、アジアの国では廃棄物の適正な処理インフラが未整備であり、不法投棄や自然生態系への流出を通じて地域環境の汚染につながっていることもある。そのため資源の循環率を高める、いわゆるサーキュラーエコノミーの施策は、地域環境の改善という人々のウェルビーイング向上に資する取り組みと捉えることもできる。

背景には「持たざる国」からの脱却

環境問題は、アジア各国が化石燃料や原材料、食料の多くを輸入しながらも、大量生産・消費・廃棄を続けてきたことに密接に関係している。アジアの国は程度の差はあれ、資源の多くを輸入に頼らざるをえないという点で、構造的に不利な立場に置かれた「持たざる国」であると言うことができる。しかし、環境問題への対応は、中長期的にそこからの脱却につながるという点が意識されるようになりつつある。特に、序章で見たように、グローバル化の終焉が予測される今日において、短期的なコストの観点からは劣っていたとしても、自国やブロック域内の財やサービスを活用せざるをえないという世界的なトレンドとも合致するものである。

エネルギーについては、アジアでは石炭や天然ガスを自給できる国もあるが、石油は中東やロシアなど地政学的なリスクを抱えた国や地域から輸入している。そのため、中国における急速なEVの普及も、国レベルでの石油消費量を減少させ、再エネ発電を通じたエネルギー自立を図るための重要な布石と見ることができる。また第6章で紹介するように、地域のバイオマスを使った液体バイオ燃料は、石油（ガソリンやディーゼル燃料）の代替としてインドネシアやマレーシア、タイなどで利用が推進されてきた。
原材料（マテリアル）についても、セメント（石灰石）を除いては、鉄鉱石やその他の非鉄金属、プラスチック（石油）の多くを輸入に依存している。廃棄物の適正処理に加え、リサイクル率の向上など資源循環の推進も、こうした鉱物資源が天然状態では存在しない国が自給率を高める重要な方策と捉えることができる。しかし現状では、ＥＵに比べると東南アジアは資源回収やリサイクル材などの副資材の利用率は低く、資源循環率は発展途上である（**図表5-2**）。そのため、サーキュラーエコノミーの取り組みを通じて、東南アジア諸国においても再生資源利用による資源自給率を向上させることに大きなポテンシャルが

図表**5-2** | **マテリアルフローから見た東南アジアとＥＵの資源循環率の違い**

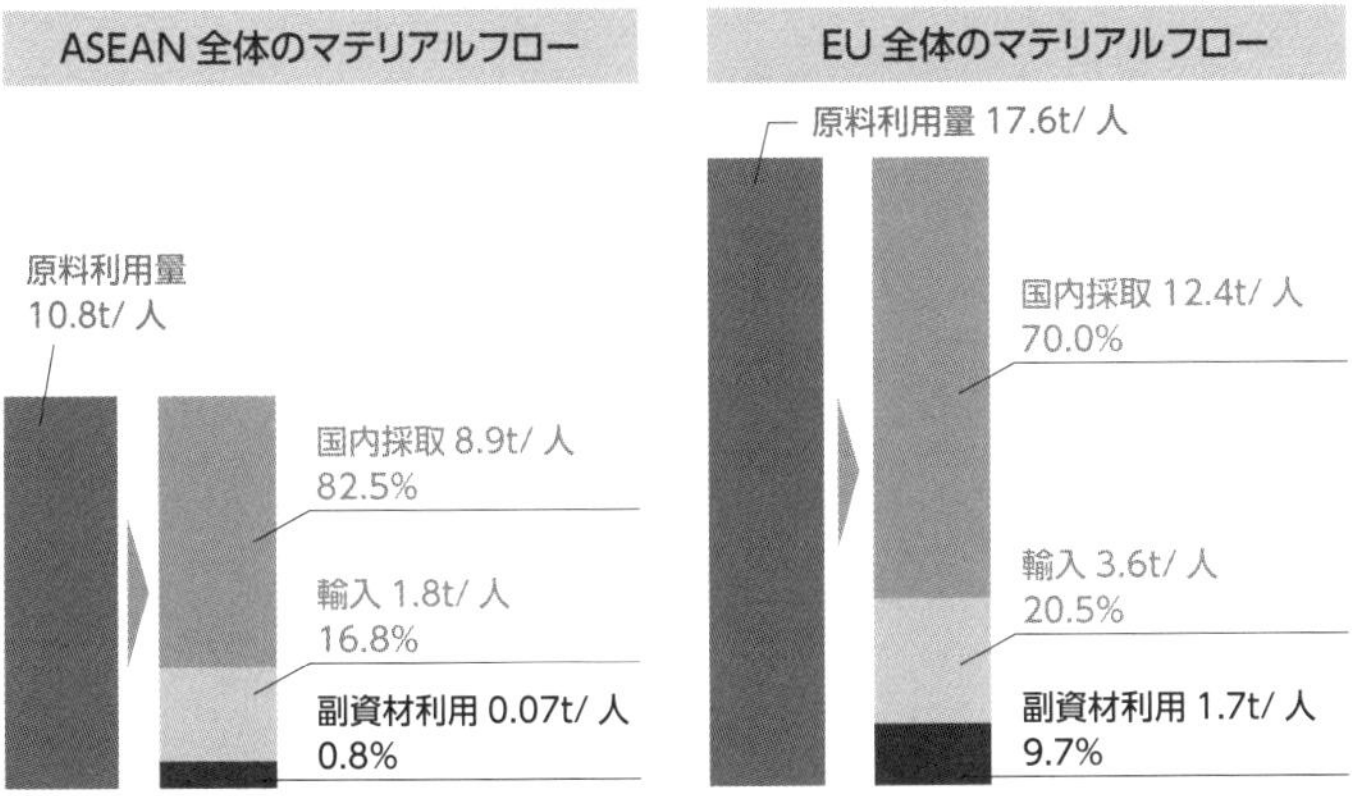

注：データの出典等は原典を参照されたい。重量は年間の値。
（出所）PwC Japanグループ「ASEANのサステナブルな成長を目指して サーキュラーエコノミーに関する調査レポート2024」

ある。

食料についても同様の傾向が見て取れる。歴史的にはアジアの多くの国は農業国であり、ほとんどの食料を自給してきたが、人口の急増や食生活の変化、特に肉の消費量の増加により、多くの国が穀物を中心に輸入を増やしている。

こうしたアジア諸国に共通する「資源を持たざる国」であるという本質的な問題は日本にも共通している。だからこそ、サステナビリティの切り口から東南アジア諸国にソリューションを提供していくことは、日本の課題解決にとっても必要なことでもある。

column

環境問題解決の先頭を走る中国

環境問題解決の先頭を走っているのは中国である。中国もかつては環境汚染が深刻であったが、いくつかの分野においては、明確な改善傾向を確認することができる。

例えば、中国では太陽光や風力発電などの再生可能エネルギーの導入量が加速度的に増加し、世界の導入量の4割以上を占めるに至っている。また、巨大な国内市場をテコに、再エネ機器の量産体制を構築し、太陽光パネルでは80%、風力発電タービンでは60%などと世界シェアの大部分を占めている。これにより中国の電力部門ではCO_2排出量の増加ペースは緩やかなものになっており、早ければ2024年をピークに減少に転じるという予測も出ている。

再エネの導入により、主要な大気汚染物質の発生源であった石炭火力発電所の増加が抑制されている。さらには、電気自動車(EV)の普及は都市部における自動車からの大気汚染物質の排出削減に寄与する。

また、廃棄物処理についても、中国は2017年に鉄くずやプラスチック、古紙などの廃棄物輸入を原則禁止し、国内発生廃棄物の適正処理やリサイクル推進に一気にかじを切った。その影響は決して小さくなく、中国国内外の関連企業の倒産などの混乱もあり、分業体制での国際資源循環を進める立場からすると好ましくない出来事であった。しかし少なくとも、中国国内では「より質の高い」再生資源のみを中国に輸入して再利用する仕組みの構築につながった。

中国の農業は経営規模が零細で、都市部との格差も是正されないなか、生産性は十分に向上せず、肉の消費量増加などの結果、世界最大の食料輸入国になっている。しかし、2021年には「反食品浪費法」が成立し、各地で食品廃棄物の削減に取り組んでいるところである。

さらには、生物多様性保全についても、2021年10月に雲南省の省都である昆明で、生物多様性条約第15回締約国会議（COP15）を開催し、世界の議論をリードした。中国国内でも保護区域を増やしているほか、植林を積極的に行い、森林被覆率は1990年の16％から2020年には23％まで回復し、植林された人工林面積では世界1位になっている。

自給し、つながるという方向性

こうしたなかで、アジアにおける環境課題の解決の方向性として見えてくるのが、自給率を高めながら、同時に国や地域同士がつながることにより、アジアをサステナブルな地域に転換していくというものである。

まず、各国でエネルギーや食糧も含めた自給率をできる限り高めることが重要である。再エネの活用や農業生産の増加、そしてサーキュラーエコノミーの推進が有効である。一方で、自国で自給率を高めることには物質的な限界があり、経済的でない場合もある。そこで、もうひとつ大事なのが「つながる」ことである。

この点で参考になるのは欧州である。欧州は域内の国や地域の多様性を前提に、様々なつながりを強化し、欧州全体の競争力を高めている。例えば欧州では国際送電網を通じて、各国が日常的に電力を売買して融通している。サーキュラーエコノミーの分野では、加盟国ごとの分業を前提にしつつ、可能な限りEU域内での資源循環率を高める方向で施策を展開している。また、食料貿易も欧州域内での輸出入の割合が高い。

同様にアジアにおいても、国や地域がそれぞれの特徴を活かしてつながることで、エネルギーや物質を融通することが、経済的競争力を高めることに有効である。特に、サステナビリティ分野の対応を考えた際に、様々なモノやコトのつながりに注目し、循環・シェアさせていくことの意義は大きい。そこでこれ以降、サステナブルな転換に向けて重要であるエネルギー、マテリアル、生物資源（バイオマス）の3つの各分野において、それぞれの代表例として、電力、鉄鋼、食料に焦点を当てながら、自立とつながりのあり方や課題、そして日本の貢献の方向性を提起したい。

エネルギー分野：再エネ電力の利用と融通による導入加速

エネルギーの分野では、電力に焦点を当てる。石油・石炭の時代だった20世紀から、21世紀は電気の時代になると言われており、あらゆる経済活動や日常生活が電気エネルギーにより駆動されるようになっていく。

21世紀に入り急速な経済成長を遂げたアジアでは、電力需要も急激に増大した。その成長は主に石炭で賄われ、アジアのCO_2排出量が世界の4割を占めるに至るまで増加する主な要因となった。石炭は中国やインドネシアではほぼ自給できているものの、他の東アジアや東南アジア諸国はもっぱら輸入している。同様に天然ガスや石油も自給できている国は少ない。こうした状況下で、中国は再エネ電力の導入を進め、インドがこれに続こうとしており、背景にはエネルギーの自立性を高めるという狙いがある。

一方で、東南アジア諸国での再エネ電力の成長は今のところ緩やかである。導入ポテンシャルは十分にあるため、政策の改善や電力取引の仕組みの整備により、開発が加速することが期待されている。東南アジアに進出している日本の製造業の間でも、自社の製造プロセス（スコープ1・

2）およびサプライチェーン（スコープ3）の脱炭素化のために、再エネ電力調達のニーズが高まっている。自社の製造プロセスにおいては、工場や物流倉庫、データセンターの屋根など、オンサイトで太陽光パネルを設置し、自家消費が可能である。

しかし、工場屋根など太陽光パネルを設置できる面積は限られていることから、外部からの再エネ電気の調達は必須であるが、東南アジアでは簡単なことではない。発電・送電・小売の各部門が垂直統合され、旧来型の化石燃料がメインの国営電力会社が多い東南アジアでは、再エネ発電事業者と直接契約を結べないことが一般的だからだ。現状ではインドネシアとマレーシアで例外的な事例があるが、日本での経験も活かし、再エネ発電事業者との直接契約（コーポレートPPA）や証書・クレジットを活用した間接的な調達などの手法を東南アジア全体に開発・普及することが、日本企業の需要を満たすだけではなく、アジア全体での再エネ電力の拡大に寄与することになる。

加えて、電力の分野では「つながる」ことの環境面・経済面でのメリットが大きい。実は電力の分野では、すでにアジア各国は国際送電網で連結されている。例えば、メコン川上流に位置するラオスは豊富な水力発電の資源を有しており、ラオス国内で消費するだけではなく、中国やタイ、ベトナムなどに電気を輸出してきた。そのためASEANでは1999年に「ASEANパワーグリッド構想」を策定し、国際送電網の建設に加え、電力市場の統合、規制の調和などを進めている（**図表5-3**）。

近年、電力部門の脱炭素化が急務となるなかで、再エネ調達のために国際送電の重要性が増している。例えば、狭い自国の国土だけでは再エネ導入ポテンシャルが限られているシンガポールは、インドネシアやマレーシアから再エネ電力を調達できるように相手国に働きかけて制度改正を行っている。さらには、オーストラリア北西部の広大な土地に大規模な太陽光発電を建設し、インドネシアを経由してシンガポールまで海底ケーブルで再エネ電力を送る計画がある。

日本の電力システムは独立しており、国際

図表**5-3**｜**ASEANパワーグリッドの計画図**

状況	送電容量（MW）
既設	7,700
計画（2025年まで）	1,245
総計（2040年まで）	17,550

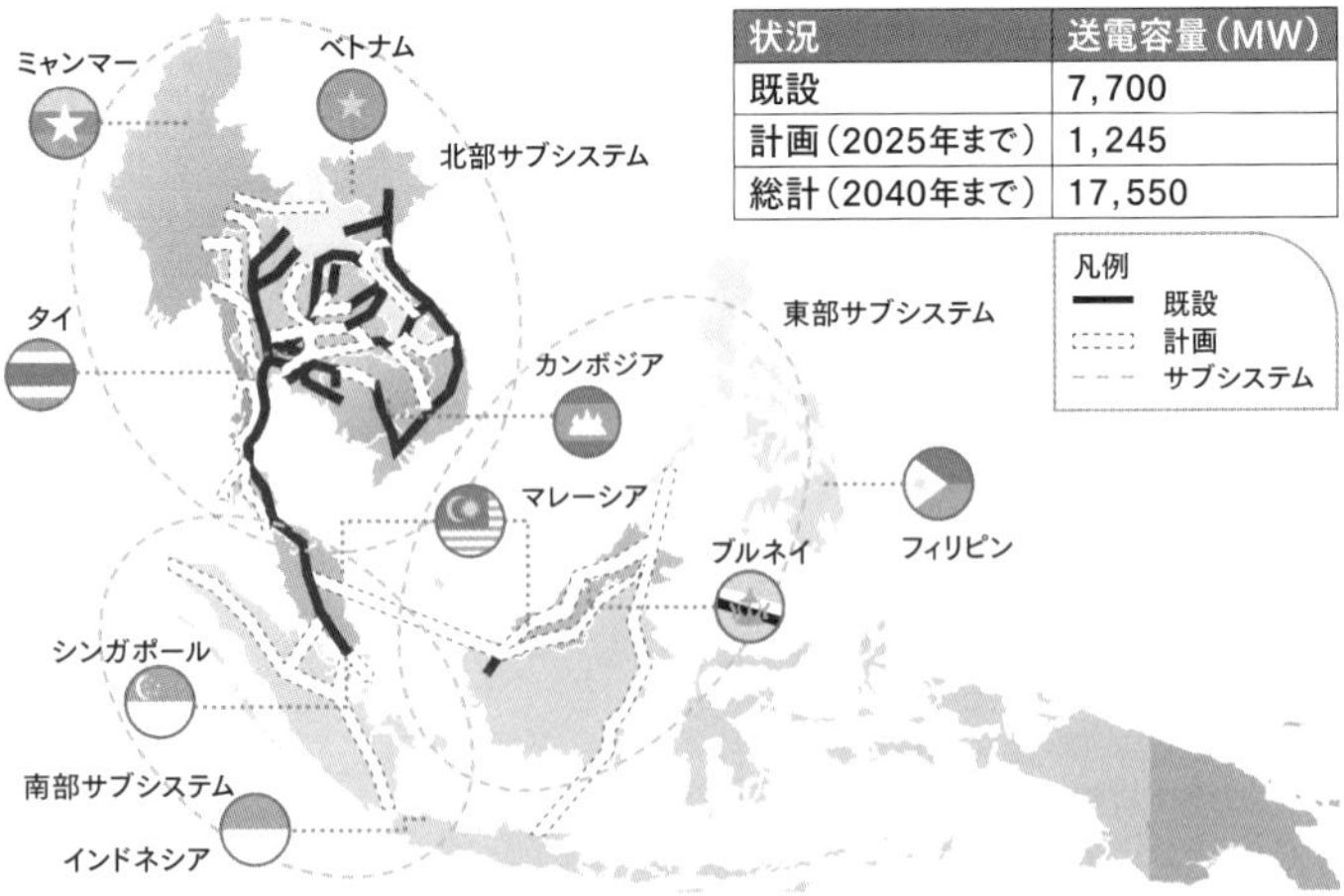

（出所）ASEAN Center for Energy (2024) ”8th ASEAN Energy Outlook 2023-2050”

送電を行っていないが、海外の送配電の技術は国内系統と共通である。また、こうした大規模な送電網、特に長距離の場合の直流高圧送電網や海底ケーブルの設置は、国際的にも日本企業が強みを有している分野であり、ビジネスチャンスは大きい。

マテリアル分野：鉄鋼産業のサーキュラーエコノミー化

鉱物資源などの原材料は、国によっては全く賦存しない場合もあり、再エネ資源よりも偏在が顕著である。そのため、リサイクルなどにより廃棄物を資源として循環・再利用し、国や地域から流出させないことが重要である。しかし、一国だけの閉じた循環では不十分であり、「つながり」を意識した広域的な取り組みが必要である。ここでは、代表的なマテリアルとして「鉄鋼」を取り上げ、アジアにおける環境影響の少ない生産の方向性を考える。

鉄鋼の原材料は鉄鉱石である。鉄鉱石はほぼ全世界に賦存するが、商業的に生産している国は限られている。世界の鉄鋼生産量の約50％を占める最大の鉄鋼生産国である中国は、鉄鉱石も生産しているが、およそ5倍量をオーストラリアやブラジルから輸入している。インドは鉄鉱石をほぼ自給しているが、アジアでは例外的である。鉄鋼の大規模生産を行っている日本や韓国、台湾などは、鉄鉱石のほとんどを輸入しているが、高い技術力で優位性を保ち、多くの製品を輸出してきた。一方で、東南アジア諸国では、スクラップ鉄を重要な原材料として輸入して製品化している。

スクラップ鉄を原材料にした電炉での鉄鋼生産（リサイクル鉄）は、主に鉄筋や鉄骨などの建築用材に用いられてきた。自動車ボディなど高品質の製品には不向きであり、業界内では副次的な扱いを受けることもあった。しかし近年、環境面での優位性に注目が集まっている。電炉による生産は、鉄鉱石とコークス（石炭）を原材料とした高炉による生産方法に比べて、CO_2排出量が半分以下で済むからである。さらに将来的には、再エネ電気を活用することでさらにCO_2排出を削減し、ゼロにすることも可能である。

アジアの新興国では、経済成長とともに社会に蓄積されてきた鉄鋼製品が除却され、今後スクラップ鉄の発生量が増加することが予測される。そこで、各国においてスクラップ鉄の適正な回収システムを構築することが重要である。しかし、関連する法規制が未整備であり、インフォーマル・セクターが廃棄物の回収や処理を担っていることが多い。そのため、有価物だけを取り除き、残りの部分は不適切に廃棄されることが珍しくない。また、スクラップ鉄を原料に製品をつくる際には、品質維持のために銅などの不純物が混入しないような分別方法・ルートの確立も必要になる。

日本の自動車や家電メーカーなどは、すでに東南アジアで物流網を持っており、それを活かした循環プラットフォームを構築している。日本企業にとっても、サプライチェーン排出の削減につながり、企業評価手法の整備とともに重要な課題である。

すでにスクラップ鉄は国際的に流通しているが、前述のようなリサイクル体制の整備を各国で行うとともに、規格の統一などを通じて、最適な場所で処理や再利用が行われるようにする必要がある。

一方で、アジアではスクラップ鉄の利用拡大を妨げる固有の課題が存在し、より踏み込んだ国際協調が求められる。東南アジアで問題になっているのは、中国の余剰生産と東南アジアにおける高炉建設の計画である。リサイクル鉄を原料とする東南アジアの鉄鋼メーカーは、政府補助金で支えられた中国の鉄鋼メーカーに対して価格競争力がないと言われる。そのため、このような状況下ではスクラップ鉄の利用インセンティブが削がれてしまうおそれがある。需要だけではなく、資源（スクラップ鉄、鉄鉱石）の調達可能性、そして電炉で用いるグリーン電力の利用可能性などを考慮した国際的調整が行われることが望ましい。

さらには、鉄鋼生産の究極的なネットゼロの実現に向けては、鉄鉱石に加えて、豊富な再エネ電力から生産する「グリーン水素」の供給国との連携も重要になる。原理的には、コークスの替わりに水素を用いて鉄鉱石を還元することで、CO_2排出ゼロの鉄鋼生産を行うことができるからである。しかし、水素は極めて軽い気体であり、長距離輸送のためには液化するなどが必要になり、コスト高になる。そのため、グリーン水素の生産国において直接還元鉄[注17]と呼ばれる中間生成物を生産し、日本などの消費地に輸出し、スクラップ鉄とともに電炉を使って鉄鋼製品に仕上げるという方法がありえる。いわば水素の間接的な輸入である。直接還元鉄を供給できる可能性のある国としては、オーストラリア、ブラジル、南アフリカ、スウェーデンなどがあり、アジアにとどまらないパートナーシップが重要になる。

バイオマス分野：持続可能な食料バリューチェーンへの転換

増加するアジア諸国の食料消費・輸入に対して、最初に考えるべき対策は、農業生産性の向上による食料増産である。生産性の向上は、単位生産量あたりの環境負荷の低減につながる。例えば、酪農では牛のげっぷから発生するメタン（CO_2の28倍もの温室効果を持つ）が問題になっているが、乳1キログラムあたりのメタン発生量は、生産性の低い国々に比べて、生産性の高い

注17：還元時に、石炭からコークスを生成するという2段階を経るのではなく、水素や天然ガスなどにより直接還元を行うため、このように呼ばれる。

先進国が20～25％程度と圧倒的に少ない。

一方で、１９７０年代のいわゆる「緑の革命」のように、品種改良と施肥量の増加だけで生産性向上を図ることは現代においては不十分である。知識や技術を適切に用いて効率的な生産を追求したうえで、サステナビリティの視点も担保したい。例えば、アジアで広く行われている水田での稲作はメタン発生の問題を抱えている。また、多くの国で窒素肥料の過剰な施肥が行われ、大量の亜酸化窒素（ＣＯ$_2$の約３００倍の温室効果）の発生源になっている可能性がある。それに対して、水田の湛水方法の工夫によるメタンの削減や、ＩＣＴやＡＩ、ドローンなどのテクノロジーを活用した「精密農業」により施肥の量やタイミングを最適化し、結果として亜酸化窒素の発生量を削減できる。日本にはアジアでシェアの高い農業機械メーカーが複数あり、すでにある販売網やメンテナンス体制を活かして、精密農業のテクノロジーを提供できる可能性がある。

さらには、アジアでは、消費者に届くまでの流通段階でのフードロスが問題になっている。そのため、冷蔵・冷凍のためのインフラ整備や技術在庫、ＩＣＴを使った在庫管理など、ロジスティクスの改善は、日本が強みを発揮できる分野であろう。

しかし、低い生産性の背景には、小規模農家が多いなどの社会的な構造が問題であることが多く、技術的な解決の方向性が見えていても、実施につながらないことがある。そこで、生産の共同化や法人化なども重要であり、日本でも同様の課題があることから、相互の事例を参照し合いながら、社会的なイノベーションを創出していくことが求められるところである。

環境に配慮した農産物生産に投資を呼び込み、製品の付加価値を高めるためには、バリューチェーン下流の企業との連携が欠かせない。実際に、パーム油に代表されるように、ゴムやコーヒー、茶などアジアにおける商品作物について、「森林破壊ゼロ」などが証明された持続可能な農産物を企業が求めるようになっている。

そのため、農作物やバイオマスについて、環境だけではなく社会面でも持続可能性を証明するために、認証制度の活用が増えている。認証制度の多くは欧米を中心に発展してきたが、アジアではインドや中国など認証油を求めない国が消費の大宗を占めるという現実がある。そんななか、日本では2021年に農林水産省が策定した「みどりの食料システム戦略」のなかで、「食品企業における持続可能性に配慮した輸入原材料調達の実現」を2030年までに100%達成することをKPI（重要業績評価指標）としている。こうした日本の政策をアジア全体に展開し、持続可能な農林水産物の市場拡大につなげていくことが重要である。

また、世界中で日本食の人気が高まっているが、アジアにおいても例外ではない。日本食レストランは増加しているほか、日系のコンビニエンスストアやスーパーマーケットも数多く進出している。そのため、フードバリューチェーンにおいて日本はユニークなプレゼンスを有しており、持続可能な農林水産物の消費を牽引するオフテーカーとしての役割も期待される。また、野菜や魚介類を中心とした伝統的な日本食は、人間の健康面だけではなく、環境面も含めたSDGsの達成に貢献できるという研究結果も出始めている。したがって、消費サイドから、農業・食料セクターのサステナブルな転換に貢献できる強力なソフトコンテンツとなる可能性がある。このように、サステナビリティだけではなくウェルビーイングの観点を統合していく統合的なアプローチが、アジアにおける食のサステナビリティ転換を加速させ、日本のソフトパワー強化につながることが期待される。

サステナブル転換を促す日本ならではの貢献

それでは、日本にはどのような道がありえるだろうか。ASEAN諸国の気候変動に対するアンケート調査では、日本に対する期待は大きい（**図表5-4**）。特に興味深いのは、気候変動についての経験、実施能力、技術ノウハウの共有について、より先取的な役割を果たすことができる国として、米国や中国よりも日本への期待が高いことである。しかし、実際にどのような協働や貢献ができるかについては、コラムで述べたような中国の動向などを踏まえて慎重に考える必要がある。

そこで、本章のまとめとして、エネルギー、マテリアル、バイオマス（食料）の3分野において、自立とつながりによるサステナブルな地域転換を考えることで見えてきた戦略的なポイントを3点述べたい。

図表**5-4**｜**ASEANが望む気候変動分野における協力国・地域**

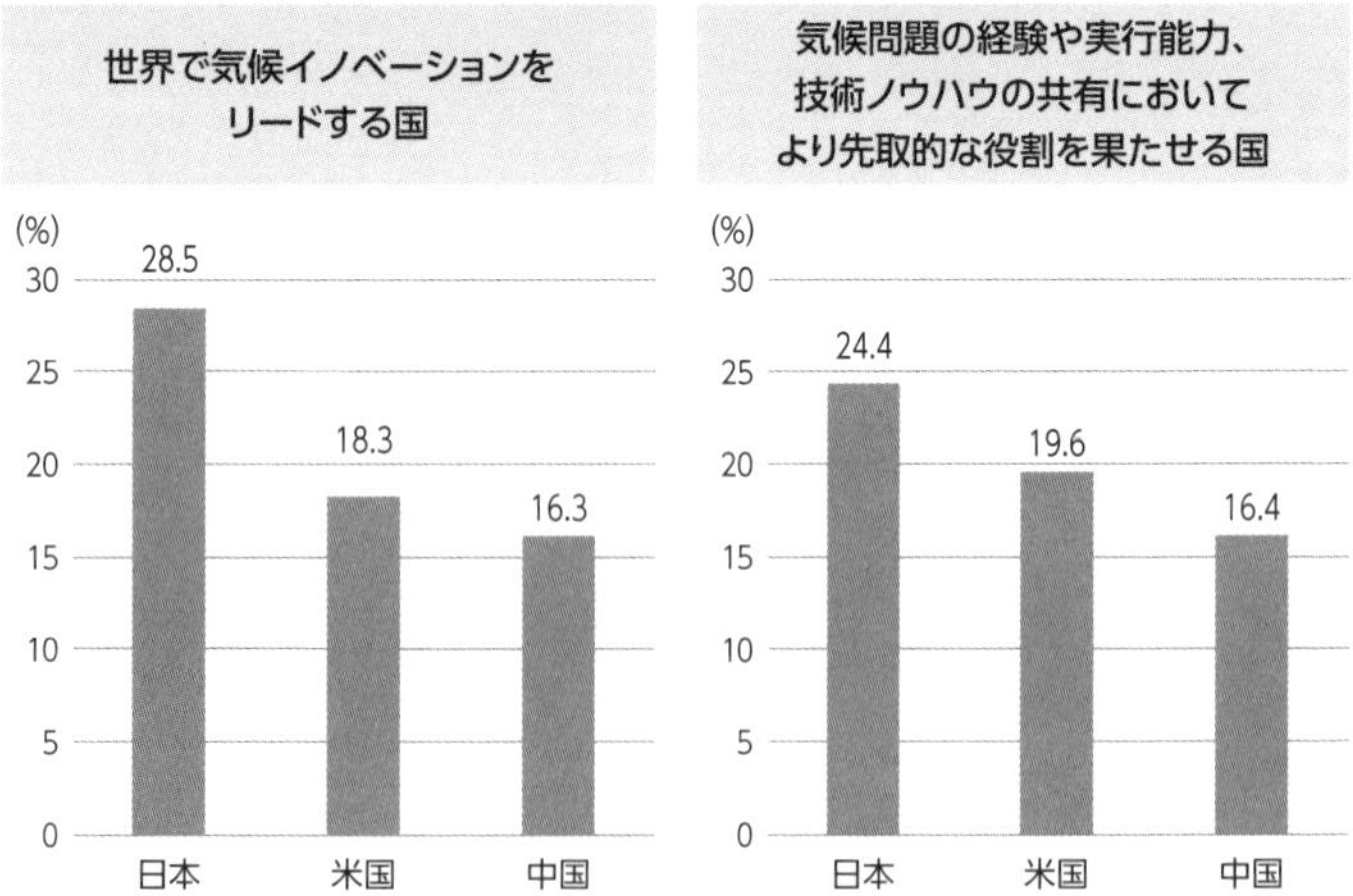

（出所）ISEAS–Yusof Ishak Institute (2024) "Southeast Asia Climate Outlook: 2024 Survey Report"

モノづくり分野のなかでの見極めの重要性

まず、日本による貢献としては、優れた環境製品の供給・輸出が真っ先に思い浮かぶ。しかし、太陽光パネルなどのクリーンエネルギー製品の供給という形でアジアや世界の脱炭素化に貢献するというシナリオは成り立ちにくい。すでに中国が、太陽光パネルや蓄電池などのクリーンエネルギー製品を世界の工場として全世界に輸出しているからである。

このような状況から、欧米諸国ではいわゆる「中国デカップリング」を進め、巨額の補助金で、国内・域内製造を復興・強化しようという動きが見られる。ただし、米国やEUが国内生産に投資できるのは、ある程度の市場規模があるからである。例えば、ソーラーパネルについては、米国もEUも毎年60~70ギガワット程度の発電容量の導入が見込まれることを前提に、年間30ギガワットの生産体制の整備を目標としている。それに対して日本は、2014年に14ギガワットの導入量を記録したものの、その後は減少し、現在5ギガワット程度まで落ち込んでいる。このような日本国内の市場規模感では、積極的な投資を行うことは難しくなっている。

ただし、製品を利用してもらうことで環境負荷の低減に貢献できる日本企業の製品は多い。例えば、農業生産性の向上に資する農業機械など、アジア市場で日本企業が高いシェアを占める分野もある。牛のげっぷを抑制するために飼料への添加剤を開発した企業もある。また、送電網の整備に伴うインバーターや海底ケーブル、水素製造のための水電解装置、排水処理設備なども、日本企業が強い分野だ。したがって、第7章（テクノロジー）で触れているのと同様に、「モノづくりに強い日本」という単純な思い込みを排除したほうがよい。一方で本章で3つの分野を取り上げて示したように、大きなトレンドに注目すると、日本企業が課題解決に強みを発揮できる技術や領域が必ずある。各分野において、そのようなポイントを見定めて注力することが重要である。

ルールづくりには可能性がある

環境・サステナビリティ分野で、日本が貢献できる領域は、ハードよりもソフト領域かもしれない。例えば、G7・西側諸国の一員である日本は、アジア地域の状況も理解できるバランサーとしての役割も期待され、特にルールづくりで貢献できる可能性がある。加えて、日本市場や日本企業が一定のプレゼンスを持つ分野においては、グリーン製品のオフテーカーとしての役割を果たすこともできるだろう。

そして、製造業などを中心に多くの日本企業がすでにアジア各国に進出し、サプライチェーンを構築しているため、その有形・無形のアセットを活用することが考えられる。本章では、農林水産物の認証制度を例に挙げたが、その他にも、スクラップ鉄にとどまらない非鉄金属や廃プラスチックの流通のためには、アジア諸国で共通の規格づくりが有効である。企業だけではなく、政府や学術機関とも連携しながら、ルールづくりに取り組むことが有効である。

実際にサーキュラーエコノミーの分野では、G7などの場において、日本の環境省が「循環経済及び資源効率性原則」を提案し、ルールづくりを主導している。それを受けて、持続可能な開発のための世界経済人会議（WBCSD）が、資源利用に焦点を当て、企業が当該枠組みを進めるための基準として、Global Circularity Protocol（GCP）の整備を進めている。GCPはアジアだけではなく全世界に適応されるものであるが、資源に乏しいなかで製造業を発展させてきたアジア各国にとって意義ある取り組みと言える。

また、持続可能な航空燃料（SAF）の分野では、2024年11月に日本発のサステナビリティ認証スキームが国際民間航空機関（ICAO）により承認された。これまでは欧州発の2つの認証制度しか存在せず、日本の間伐材やパーム残渣などが使いにくい状況になっていたが、これにより地域資源利用の道が開けることになる。地域の自然資源を活用する際には、ローカルな自然・経済・社会条件を考慮する必要があることから、環境対応をめぐるグローバルなルールづくりの場において、こうしたボトムアップのルールづくりの事例を増やしていくことが、日本を含めた東南アジア諸国にとって重要である。

国内の課題に向き合い、共創せよ

このように、日本独自の貢献を実現していくためには、日本がまずは自国内でサステナビリティ転換に取り組んでいることが前提になる。全世界で転換に向けた努力が行われているなかでは、取り組みのすべてが成功している必要はない。むしろ、最近のテクノロジーが課題解決を出発点として発達するようになっていることからわかるように、日本国内での様々なトライアルがインキュベーション機能を果たしていると捉えるべきである。加えて、試行錯誤や失敗も含めた経験やノウハウが、率直に共有されることが重要である。

東南アジア諸国にとっては、日本の地方における取り組みに特に価値があると考えられる。再エネの開発や農林業の生産性向上・グリーン化などは、都市部ではなく、むしろ地方において行われる取り組みになるからである。確かに、アジアの大都市の成長は目覚ましいが、一定以上の経済的な蓄積があり、自律的にイノベーションの創出に取り組めている地方都市や地域は多くない。第1章では中国における都市と地方の格差の問題について取り上げている。

したがって、日本の地方・地域における課題解決の取り組みを、アジアの地域にも適用できる技術・社会両面でのイノベーションの創発につなげることが重要である。例えば、現在環境省の事業として100の地域が「脱炭素先行地域」に指定され、脱炭素に向かう地域特性に応じた取り組みを行い、住民の暮らしの質の向上や地域課題の同時解決を目指している。

この事業は、環境面だけではなく、ウェルビーイングとの両立など便益とのシナジーを目指している点で、ローカルな問題の解決に実利的に取り組むアジアの都市や地域と親和性が高い。現地社会の課題を、日本での経験を踏まえて適切に理解し、共創的なアプローチとすることが重要である。そうすれば、アジアのサステナブル転換において日本は価値ある役割を果たすことができるだろう。

第6章 South to South で動くビジネストレンドに気づく——脱炭素分野ではバイオ燃料が軸に

これまで脱炭素の議論は、欧州をはじめとする先進諸国が牽引してきた。しかし近年では、アジア諸国も脱炭素に取り組み始めていることは、第5章でも取り上げたとおりだ。本章では、さらに他の新興・途上国でも脱炭素が意識されるなかで、新興・途上国が集まって、自分たちの現状に合った脱炭素の進め方を模索する動きがある点に着目する。特に近年、バイオマス（生物資源）に関する国際的なイニシアチブの立ち上げが続いており、バイオマスは今後、新興・途上国が脱炭素に取り組むうえで重要な要素となる可能性が高い。そのため本章では、バイオマスの活用において先進的なブラジルの事例を引き合いに出しながら、今後のアジア諸国への展開と脱炭素の行方を見通す。そして、近年、世界的な脱炭素の議論において後れを取りがちな日本が、アジアの脱炭素の方向性を見据えて持つべき視点と、どのような貢献ができるかについて考えていく。

欧米先進国が脱炭素のルールをつくる構図に変化の兆し

新興・途上国の現状に合った脱炭素を模索する動きが出てくる

2023年9月、インドで開催されたG20の場で、主催国のインドに加え、米国とブラジルが主導する形で「世界バイオ燃料同盟（GBA）」が発足した。GBAは、再生可能エネルギーのひとつであるバイオ燃料の生産と利用を世界的に拡大していくことを掲げている。旗振り役の3カ国のほかに、シンガポール、UAE、バングラデシュ、アルゼンチンなど新興・途上国を中心に16カ国と12の国際機関が参加している。また2024年9月には、同年のG20議長国であるブラジルが、バイオエコノミーを促進するためのハイレベル原則を盛り込んだ「バイオエコノミー・イニシアチブ（GIB）」を策定した。バイオエコノミーとは、バイオ燃料など、バイオマスを様々な方面で活用した循環型の経済社会のことを指す。ブラジルは、前年のGBAの流れをくみつつ、その先にある「バイオエコノミー」というさらに大きなビジョンを描くことで、バイオマスの将来的な可能性を示唆したと言える。なお日本は、GIBにはG20構成国のひとつとして支持を表明し、GBAにはオブザーバー国として参加するにとどまっている。

GBAとGIBは、発起国の多くが新興・途上国であることから画期的な動きとみられている。これまで脱炭素の分野では、欧州を中心とした先進国が議論を主導し、進むべき道筋を固めてルールをつくり、新興・途上国はその方針に従うという構図があった。そのような中で、GBAのような新興・途上国を起点に脱炭素のあり方を模索する動きは、脱炭素のルールメイキングの流れが「先進国から新興国」という一方向でなくなったという点で、これまでの構図が変化しつつあることの表れとみることができる。

そして、こうした国際的イニシアチブにおいて、脱炭素の軸に据えられているのがバイオ燃料である。バイオ燃料とは、バイオマスを原材料とした燃料を指す。例えば、サトウキビやトウモロコシなどの農作物、建物を建てる際に出た廃材や、家畜の糞尿、食品工場の廃食油などが原材料となる。いずれの原材料も、生成されるまでに光合成等によって大気中のCO_2を吸収している。そのため、エネルギーとして燃焼する際にCO_2が排出されても、大気にあったものを元に戻すだけという考えのもと、バイオ燃料は再生可能エネルギーのひとつとされている。

実はこれまで議論を先導してきた欧州では、脱炭素の方法としてバイオ燃料を排除するわけではないものの、一部のバイオ燃料については制限措置を設けるなど、慎重な姿勢を強めている（**図表6-1**）。例えばEUは、バイオ燃料のひとつであるパーム油由来のバイオディーゼルについて、製造過程で森林伐採を行う可能性が高いとして、輸送用燃料におけるパーム油由来のバイオ燃料の使用を2030年までに段階的に廃止していくと規定している。同様に、バイオ燃料慎重論においてよく取り上げられるのが、食料との競合の問題である。現在世界で生産されているバイオ燃料の多くはサトウキビやトウモロコシといった農作物を原材料としている。そのた

図表**6-1**｜**脱炭素に対する姿勢の傾向**

	欧州諸国	新興・途上国
脱炭素の方法	電気をエネルギーにした電化によって炭素をそもそも排出しない社会を構築する	電化を目指しつつ、まずは自国の資源を用いたバイオ燃料によって、炭素排出量を減らしていく
バイオ燃料に対する姿勢	食料との競合や、生産過程で森林伐採を行っている可能性から慎重視する	自国の資源を用いて生産できる。またバイオ燃料の生産を拡大することは、農業など他関連企業の振興策にもつながることから、脱炭素を進めるうえで現実的な方法である

注：ここでは便宜上「欧米・先進諸国」と「新興・途上国」に分けて傾向を捉えているが、各国の事情によってこの枠組みに当てはまらない国もあるものと考える。
（出所）筆者作成

め、バイオ燃料の生産を拡大することで、食料生産用の作物の供給量が減少する可能性を指摘する声がある。ゆえにEUは、脱炭素の方法としてバイオ燃料よりも、電気をエネルギーにした「電化」による脱炭素を推進していると言える。

なぜバイオ燃料が、新興・途上国の現状に合ったエネルギーなのか

ではGBAやGIBは、なぜ欧州が慎重視しているバイオ燃料を脱炭素の軸に置いているのか。その理由は、まさに新興・途上国が自分たちの現状に合った脱炭素を模索してきた背景に見て取れる。GBAのようなイニシアチブが発足する背景には、欧州を中心とした先進国が目指す「電化」が、新興・途上国にとってハードルが高すぎて現実的ではないという点がある。2015年のパリ協定以降、脱炭素は、新興・途上国も含めてすべての国が取り組まなければならない世界共通の課題となっている。ただ、目指すところは同じでも、そこに至るまでの道やタイムスパンは各地域や国の状況によって異なる。特に多くの新興・途上国にとって社会の電化を進めることは、発電・送電ともにインフラが途上であるなど依然としてハードルが高い。また欧州等の先進国では電気自動車（EV）が普及しつつあるが、新興・途上国では充電スタンドの整備も途上で

あることから、交通機関の電化にも時間がかかるとみられている。バイオ燃料は、このように社会の電化にハードルを抱える新興・途上国の現状に合ったエネルギーであると言える。また、バイオ燃料の原材料は先に述べたとおり多様であり、新興・途上国においてもアクセスしやすいものが多い。さらに、農林業や食品産業における廃棄物を、コストをかけて処分する代わりにエネルギーとして利用できるので、化石燃料を削減できる方法にもなりうる。こういった観点から、将来的な電化を見据えつつも、まずは自分たちの現状に合った方法で炭素排出量を削減していく方法として、バイオ燃料の生産・活用を促進する動きが新興・途上国の間で広まってきたと言える。

加えてGBAなどが発足した背景には、旗振り国であるインドやブラジルなどいわゆる新興国と呼ばれる国々が、経済成長を背景に外交プレゼンスを獲得してきた、という近年の潮流もある。第2章で取り上げているように、新興・途上国を含む「グローバルサウス」のGDPが世界全体に占める割合は増加傾向にあり、それに比例して新興・途上国の外交の場での発言力も拡大傾向にある。そして発言力が拡大するなかで、新興・途上国がまとまって、これまで欧州を中心とした先進国が主導してきた国際的ルールに対して、自分たちの価値観や視点に沿ったルールの必要性を訴えてきた。こういった背景のなかで、GBAなどの発足の基盤が整ってきた。

以上をまとめると、今後脱炭素のルールメイキングの流れは、欧米先進国からのものと、新興・途上国からのものとの大きく2つ出てくることが予想される。ここで日本の立ち位置を考えると、現状電力の6割以上を石炭火力など化石燃料に依存しており、再生可能エネルギー利用において欧米に劣後している。またバイオ燃料についても、後述する持続可能な航空燃料（SAF）など一部の用途を除いて、導入を検討しつつも具体化していない。こういった現状を反映して、日本が脱炭素の議論を主導できない状況が生じている。

以下では、まず「バイオ燃料を軸にした脱炭素」の中身を解説する。バイオ燃料には様々な用途がある。その主要な活用方法について、バイオ燃料の生産・利用において世界的に先進的であるブラジルの具体事例を見ていく。そして事例を踏まえて、アジア諸国への展開の可能性と、今後のアジアを中心とした新興・途上国における脱炭素の行方を見通す。最終的には、近年世界的な脱炭素の議論において後れを取りがちな日本がこれからできること、貢献できる点について考察する。

バイオ燃料先進国ブラジルの事例に見る、今後の新興・途上国での脱炭素の行方

前述のとおり、新興・途上国では電化社会の実現まで時間がかかるため、まずはバイオ燃料を取り入れることで炭素排出量を削減していく見通しだ。バイオマスの活用において世界的に先進的な取り組みを行っているのがブラジルである。特に、バイオ燃料のひとつであるバイオエタノールを陸上交通に導入している点と、普及のためにカーボンクレジット市場を活用しているという点は世界的なモデルとなっている。ブラジルは2022年、ASEANの分野別対話パートナーとなっており、以来毎年合同で分野別協力委員会（JSCC）という名の会議を実施している。2024年12月に実施した第3回JSCCでは、協力分野のひとつに気候変動やグリーン・トランジションが挙げられており、バイオマスはその重要な要素であると考えられる。こういった両地域間での協力枠組み等での対話を通じて、東南アジアをはじめとしたアジア諸国においても近年バイオマスを取り入れようとする動きが見られている。以下ではブラジルの事例を用いつつ、

今後アジアにおいてバイオ燃料を軸にどのように脱炭素が進められていくのかを考えていきたい。

ガソリン代替としてのバイオエタノール利用の発展

新興・途上国におけるバイオ燃料の最もオーソドックスな利用方法は、陸上交通へのエタノール導入だ。ブラジルではガソリンスタンドで、通常のレギュラー、ハイオク、ディーゼル等に加えて、バイオ燃料であるエタノールを選択できる。ガソリンと比べると燃費は悪いものの、再エネで環境に優しいほか、ガソリンと比べて価格も2～3割抑えられる。またガソリンとエタノールを混ぜて、かつその比率を調整して給油することもできる。そのため例えば、財布に余裕のある月初にガソリンの割合を高めに給油し、月末にかけてエタノールの割合を上げて家計とバランスを取るといったこともできる。

このように、ブラジルでガソリンへのエタノールの混合が日常的に行われるようになった背景にはオイルショックと、その後の政策がある。1973年に起こったオイルショックは、当時消費エネルギーの8割を輸入の石油に頼っていたブラジルにとって、エネルギーの多角化と国産化の重要性を認識する機会となった。オイルショックを受けて、当時のブラジル政府は1975年に、石油の輸入を制限し、その代わりに国産バイオエタノールの生産を拡大するよう規定した国家アルコール計画を策定している。さらに、エタノールの小売価格の保証、生産工場新設への低利融資といった一連の振興策を導入することで、結果として国民が当たり前のようにバイオエタノールをガソリンに混ぜる、現在のブラジルの基礎をつくり上げたと言える。

エタノールの利用促進に伴い、ブラジルではガソリンにエタノールを混合して走ることのできるフレックス車の開発も進み、2000年代に市場に投入された。現在は新車販売の9割がフレックス車となり、現地に拠点を置く日系メーカーを含め自動車市場自

図表6-2｜海外におけるガソリンへのエタノール混合率（規定値と導入見通し）

注1：エタノールの混合率は、Ethanolの頭文字Eと、混合率の数字を併せて表記される。例えば、エタノール混合率が10％の場合はE10と表記する。
注2：米国ではE10のガソリンが普及しているが、州によってはE15を導入している。
（出所）米国穀物協会より筆者作成

体も、エタノールの混合を前提としたものに移り変わってきた[注18]。ガソリンやディーゼルとして販売されている燃料についても、バイオ燃料の混合が義務づけられている。現在は、ガソリンへのエタノール混合率は27％、ディーゼルへのバイオディーゼルの混合率は14％と義務づけられている。さらにルーラ政権は２０２４年10月、今後ガソリンへのエタノールの混合率を35％、ディーゼルへのバイオディーゼルの混合率を20％まで段階的に引き上げる法案を承認した。様々な政策をもってバイオエタノールの普及を推進してきた結果、ブラジルのバイオエタノールの導入状況は、世界的に見ても突出している（**図表6-2**）。

アジアでは近年、ＥＶの販売台数が伸びている。第5章で述べたとおり、特に中国におけるＥＶ普及が目覚ましい。しかしその他多くの国では、依然として大都市圏内での短距離移動用、かつ富裕層のセカンドカーとしての意味合いが強い。ＥＶが内燃機関車を代替するためには、充電スタンドの充実といったインフラ面での普及が不可欠だが、これには時間がかかるとの見方が大勢だ。このような状況で、アジアの新興国においても陸上運輸部門の脱炭素の第一歩として、ガソリンへのエタノール混合が進められている。例えば、ガソリンへのエタノール混合率についてタイは10％、インドは10％、インドネシアは10％と規定している。

注18：日本では経済産業省が2024年11月、2030年代の早い段階までに、エンジン車の全新車をエタノール混合対応車にしていく方針を発表している。

今後も混合率は引き上げられていく見通しだ。

カーボンクレジット市場を活用したバイオ燃料の普及

同様にブラジルが先進的であり、アジア諸国においても近年導入されつつあるのが、バイオ燃料の利用による温室効果ガス（ＧＨＧ）の削減に経済的インセンティブを与えるメカニズムである。２０１５年に採択されたパリ協定では、すべての国がＧＨＧの排出削減目標（ＮＤＣ）を立て、それに向けて取り組む方向性となった。ブラジルも２０１６年にＮＤＣを策定するとともに、[注19]２０１７年には国家バイオ燃料計画（RenovaBio）を策定した。同計画は、エネルギーミックスに占めるバイオ燃料のシェアを拡大し、ＧＨＧ排出量の削減を目指すものである。

具体的には、まず独立第三者機関がバイオ燃料事業者ごとに、バイオ燃料の原材料の生産から燃焼までに削減したＧＨＧ排出量を計算し、その数値に応じた脱炭素化クレジット（ＣＢＩＯ）を付与する。

同時に、政府は化石燃料事業者に対し、毎年ＧＨＧ排出削減目標を設定することを義務づ

注 19：ルーラ政権は 2024 年 11 月、国連気候変動枠組み条約第 29 回締約国会議（COP29）の場で、新たな NDC を提出した。同 NDC によると、GHG 排出量を基準年である 2005 年比で 2025 年までに 48%、2030 年までに 53%削減するという 2023 年 9 月に提出した目標は維持する。そのうえで、2035 年までの GHG 排出削減目標を新たに設置し、その数値を 2005 年比で 59 ～ 67%削減とした。

け、目標に満たない分については、カーボンクレジット市場でCBIOを購入することによって補完させる。このようにして、ライフサイクルで見てGHG排出量の少ないバイオ燃料の生産・利用に経済的インセンティブを与えている。

RenovaBioでは、ブラジル農牧研究公社がRenovaCalcと呼ばれる、ライフサイクルGHGを測定するツールを開発している。各バイオ燃料生産者はRenovaCalcを用いて、バイオ燃料の原材料生産から燃焼までのライフサイクルでのGHG排出量を定量化する。さらに独立した第三者機関が、各社のバイオ燃料GHG排出量の数値が適切かどうかを検証するとともに、生産工程が国の持続可能性の基準を満たすかどうか確認している。生産者は、第三者機関から認証を得て初めて、GHG排出量の数値に応じたCBIOを付与される。

このようにRenovaBioは複雑な制度だが、GHG排出量の測定方法や認証制度が整備されていることから、世界的に見ても信頼性の高いカーボンクレジット市場のひとつとして認識されている。近年カーボンクレジット制度を導入する国や地域は増えているが、ブラジルのRenovaBioに見られるように、バイオ燃料などの低炭素燃料のGHG削減量をライフサイクルで評価してクレジット化しているものは少ない。国際エネルギー機関（IEA）は、同様の制度の導入事例として、EUからはドイツとスウェーデン、カナダ、米国の一部の州（カリフォルニアやオレゴン州）とブラジルを挙げている。[注20] ブラジルは、新興国では唯一の事例と言えるだろう。アジア諸国でも、例えばシンガポールやインドネシアなどでも導入に向けた動きが進んでいるが、やはり統一されたGHG排出量の測定方法や認証制度の整備が課題とみられている。

なお、RenovaBio のもと設立されたカーボンクレジット市場は、2020年に取引を開始している。2023年発行のCBIOは前年比+9・8％の3400万CBIOで、2020年比で約2倍となった。1CBIOはCO_2 1トンに相当するため、2023年は3400万トンのGHGを削減したことになる。これはブラジルの同年のGHG総排出量の約7・5％にあたる。今後も同カーボンクレジット市場での取引は活発化し、2031年には2023年比3倍の9570万CBIOまで拡大する見通しだ。

広がるバイオマスの可能性：持続可能な航空燃料（SAF）とバイオプラスチック

前述の2点に加えて、ここでは中長期的に見通されるバイオ燃料の用途として、持続可能な航空燃料（SAF）と、バイオ燃料と同じくサトウキビやトウモロコシなどのバイオマス由来のも

注 20：IEA Bioenergy “Implementation of transport biofuels policies – supporting low carbon intensity biofuels”

のを活かしたビジネストレンドとして、バイオプラスチックの可能性についても取り上げたい。

まずＳＡＦについては、ブラジルに限らず、日本を含め世界的に開発が進められている。乗用車の分野では、現在、先進国を先頭に内燃機関車からＥＶへの転換が段階的に進んでいる。一方で、航空や船舶の分野では電化が難しいことから、合成燃料（CO_2と水素由来のエネルギーで通称E-fuel）の利用が有力視されている。しかしE-fuelの実用化までは時間がかかるとみられ、その移行期にバイオ燃料を活用することが世界的に検討され、実用化に向けた動きが進んでいる。ブラジルでも、同国航空大手企業を中心に開発および実証実験が行われている。また政府は、関連規定の整備も並行して進めている。規定によると、２０２７年１月１日以降、国内線を運航する航空会社は、ＳＡＦを利用してＧＨＧ排出量を年１％削減することが義務づけられる。

ＳＡＦについては、アジア諸国でも先進的な動きが見られる。供給面から見ると、シンガポール、インドネシア、マレーシアなどで廃食油等を利用したＳＡＦの開発が行われている。また政策面では、シンガポール政府が２０２４年、２０２６年から同国発のすべての国際便に対し、航空燃料の１％をＳＡＦにする旨義務づけると発表した。同数値は２０３０年までに３〜５％にまで引き上げられる見通しだ。併せて、航空便の乗客に対してＳＡＦ税を課すとも発表し、ＳＡＦビジネスの持続可能性を担保するスキームの構築にも積極的な姿勢を見せている。その他、東南アジアでのSAFの推進に日本も関与している。日本政府は2024年8月、インドネシアで開催されたアジア・ゼロエミッション共同体（AZEC）[注21]の閣僚会談において、SAFの生産・活用の拡大に向けてアジアでのサプライチェーンを確立することで参加国と合意した。今後ロードマップの策定と実証実験を行うとみられている。[注22]

最後に、バイオプラスチックによるプラスチック製品代替の流れを挙げる。バイオプラスチックとは、バイオ燃料と同じく、サトウキビやトウモロコシなどの生物資源由来のプラスチックを主に指す。プラスチックは、世界では依然として石油由来のものが主流である。しかし石油由来のものは、使用後の焼却処理の過程でGHGが出ること、また廃棄されたプラスチックが環境汚染につながるなど、環境への悪影響が指摘されてきた。そのため近年、日本を含め世界的に、例えばコンビニでビニール袋を有料にするといったプラスチック製品を規制する動きが見られる。

ブラジルでも2010年代以降、州ごとにプラスチックの袋やストローの禁止といった州法が制定されてきた。また、既存のプラスチック製品を規制する

注21：経済産業省によると、AZECはアジア地域のカーボンニュートラル/ネット・ゼロエミッションに向けた協力のための枠組み。現在11カ国(豪州、ブルネイ、カンボジア、インドネシア、日本、ラオス、マレーシア、フィリピン、シンガポール、タイ、ベトナム）が参加している。

注22：日本でのSAFの取り組みとして、経済産業省と国土交通省は2024年4月に共同で「SAF官民協議会」を設立している。技術的・経済的な課題を官民で議論・共有することで、SAFの導入を加速させる目的がある。SAFの導入について、2030年までに日本の航空会社による燃料使用量の10%をSAFに置き換えるとの目標を設定している。

動きと並行して、民間企業やアカデミアを中心に、主要産品であるサトウキビ、トウモロコシやキャッサバ由来のバイオプラスチックを開発・製造する動きが拡大してきた。2010年代には、ブラジルの大手化学企業が、世界で初めて植物由来のポリエチレン（ビニール袋やプラスチック容器の素材）の量産に成功している。

アジア諸国においては、タイが関連する多国籍企業の誘致にインセンティブを設けるなど、積極的に取り組んでいる。日本企業も、数年前より現地生産のキャッサバやサトウキビを使用したバイオプラスチックの生産を行っている。我々の生活のなかでプラスチック製品は依然として必要不可欠な存在であり、今後も需要の伸びが見込まれるなかで、よりクリーンなプラスチックの利用が拡大していくと考えられる。

以上、ブラジルの事例を中心にバイオマスの主要な用途の具体例を取り上げることで、アジアをはじめとした新興国において今後どのようにバイオマスを用いた脱炭素が進んでいく可能性があるかを見てきた。このほかにもバイオ燃料から派生したビジネスの可能性として、バイオ燃料から製造する水素や、バイオ燃料を燃焼する際に排出されるCO_2を回収・貯留するネガティブエミッションなどが挙げられる。こういった幅広い用途を踏まえて、ＩＥＡは世界のバイオ燃料の生産量が、２０２３年の１７５６億リットルから２０２８年に約１・５倍の２６７１億リットルに成長すると見通す[注23]（**図表６-３**）。アジアや中南米といった新興地域が市場の成長の70％を牽引するなど、特に新興地域での需要が大きく拡大すると予測している。アジアをはじめとした新興地域でビジネスを行う日本企業にとっても、今後の市場動向を押さえておく必要があるだろう。

バイオ燃料を導入するうえでの課題

一方で、バイオ燃料の生産・活用の世界的な拡大には課題もある。例えば、ＥＵがバイ

図表6-3 | **バイオ燃料の世界での需要見通し**

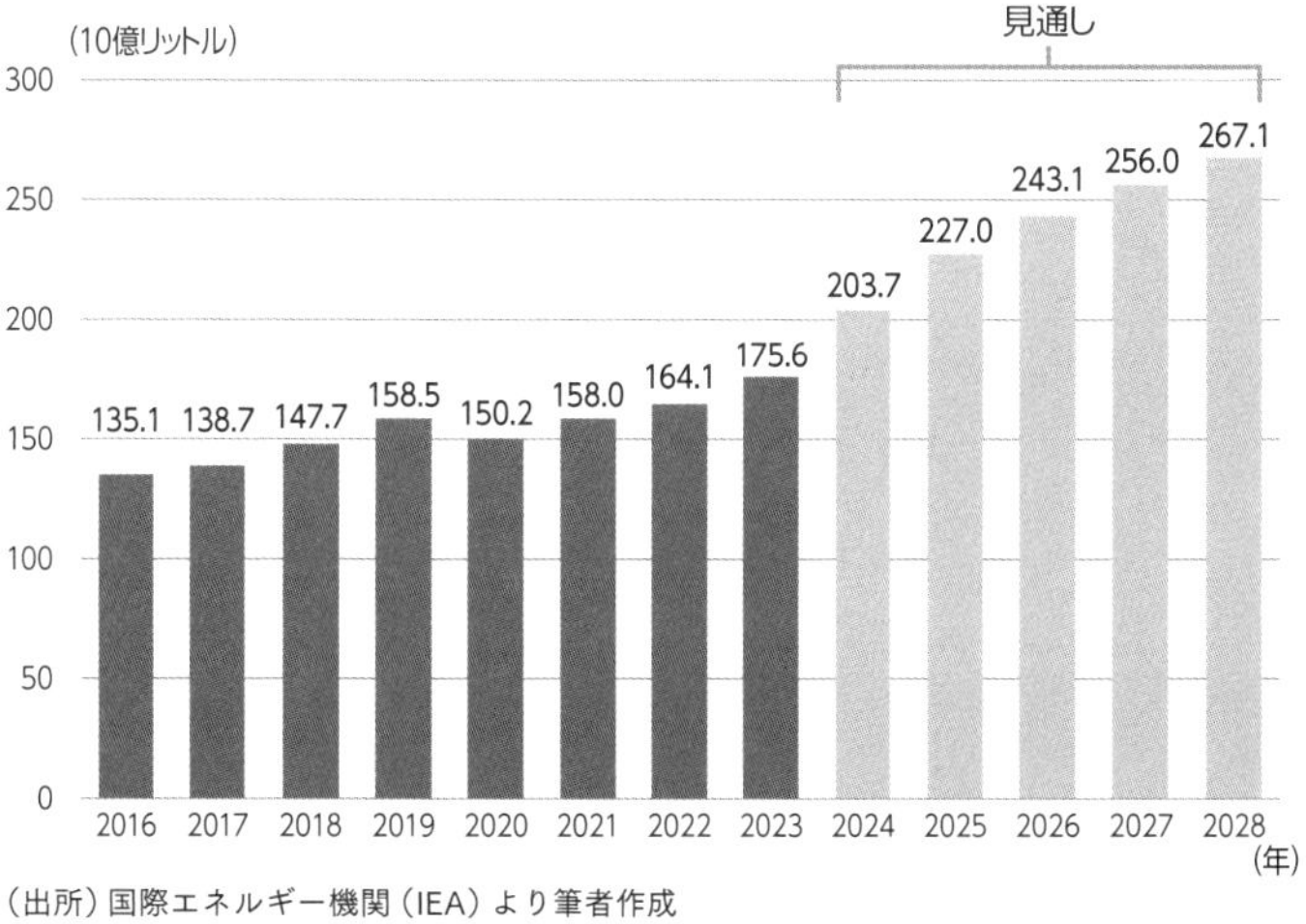

（出所）国際エネルギー機関（IEA）より筆者作成

注 23：IEA“Global biofuel demand, historical, main and accelerated case, 2016-2028”

オ燃料に慎重な姿勢を取る理由のひとつである、食料との競合問題がある。ブラジルだけでなく、アジアでは、例えばインドやタイで生産されるバイオ燃料の多くはサトウキビやトウモロコシ、キャッサバなどからつくられているため、本来食べられるものをエネルギーに変えることに否定的な見方も多い。

加えて、新興国で問題になるのは、森林伐採である。アジアでは、インドネシア、マレーシアの両国のパーム農園は、熱帯雨林を開発してきた。ブラジルの場合は、サトウキビ農園の拡大がアマゾンの森林開発と結びつけられることがある。気候変動対策としてバイオ燃料の利用を考えた場合、森林生態系が蓄積していた炭素をCO_2排出として計上することは致命的である。そのためブラジル政府は、サトウキビの品種改良等を通して、同じ面積から収穫できる量を増やすことで、食料用の生産量を減らさずにエタノール生産を拡大してきた。品種改良によって、森林を新規開発する必要もなくなってきた。ただ、農作物を原料としている限り、食料競合の議論は避けられないだろう。そのため今後各国政府は、農作物の残渣から生産される第2世代バイオ燃料や、微細藻類からつくられる第3世代バイオ燃料の活用についても検討し、製造技術を開発していく必要があるだろう。注24

注24：サトウキビなど農作物そのものから生産されるバイオ燃料を第１世代バイオ燃料、その残渣から生産されるものを第２世代バイオ燃料と呼ぶ。第１世代が食料と競合する一方で、第２世代は競合することはないため、脱炭素の文脈でより望ましいとされる。また近年は、微細藻類からつくられるバイオ燃料が第３世代と呼ばれ、食料と競合しないバイオ燃料として注目されている。

また、アジア諸国がバイオ燃料市場をスケールアップしていくためには、バイオ燃料の生産・活用に経済的メリットを付与していく必要がある。そのためには、ブラジルのRenovaBioのように、GHG排出量を定量的に測定可能なツールの開発とともに、排出量の削減に伴うインセンティブを付与する制度の整備などが必要となるだろう。

日本が新興国の脱炭素に貢献できること

以上、バイオ燃料の生産・利用で先進的なブラジルの例を紹介するとともに、今後のアジアでの展開の可能性について取り上げてきた。では、日本企業は今後を見据えてどのようなことができるだろうか。ここでは以下3点を論点として挙げる。

①新興国から新興国（South to South）で動くビジネストレンドに気づく
②現地のニーズ起点でビジネスを構想する
③日本のニーズと重ね合わせて新たな市場を形成し、世界の変革を加速する

新興国から新興国（South to South）で動くビジネストレンドに気づく

まず1点目は、「新興国から新興国へ（South to South）」ビジネスが展開していく流れができつつあり、そのトレンドに気づくことが大切である。これまでビジネス全般において、新しい潮流は先進国の技術やノウハウから生まれてくるものが多く、欧米や日本を起点として発展するのが一般的だった。しかし、GBAに見られるようなバイオ燃料を軸にした脱炭素の動きは、新興・途上国を起点にしており、これまでとは異なる発展経路をたどっている。背景には、欧州が主導する「電化」に必要不可欠な発電・送電インフラが、新興・途上国においては十分に整備されていないという状況がある。こういった関連インフラが不十分であることを共通項に、ある新興国で発展したビジネスが他の新興・途上国にも普及するという構造は、脱炭素以外でも、例えば、金融や医療などの分野でも見られる。したがって、日本政府や企業は第一に、自分たちの意識の外側で、新興国と新興国の間でビジネスの潮流が生まれている可能性があるということ、またそういった動きは、今後新興・途上国が成長していくなかで加速する可能性があることを認識しておくべきだろう。

現地のニーズ起点でビジネスを構想する

2点目として、現地のニーズ起点でビジネスを構想していく必要がある点を挙げる。新興国と新興国の間でビジネスが展開していく流れがあることは前述のとおりだ。これまで日本企業にとってのロールモデルや競合となる企業は欧米企業が多かった。しかし近年、世界的に中国や韓国の企業が台頭し、新興国市場においても日本企業が競り負けるケースも増加している。さらに今後、新興国間でビジネスが展開していくことで、より現地のニーズに精通した新興国企業も台頭してくることが予想される。このような状況において日本企業がパートナーとして選ばれるためには、「現地のニーズからビジネスを構想する」、もしくは「自社の技術やサービスを現地のニーズに合わせて変えていく」という発想がより重要となるだろう。

新興国間でビジネスが展開する流れがあるということは、日本企業にとっては機会とも捉えられる。アジアで市場を獲得できた自社の技術やサービスを、中南米やアフリカに横展開する可能性も広がると言えるだろう。そういった観点からも、現地のニーズを起点とした事業展開が、今後ますます重要となってくると言える。

例えば自動車産業においては、日本の大手自動車メーカーは、ブラジルでガソリンへのエタノールの混合が義務づけられるなかで、ガソリンにエタノールを混合して走ることのできるフレックス車を開発・販売してきた。こういった技術や製品は、アジア諸国においても活用できる可能性がある。バイオ燃料は、現在各国で普及している内燃機関車に乗り続けながらも、排出する炭素量を削減することができるという強みを持つためだ。もちろんアジアでの自動車産業は、ブラジルとは異なる発展経路をたどる可能性もあり、各国の脱炭素化に向けた取り組みや戦略に応じて、日本企業も商品開発を行っていく必要があるだろう。

日本のニーズと重ね合わせて新たな市場を形成し、世界の変革を加速する

また日本は、アジア諸国で生産されたバイオ燃料のオフテイカー（引き取り手）としても貢献できる。冒頭で挙げたGBAのような、バイオ燃料を軸に脱炭素に取り組んでいこうとする動きは、今まさに始動したばかりである。参加各国は今後、自国の資源を活用しながらバイオ燃料の生産能力を拡大していくものとみられるが、そのためには安定した需要が見込まれる必要がある。そこで日本が、バイオ燃料のオフテイカーとして需要創出の一端を担うこともできる。前述した

SAFやバイオプラスチックの市場は、新興・途上地域よりも環境対策で先行する先進国で先に立ち上がるとみられている。日本も、アジア諸国等からバイオ燃料を輸入して利用するのみならず、SAFやバイオプラスチックの製造拠点の立ち上げ、製品のサプライチェーンの構築をリードすることができるだろう。

こうした日本によるバイオ燃料の需要創出に加え、バイオ燃料を調達する際の指標となる、国際的な基準・制度づくりにおいても牽引役を期待される。前述したブラジルのRenovaBioは、バイオ燃料の原材料を生産する段階からバイオ燃料自体を燃焼するまで、ライフサイクルで見てGHG排出削減量を測定するツールを導入している点で先進的と考えられている。例えば日本企業が、アジア諸国からバイオ燃料を調達する際に、RenovaBioのように調達する燃料がどのくらいGHGの排出削減に貢献したかを評価して購入することはひとつの方法だ。ブラジルとも連携しつつ、アジア、あるいは他地域にも適用できる包摂的なルールメイキングを主導することにつながるだろう。多国間での調達基準・制度を構築できれば、世界的に途上段階にあるカーボンクレジットの測定や定量化といった課題の解決にもつながる。このように日本がアジアでバイオ燃料産業の発展をリードし、その調達の際に指標となる基準・制度を構築することは、アジアでのバイオ燃料の生産のみならず、世界の脱炭素化を加速化させることにもなるだろう。

第7章

未来に向けた、テクノロジーによる社会課題解決

――日本・アジア発のテクノロジーのポテンシャル

近年、コンピュータの処理能力と通信容量の進化によって、あらゆる業界で当たり前のようにデジタル技術が使われるようになっている。これは一見すると、かつてのITの普及・進展の延長線上にあるようにも見えるが、テクノロジーが機能志向（何ができるか）から社会課題志向（何のために、何を解決できるか）に変化してきているという本質的な変化を見落としてはならない。また今後の市場展開を考えるうえでは、多様なデジタルサービスの普及を支えるハードウェアの重要性が改めて認識されている点や、ソフトウェア開発人材不足をどう補っていくかといった課題にも注目すべきだ。

本章では、社会課題解決を目的とする〝x-Tech〟の概念を紐解きながら、今や世界のテクノロジーの潮流から大きく後れを取ってしまった側面もある日本の復活に向けた方向性について、アジアとの共生という観点を踏まえて論じる。

x-Techにおけるテクノロジーの役割の変化

x-Tech の盛り上がり

２０１０年代半ば以降、x-Techという言葉が使われるようになった。x-Techの「x」は、様々な既存業界を意味し、x-Techとは、既存の業界のビジネスとＡＩやビッグデータ、ＩｏＴなど先進的なテクノロジーを結びつけて生まれた新たな製品やサービス、あるいはその取り組みを指している。今ではスマートフォンやスマート家電等を通じて様々な生活シーンに浸透しているなど、x-Techはビジネスから社会生活までの主要な分野に展開されている。

x-Techのなかでも代表的なものとしては、環境に関連したGreen Tech、社会インフラを担うFin Tech、教育領域のEd Tech、ウェルビーイングに関連したHealth Techがある。Green Techでは、ペロブスカイト太陽電池（次世代材料による太陽電池）やCO_2を地中に貯蔵する

CCS（Carbon Capture Storage）等の地球温暖化対策技術、自動車やインフラ等における化石燃料使用を低減する技術、廃棄物の低減に寄与するリサイクル技術や環境負荷低減に寄与するバイオプラスチックのような素材技術等がある。Fin Tech には、現状のスマートフォンによる決済サービスにとどまらず、様々なデータを組み合わせるなど、信用力の低い借り手に対する金融サービスの可能性を広げる与信管理技術、犯罪抑止に向けた本人認証技術やセキュリティ技術等が含まれる。Ed Tech は教育のデジタル化に関連した技術全般を指し、遠隔でも実地教育と同様の効果が得られるようなVR／AR技術等があり、何らかの理由で実地教育を受けられない人々の教育水準底上げや、企業等でのトレーニングにも貢献するものである。Health Tech は、日常的な健康管理から高度な遠隔医療まで人々の健康を支えるもので、結果として医療費の低減にも寄与する。

●社会課題起点である点がこれまでのテクノロジーとの違い

従来のテクノロジーは、「ビッグデータ」や「ユビキタス」のようにテクノロジー自体の概念や名称がサービス名として使われており、社会課題のような目的や社会的な便益が想起されるものではなかった。これはあくまで名称の話にすぎないが、名は体を表す。以前はサービスのコンセプトがあくまでテクノロジー起点であり、「この技術で何ができるか」が出発点であった。しかし、前述のとおり、昨今のx-Techは、地球温暖化、金融や教育弱者への対策、健康増進や医療費圧縮等の社会課題を出発点としており、「この技術で何が解決できるか」が明確である点がこれまでのテクノロジーとの違いである。

社会課題に立脚したエコシステムづくりが重要

一方で、例えばモーターやベアリング等の機械部品、コンデンサーやインダクターなどの電子部品のような、従来日本が得意としていたB to Bの中間財や資本財の現場感覚からは、こうした社会課題を直接的な目的とする発想は生まれにくいように思われる。なぜなら、中間財や資本財では顧客から提示された仕様を満たすことが第一義の目的とされるため、自動車など最終消費財のユーザーにとっての効用や社会に対するインパクトについての意識が希薄になりがちであるからだ。もちろん、モーターの効率性を高めたり、電子部品の消費電力を低減させることで、直接的に温室効果ガス削減に貢献したり、最終財の性能向上を通じて間接的に社会に貢献したりするケースは多々ある。しかしながら、テクノロジーの開発段階から社会課題を起点としているモビリティサービスで見られるような、最終財を使用したサービスまでを想定しながら開発を進めた事例は必ずしも多くはないであろう。

これに対して x-Tech は、あくまで社会課題を解決するための手段である。そして社会課題の解決に必要な要件に当てはまるテクノロジーやそれを担う企業や行政、研究開発機関等をコーディネートし、サービス提供に向けたエコシステムを組成していくものである。実際に社会課題に対してサービスを試行するＰｏＣ（Proof of Concept：サービスアイデアの実現可能性を検証するための実証実験）を繰り返しながら、ユースケースを確立していくことが何より求められている。そこでは必ずしも最先端のテクノロジーは必要とされない場合もあり、既存の技術と最先端の技術、現場のすり合わせとデジタルを組み合わせながらサービスを組み立てていく可能性も模索できよう。例えば、地方の高齢化、過疎化・人手不足といった社会課題に対しては、Health Tech のみならず、介護やモビリティ領域でのテクノロジー活用がありうるが、これらは地方自治体だけでなく厚生労働省、国土交通省等の国の行政機関との調整、さらにはスタートアップや既存の大企業等のエコシステムを形成していかねばならない。そのなかで、最新テクノロジーと既存の技術や製品が融合しながら社会課題解決に向けたサービスが形作られていくことになる。

x-Techを支えるハードウェアの重要性

デジタルサービスのインフラとしてのハードウェア

x-Techが日常生活に浸透してきた背景として、通信・ソフトウェアにおける近年の劇的な進化がある。スマートフォンやタブレット、ドローン等から医療機器、産業用機械のような機械設備に至るまで、あらゆるハードウェアが通信網に接続され、多様なデータが収集できるようになってきたことが大きく貢献している。今後、通信網が現行の5G通信から次世代の6Gへ進化していくなか、センサーが搭載され、通信網に接続される機器の数は等比級数的に拡大していくであろう。

逆の観点から見れば、通信網につながっている無数の機器は、そこから収集されるデータを起点としたソフトウェア・サービスのインフラとして不可欠な存在になることを意味する。ここで言うインフラとは、サービス利用者が直接触れるスマートフォン等の電子端末、家電や自動車等に加え、遠隔で情報処理を提供するデータセンター設備も含まれる。昨今のＡＩインフラへの投資はデータセンターから始まり、足元ではエッジデバイスまで広がりつつある。いかに優れたサービスであっても、インフラとしてのハードウェアがなければユーザーに便益を届けることはできない。x-Tech時代の到来によって、デジタルサービスを支えるハードウェアの重要性が、改めて認識されるようになってきたと言えよう。

モノづくりが見直される――半導体製造の自国回帰の例

x-Techを活用してデジタルサービスを展開するうえで、インフラとしてのハードウェアが改めて重要になることを述べたが、そのなかでもソフトウェアとの結節点を担う最重要部品となるのが半導体である。ここでは半導体を例として、ハードウェアの重要性が見直されていることを述べたい。

半導体は、スマートフォンやタブレット、ＰＣ等の電子端末の性能を左右する計算機能や記憶機能を担い、ＰＣの進化やスマホの出現に伴い、ウエハー出荷ベースの市場規模はＷＳＴＳ

（WORLD SEMICONDUCTOR TRADE STATISTICS）によれば2010年から2024年まで年平均成長率（CAGR）10％以上で成長して5883億米ドルとなっている。さらに2030年には、2022年比1・7倍の規模に拡大するとみられるなど、半導体は成長市場との位置づけにある。

加えて、2017年の米国による中国の特定企業に対する半導体輸出規制をきっかけとして、軍事および経済安全保障上の重要な製品として注目されるようになった。半導体が先端兵器に用いられているという軍事的な安全保障上の理由が、当時の米国政府による対中輸出規制の発端であったが、それに続いて米国政府は「Chips 科学法」によって、経済安全保障上の理由から半導体産業を保護育成する方針としている。米国政府の動きに伴い、中国、欧州、アジアの国・地域においても多額の政策資金が半導体産業に向けられている。日本でも、2021年に経済産業省によって「半導体・デジタル産業戦略」が取りまとめられ、その一環として半導体産業強化に向けた4兆円規模の政策資金の投入が決定された。このように半導体は主要国において、社会の基礎インフラを担う戦略物資として保護すべき産業となっている。

こうした世界構図を踏まえつつ、以下では、半導体産業からうかがえる世界各国間での自国回帰の動向について考察してみたい。半導体の製造工場は、高度な技術を要する最先端の前工程ともなれば1兆円を超える多額の投資が必要とされる。その半面、最先端製品が陳腐化する速度は速く、約2年ごとのサイクルで製品の世代が交代していく。このため半導体製造企業は、多額の設備投資を継続的に行わなければ競争優位性を保つことはできず、巨大な資本力を持つ企業のみが生き残っていく構造になっている。その結果、世界で最先端の半導体を製造できる企業は、2000年代初頭には30社近く存在したが、現在ではわずか3社となっている。

また、半導体の製造は多数の工程からなり、それぞれの工程ごとに専用の製造装置や多岐にわたる部素材が使用される。これらの装置や部素材の製造にも高度な技術力を要するため、装置・部素材サプライヤーも半導体製造事業者同様、特定企業による寡占化が進んでいる。**図表7-1**のとおり、前工程・後工程の細分化されたそれぞれの装置や部素材のグローバルシェアは国・地域ごとに大きく偏っている。

グローバル化の時代においては、製造拠点やそれに対するサプライヤーが特定地域・国に偏在している状況は、むしろ、グローバルサプライチェーンを最適化させる観点から有効に機能していた。特に米国にとっては、収益のボラティリティの高い製造は、東アジアの国・地域にアウトソースし、利幅の高い上流工程である半導体の企画・設計と、さらにその上位レイヤーにあるデジタルサービスの開発に投資を集中していくほうが合理的であった。

しかし、分断の時代になってグローバルサプライチェーンの前提が崩れたため、米国や欧州等のように製造を手放してしまった国にとっては、いくら上流の企画・設計を自国が握っていようとも、いざ委託製造先に有事が発生し、サプライチェーンが寸断されてしまえば、半導体製品を調達できなくなってしまう。先端半導体の調達リスクは、軍需品生産に関するリスクとして取り上げられがちであるが、先述のとおり、今や半導体はx-Techを支えるコア部品であり、社会生活に欠かすことができない製品である。半導体がなければ、自動車や家電はもとより、都市生活に必要な水道、ガス、電気等のインフラ設備も維持することができなくなってしまう。x-Tech

図表**7-1** | **サプライチェーンごとの国・地域別シェア順位**

	前工程		後工程	
装置	成膜／エッチング	1.米国、2.日本	グラインダ・ダイサ	1.日本
装置	露光	1.欧州、2.日本	ダイボンダ	1.欧州、2.日本
装置	洗浄	1.日本、2.米国	ワイヤボンダ	1.シンガポール、2.欧州
装置	CMP	1.米国、2.日本	モールディング	1.日本、2.欧州
装置	プローブ検査	1.米国、2.日本	パッケージ検査	1.米国、2.日本
材料	シリコンウエハー	1.日本、2.台湾	リードフレーム	1.日本、2.台湾
材料	フォトレジスト	1.日本		
材料	エッチングガス	1.日本	ボンディングワイヤ	1.日本、2.欧州
材料	スパッタターゲット	1.日本	モールド材	1.日本、2.米国

（出所）IC Insights "Worldwide IC Company Marketshare by headquarters Location 2021"、主要半導体製造装置各社の開示資料より筆者作成

の登場で社会生活の隅々までソフトウェアによってデジタル化されるなか、半導体製造の確保は国防上の安全保障の観点のみならず、社会基盤を維持する経済安全保障上の施策となったと言える。すなわち半導体をめぐる一連の自国回帰の動きは、x-Tech 時代におけるハードウェアの重要性に世界が気づき、これを自国に回帰させるための動きとして捉えられよう。

テクノロジーをめぐる日本の資産と課題

日本に残されたハードウェア製造の資産

日本はかつてのモノづくりの強みを喪失しつつあると言われて久しい。先述の半導体を例として見ても、世界の主要半導体製造企業のなかでの日本のシェアは、ピークだった１９８０年代後半には過半を占めていたが、２０２１年には６％まで落ち込んだ（半導体調査会社 IC Insights）。

このように業界全体における日本の地位は大幅に低下しているが、半導体製造に必要な製造装置や部素材の一部のニッチな領域では、いまだに世界シェアトップを維持するものもある。先述のとおり、日本は4兆円の政策資金を動員して再び半導体製造国としての地位を取り戻そうとしている。当然ながら、これはかつてのように日本企業の寡占的な地位を目指すものではなく、世界にまたがる半導体サプライチェーンにおいて一定の影響力を保持し、これを強化していくことにより一定の影響力を保持し続けることが狙いである。すなわち、製造装置や部素材といったニッチな領域における残されたハードウェア製造の資産を活用しつつ、エコシステムを形成することで再び世界に対する影響力を構築していくという方針である。政策の一部にみられるような、最先端の半導体製造に向けた取り組みも経済安全保障上は重要であるものの、例えば露光装置のようなレガシー技術の強みを活かすことによる、日本の半導体産業の伸びしろはまだ多く存在するのではないだろうか。

同様に強みが残存するレガシー技術を起点とした新たな事業機会は、例えば鉄道システムや航空宇宙関連の製品、モーターやコンデンサー等の電子部品、金属加工技術等、他の領域にも存在する。このようなレガシーのハードウェア製造の資産は、ソフトウェア・ハードウェア一体のX-Techを支えるインフラを自国で製造できる能力であり、日本の強みとして捉えられる。他方で、先述のとおりx-Techは社会課題解決を起点としたテクノロジーであり、ハードウェア製造の資産をどう活用していくかという点で社会課題への深い理解が不可欠となる。

課題先進国としての経験という資産

日本は人口減少・高齢化を筆頭として、長期的な経済停滞、地方の衰退、都市における独居化等、経済発展の後に直面する様々な課題を先取りしている課題先進国である。これは、社会課題解決に向けたx-Techのユースケースが他国に比べても豊富にあることを意味する。

例えば、地方の高齢者向けの自動運転タクシーであれば、高齢者でも安心して扱える予約方法やスマートフォン等のＵＩの設計、課金の仕組みやセキュリティ等に始まり、車椅子でも安全に素早く乗降できる車両の設計など、ハード・ソフト両面のきめ細かなサービス設計が実際の高齢者の声から創出可能である。

加えて、日本が持つハードウェアを組み合わせることにより、自動車ＯＥＭやそれに連なる部品サプライヤーまで一気通貫でサプライチェーンを組むことができる。さらに運用にあたっては、交通機関、通信事業者、保険・金融機関も巻き込み、エコシステム全体を構築していくことも可能である。問題はユースケースとしての質をどう高めていくかであるが、過疎地域を多く持つ日本においては、そうした地方自治体の協力を取り付けることで、ＰｏＣの数を増やし、サービスとして洗練させていくことが可能ではないだろうか。実際に過疎地でMaaSを導入した事例もある。鉄道会社やコミュニティバス運行会社など交通機関だけでなく、商業施設や自治体が運営する公共施設等をアプリで連携することで、高齢者の外出機会が増加し、派生的に公共交通や商業・公共施設の収益も改善している。こうした事例を自動運転等の最新テクノロジーによってバージョンアップさせることも可能である。そこでは単にサービスの質の改善にとどまらず、使い手のウェルビーイングとは何か、あるいは年老いたときの幸せのモデル、新しい時代の生き方のようなものが見出せるかもしれない。これこそがx-Techの目的である社会課題解決だと言えよう。総務省『令和6年版 情報通信白書』においても、「農産物の自動管理、災害対策、モビリティ等の領域でＤＸを進める上で不可欠な要素となっているＡＩ、メタバース等を含む先端技術の活用モデルの検証・確立を推進すべき」とされ、社会課題解決に向けたテクノロジー活用とユースケース確立が強く意識されている。もちろん、日本のユースケースを海外で展開する場合は、その国の文化や制度に合わせたカスタマイズが必要となる。例えば、モビリティ領域では交通制度や道路インフラの整備状況の違い等を十分に考慮していく必要がある。

社会課題先進国としての日本のなかでも、多くの実証実験や現場での実践を積み重ねてきたのが高齢化社会における介護テクノロジー（介護テックと同義だが、以下では厚生労働省の用語「介護テクノロジー」を用いる）である。特に介護テクノロジーの重要な要素技術である介護ロボットは、過去10年余り日本が世界をリードしてきた。介護ロボット開発では、センサーや制御等の技術的な課題以上に、介護現場における技術の活用方法が導入のボトルネックとなっている。この点で、他国に先んじて高齢化が進む日本の経験が活かされてきたと言える。

厚生労働省によれば、要介護認定者数は２０２３年時点の７０８万人から２０４０年には９００万人以上に達すると見積もられている。要介護認定者の急増に伴う介護施設の拡充が急務であるものの、介護現場では慢性的な人手不足に見舞われている。同じく厚生労働省によれば、国内の介護従事者の不足数は２０４０年には57万人に上ると予測されている。

こうした人手不足を解消するうえで、テクノロジーへの期待は大きい。厚生労働省は、テクノロジー利用の重点分野として移乗支援、入浴支援等9領域16項目を定め、介護現場における導入政策を推進している。

さらにこれをサポートする施策として、テクノロジー開発企業に実証実験や性能評価の場を提供するリビングラボ事業やテクノロジーと介護現場のニーズをマッチングさせるニーズ・シーズマッチング支援事業等が行われ、介護人材不足に対して介護業務の効率化、生産性拡大に資するテクノロジー導入が進められている。

厚生労働省の施策を受け、テクノロジー企業によって立ち上がり・車椅子への移乗介護、居室の清掃、オムツ等のごみの搬送といった介護者への身体的負担の大きい業務を中心に、実証実験を繰り返しながらロボットによる自動化が進められてきた。足元では、高齢者がウェアラブルデバイスを装着することで、体温や脈拍等の身体状態の記録に合わせて一日のスケジュールを調整し、これに合わせた介護士のワークプラン立案、そしてそれらに連動する形でのロボット動作ソリューションが開発されている。介護施設ではなく医療施設の事例になるが、このソリューションを用いて、患者の状態記録から医療従事者の勤務計画、さらには各種ロボットの運用までを一気通貫で最適化させる実証実験が行われた。まさにソフトウェアとハードウェアが一体となって病院全体の効率化・最適化を目指す取り組みと言えよう。

他方で、介護テクノロジーを導入していくうえで、使い手側のレベルアップも不可欠である。x-Tech は社会課題解決のためのテクノロジー活用であるが、活用するうえでの経営視点が極めて重要である。介護施設も一般企業と同様にテクノロジーに投資するうえでの明確な目的を持って、中長期的に効果を検証しながら導入を進めていく必要がある。この視点がないままに補助金によって安易にロボット等を導入してしまうと、実際には現場で活用しきれずに休眠ロボットが倉庫に眠るようなことになりかねない。また、ロボット等のテクノロジーは導入した瞬間から使いこなせるとは限らず、直ちに効率性が目に見える形で改善するとも限らない。テクノロジー導入成果を短期的な指標だけで判断してしまうと、期待された効果が見られず、導入後すぐにやめてしまうといったことが往々にして起こりうる。介護テクノロジーはその典型的な例であり、中長期的な視点で介護現場をどのように変えていくのかという確たるビジョンや中期的な導入ロードマップを施設の経営者が持たなければ、テクノロジー導入の効果を最大化させることは難しい。今後、ユースケースづくりを通してテクノロジー導入を踏まえた介護施設の経営高度化についても議論を深めていくべきであろう。

ソフトウェア人材不足という課題

x-Tech の時代において、ソフトウェアとハードウェアが一体となってサービスを生み出しており、半導体の例に端的に表れているようにモノづくりも裏方として重要な役割を果たしうることは先述したとおりである。x-Tech ではソフトウェアとハードウェアの統合が重要である一方で、その基礎として優れたソフトウェア開発力が求められている。そのなかでも特に重要なのが

ＡＩ技術の開発である。例えば、自動運転システムで車両が安全に自律運行するためには、車両自体に高度なＡＩが組み込まれる必要がある。同様にロボットやデジタル家電等、様々な生活インフラが自動化・自立化するためにはこれらすべてに用途に即した高機能なＡＩが組み込まれる必要があり、その意味でx-Techのソフトウェアの部分の根幹をなすのがまさにＡＩと言える。しかし、残念ながら、日本はＡＩ開発で大きく後れを取っているのが現状である。

日本のＡＩ開発の遅れは、ＡＩ人材の不足にも表れている（**図表7-2**）。MacroPoloによるＡＩ研究者数のデータベース「The Global AI Talent Tracker 2.0」によれば、２０２２年時点でのＡＩ先端研究者の所在地別の割合は、圧倒的首位である米国が57％、次いで中国が12％となり、日本は３％未満の国々として「その他」のなかに含まれている。さらに研究機関のランキング（上位25機関）においても日本の研究機関はひとつも入っていない。労働力減少下で中小企業を中心にハードウェア製造に係る人材不足も大きな課題ではあるものの、x-Tech創出に限れば、こうしたＡＩ人材不足はより緊急度の高い課題と言える。

こうしたＡＩ人材不足という課題を解決するために、腰を据えた中長期的な人材の育成が急務であることは言うまでもない。それに加えて、短期的には海外から人材を呼び込む施策も必要であろう。「The Global AI Talent Tracker 2.0」によれば、ＡＩ人材の出身国のシェアは、トップ

図表**7-2** | **AI人材数の国際比較**

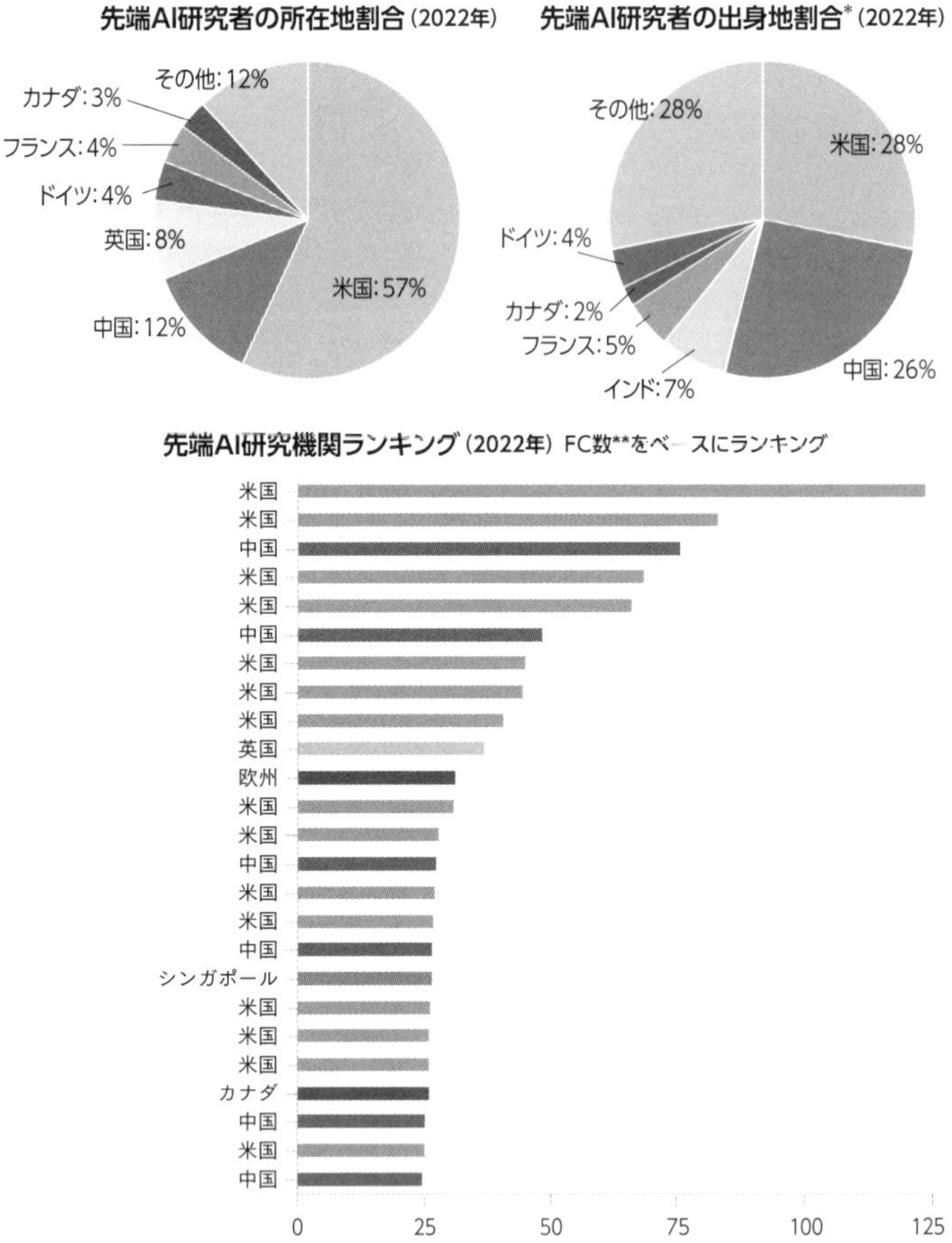

* 研究機関所在国・地域を記載

** FC数：FCとは、ある論文に対する各共著者の相対的貢献度を考慮に入れる方法。論文1本につき1.0点が最大FC数となる。この1.0点分を、共著者全員が等しく貢献したという仮定のもと、共著者間で当分する。例えば、10人の共著者がいる論文の場合、各共著者はそれぞれ0.1点分のFCを割り振られることになる。

（出所）The Paulson Institute参加のAI調査機関MacroPolo『The Global AI Talent Tracker 2.0』より筆者作成

の米国が28％であるのに対して、2位の中国が26％とこれに迫りつつあり、3位のインドが7％と続いている。米国は中国やインドをはじめとする世界中の優秀なＡＩ人材を自国に誘致することで、圧倒的な技術水準を維持していると言えよう。ＡＩ人材を一から育て増やしていくためには教育制度改革等とも連携させた長期的な取り組みが不可欠となり、短期的に成果を出すことは難しい。これに対して国外からの人材誘致であれば、比較的短期間で自国産業へのインパクトを創出することが可能である。

シンガポールに見る外国人材誘致の成功例

外国からの人材誘致に世界で最も成功している国のひとつがシンガポールである。２０２１年の研究者総数５万５２６９人のうち、48％にあたる２万６４１０人が国籍もしくは永住権を持たない外国人である。[注25] シンガポールでこれほどまでに高度技能を持つ外国人の誘致が進んでいる背景としては、充実した奨学金制度や永住権取得のしやすさなどもあるものの、他国・地域と比較しても際立っているのが、外国人研究者の重要ポストへの登用である。例えば、２００７年に国立シンガポール大学内に設置された量子計測・センシング、量子コンピューティング、および量

注25：「NATIONAL SURVEY OF RESEARCH, INNOVATION ANDENTERPRISE IN SINGAPORE」をもとに筆者が試算

子マテリアルそれぞれの卓越研究拠点では、いずれも外国人の第一線の研究者がリーダーに任命されている。[注26] このように国内研究者と外国人研究者を全く同列に扱い、能力次第では躊躇なく国の重要ポストに外国人を登用することで、世界中から優秀な人材を引きつけることに成功している。当然、重要ポストに外国人研究者を登用する場合、知識流失の問題が懸念されるが、過度に知識流失に対して防衛的な姿勢をとることは、人材誘致の芽を摘むことになりかねないと言えよう。

国際的なサプライチェーン連携によるソフトウェア人材不足の克服

ＡＩ開発のようなソフトウェア人材不足は、程度の差はあれ、日本に限った問題ではない。しかし、アジアの国・地域のなかではいち早くこうした課題に対する対策を打っているケースもある。例えば、台湾では、「５＋２産業イノベーション計画」として、半導体の用途であるＡＩ等の開発人材の育成を国策として掲げている。もともと台湾は、先端半導体製造というモノづくりに強みを持っており、ＡＩ人材の拡充によって用途市場に食指を伸ばそうとしているともみることができる。経済部の郭智輝部長は、２０２４年「Ｒ＆Ｄ １００アワード」の授賞式で、４年

注26：アジア・太平洋総合研究センター「シンガポールの科学技術人材育成・確保に関する調査」2023年3月

以内に20万人以上のＡＩエンジニアを育成し、台湾をＡＩで世界第3位の地位に押し上げると宣言している。[注27]

日本もモノづくりの技術に強みが残っているうちに、こうしたソフトウェア人材の層をできる限り厚くしていく必要があるだろう。そのためには従来の米国一辺倒ではなく、台湾や韓国など、アジアのなかでもソフトウェア人材の層が厚い国・地域に対して、日本から学生や若いエンジニアを送り込んで、技術やノウハウ、イノベーションのマインドセットを習得して帰国させるような仕組みづくりも必要ではないだろうか。実際、台湾では大学と企業が連携し、日本人を含む外国人に対してアカデミックな知識と実務の両方を学ぶプログラムを提供している。

他方で、長期的には日本もアジア域内をはじめとしたグローバルからソフトウェア人材を呼び込むための仕掛けづくりを、産官学が連携する形で進めていく必要がある。

注27：Radio Taiwan International 2024/9/11 付記事

アジアとの共生による課題の克服と日本・アジア発x-Techの可能性

社会課題解決に向けた日本・アジア発x-Techの創出

日本はソフトウェアのみならず、家電やEVなど一部のモノづくりの領域でもすでに他国・地域の後塵を拝するようになってしまっている。しかし、社会課題を起点としたx-Techの普及は日本にとって挽回のチャンスとも言える。その際に、ソフトウェア人材不足等の山積する課題に対して、国内のリソースだけで対応しようとすれば当然限界がある。

アジアに散らばる人材と連携することで、日本のソフトウェア人材不足を補完すると同時に、ハードウェア製造の資産をこれにつなぎ合わせた開発体制を構築しつつ、日本が蓄積した社会課題に向き合う経験を活かして、アジア発のテクノロジーを創出するという方法である。これによって国内の社会課題解決が加速されることはもとより、アジア域内で日本の経験を活かし、これまでテクノロジーの恩恵をあまり受けられず、都市・生活インフラが脆弱な地域に対してテクノロジー導入を進め、これらの地域のＱｏＬ（Quality of Life）向上に貢献することも可能ではないか。

前述の介護テクノロジーでは、第4章で取り上げたように、日本企業による課題先進国としての経験を活かしたアジア進出の動きが始まりつつある。5年以上前から日本とタイの大手金融機関により、タイ企業が日本の優れた介護ロボットを視察するツアーが主催されているほか、経済産業省とジェトロによる「日・ＡＳＥＡＮにおけるアジアＤＸ促進事業」等の政策的後押しもあり、日本の先進介護・医療テックのスタートアップが東南アジア市場に進出している。

アジアにおける介護テクノロジーへの注目は年を追うごとに強まっている。２０２５年は、アジア地域で大型医療・介護テクノロジーイベントの開催が予定されている。大手からスタートアップまで多数の日本企業が参加予定で、課題先進国日本で磨かれた介護テクノロジーが出展される見込みである。また、タイやその他のアジアの国々でも見守りサービス等のＡＩ・ソフトウェアソリューションのスタートアップが勃興しつつある。これらのスタートアップが生み出すＡＩアルゴリズムのような一点ものの技術と、日本が長年介護の現場で培ってきた経験やロボット等のハードウェアを組み合わせれば、優れた介護テクノロジーが創出されよう。そして、それは日本の後を追う形で高齢化に直面するアジアの国々における社会課題解決にもつながっていくはずである。

この他にも、アジアとの協業によってx-Techサービスの創出につながるハードウェア製造の資産は、x-Techの「x」に相当する他の領域においても存在するはずである。例えば、Green Techでは地熱発電やCCS（二酸化炭素回収・貯留）等の技術を持ちながら、国内の地理的・制度的制約によりその真価を発揮できていない。これらの技術をより有効に活用する方法として、アジア諸国と協力することで、これらをアジア域内、さらにはグローバルに展開していくということも考えられよう。

前述のとおり、x-Techは社会課題を起点としたテクノロジー活用である。つまり、ハードウェアとソフトウェアそれぞれの技術力はあくまで必要条件にすぎない。最も重要なのは社会課題への理解と、その解決に向けたトライ&エラーの経験、そしてそこからの学びである。それは日本のような課題先進国しか持ちえない資産であると言えよう。介護テクノロジーはまさにこれを示すひとつの例である。介護と同様に、医療やモビリティ、災害対策等日本が他国に先んじて抱えている課題は数多い。

x-Techの時代にあっては、個々のテクノロジー単体での優位性ではなく、ハードウェア・ソフトウェア・社会課題への理解の3つの要素すべてをそろえることが競争優位の源泉となる。そう考えると、一部のテクノロジーで後れを取っている日本にとって、身近なアジアとの協力により3つの要素をそろえることができれば、まだまだ巻き返しを図れるチャンスはあるのではないか。そして、それは日本のテクノロジーの復活につながるだけでなく、日本がたどった社会課題との格闘の成果をアジアの国々にもたらすことにもなるだろう。

column

技術の国際標準化とアジアにおける連携

地政学的な優位性の観点で、先端技術をめぐり国際標準の獲得を目指す競争が激化している。技術仕様、品質、安全性、互換性などの国際標準の制定をリードすることで、競争力を強化して経済的・政治的な優位性が確保できるためだ。この際、戦略的なルール形成を行うために国際連携が重視される傾向にある。ＩＳＯ、ＩＴＵなどに代表される国際標準化機関では、一国一票による審議投票が行われるため、仲間づくりは重要になる。

標準策定は地域市場の活性化および地域経済圏全体の交渉力向上の要素となる。ＥＵの地域規格の標準化組織は、国際標準化機関との強い連携を構築している。アジアには地域単位の標準化機関は存在しないが、日中韓３カ国間の協力推進を目的とした「北東アジア標準協力フォーラム（NEAS-Forum）」が２００２年から毎年開催されている。様々な政治要因に影響される政府間ハイレベル会合に対し、民間からも参加できるNEAS-Forumは安定的に継続する実務的な協力枠組みと位置づけられる。世界の分断が進むなか、このような実務協力には大きく2つの意義がある。

第1に、「事前調整と連携交渉の場」としての意義である。過去、NEAS-Forumでの議論を経て、ＩＳＯで5つの専門委員会の設立と20項目超の国際標準の発行が実現した。技術進化のなかで優位性を得るためには、開発段階から国際標準化を戦略に織り込む必要がある。しかし国際標準制定は提案から発行まで3~5年を要する。その間、国際標準化に向けた情報収集や調整を行い、実現の確度を高めるための事前協議の場としてNEAS-Forumを活用する価値は高い。

第2に、「地域ネットワーク構築の場」としての意義である。例えば貨物コンテナに関し、NEAS-Forumでの議論をもとに、日中韓でアジアパレットシステム連盟（ＡＰＳＦ）が結成され、ＩＳＯでの国際標準の提案にとどまらず、アジア共通規格が定められた。現在、フィリピン、マレーシア、インドネシア、タイ、ベトナム、ミャンマー、インドもＡＰＳＦに加盟し、アジア全体の物流最適化に寄与している。

NEAS-Forum設立当初に期待された日中韓ＦＴＡなどの地域経済協力につながる議論や、グローバルな規範形成は実現に至っていないが、引き続き、日中韓による分野ごとの標準協力を中核に、他のアジア諸国との協力拡大を図ることは可能だろう。今後、中国と西側諸国の分断などの政治的緊張感が高まる場合にも、実務的な議論を通じて互いの技術能力や意図をすり合わせ、ビジネス面での理解と連携を深める場になりうる。その議論を日本がリードできれば、国際環境の変化に対応した「能動的なアジア戦略」にもつながるだろう。

第8章

エンタテイメント＆メディアを軸としたテクノロジーを社会全体に活かす

本章では、エンタテイメント&メディア（E&M）産業を起点に、コンテンツやサービスなどソフト面での日本プレーヤーの展開可能性を検討する。さらに、アジアで広がる市場を起点に、E&M関連テクノロジーを基盤とした活用が見込まれる社会課題領域まで対象を広げて考察する。世界の様々な国・地域でのマンガ・アニメ人気などに見られるように、メディア・コンテンツは「分断」の時代においても境界を越えて伝播し、広く受け入れられる可能性を持つ。この分野で日本が先行するコンテンツ力やテクノロジー、ノウハウを活かして、市場での存在感をさらに高める方策が検討・実行されることに期待が高まる。

アジアで拡大する市場

インフラの整備やスマートフォンをはじめとしたデバイスの急速な普及と消費支出の増加などを背景に、アジア地域のE&M市場は拡大を続けている。アジア市場は新たな展開先として世界のコンテンツホルダーから注目されており、日本のプレーヤーにとっても例外ではない。E&M領域ではコンテンツに主眼を置いた海外展開が近年特に注目されている。内閣官房が2024年6月に発表した「新たなクールジャパン戦略」には、「『ソフトパワー』を高めていくことは、日本の政治外交や安全保障にも貢献するものとして、その重要性を増している」「環境変化の潮目を捉え、更なる高みを目指して、クールジャパンを『リブート』(再起動)すべき時期が到来」と記されている。[注28] グローバルビジネスをどのように展開すべきかの具体的戦略を求める内容になっている形で、アジアはその中でも重要な地域になると考えられる。

「クールジャパン」に代表される海外展開施策においては、E&M領域のコンテンツや文化その

注28:内閣府 知的財産戦略本部「新たなクールジャパン戦略」

ものの展開にまず目が向きがちだが、対象はそれだけではない。娯楽にとどまらない幅広い情報の発信、コンテンツの制作や流通を支える背景にあるサービス、そしてさらには、その基盤となるテクノロジーを土台としてより広い領域での事業を見据え、世界に展開していく方策を考えることにさらなる市場展開の可能性がある。将来に向けた種まきを日本のプレーヤーが率先して行い、社会課題まで見据えた事業展開を継続することで、ハード・ソフト両面での存在感を高め、日本発のE&M産業全体の中長期的な底上げにつなげることができるはずだ。

米国中心の大型コンテンツが世界を席巻した時代からローカルへの変化

アジア太平洋地域は、人口（特に若年層）の多さ、インターネットとモバイルの急速な普及、経済成長に伴う所得と消費活動の増加といった社会的変化と相まって、E&M市場の拡大が続くと予測されている。PwCが毎年実施している市場規模調査「Global Entertainment and Media Outlook」には、アジア地域の市場の拡大が具体的に表れている。種別に見て金額が大きく年平均成長率（CAGR）が高いのは、インターネット広告、ビデオゲーム・eスポーツで、特に中国の伸びが市場を牽引している。OTT Video[注29]（動画配信市場）については、金額規模はいまだ

注29：OTT (Over The Top) Video：ストリーミング サービス経由でアクセスされる動画に対する消費者支出と広告支出で構成される。OTT 専業のサービスと、放送局など従来型のメディア企業が運営するサービスが両方含まれる。

大きくないものの、伸長が続いている（図表8-1）。

ビデオゲーム・eスポーツについて世界市場をエリア別に見た場合、総収益が世界で最も大きいのはアジアだ。アジアの市場規模は２０２３年時点で世界総額の半数弱を占めており、２０２８年までに約55%まで拡大すると予測されている。なかでもインドに次ぐ成長率となっているインドネシアでは、政府がゲーム業界を支援するプログラムを発表しており、国内の産業振興と海外からの投資拡大の両輪での発展が企図されている。アジアでは特にスマホゲームにユーザーが集まっており、欧米や日本を中心としたコンテンツホルダーが制作したタイトルを輸入するという形

図表8-1 | アジア地域のメディア・エンタテイメント市場

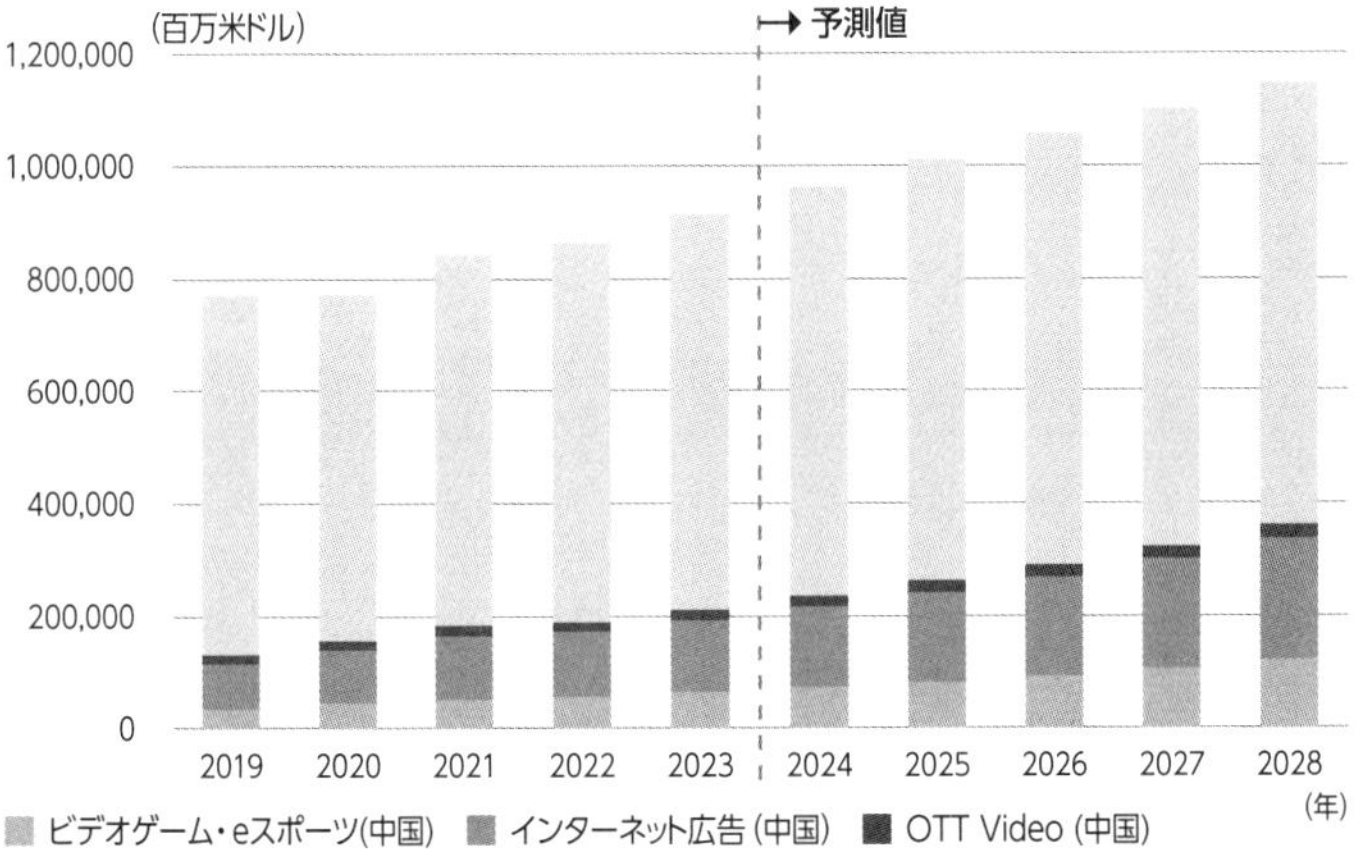

注：他国と比較して金額規模が大きな中国について、主要カテゴリを掲載
（出所）PwC グローバル エンタテイメント＆メディア アウトルック 2024-2028, Omdia

ではなく、地場のプレーヤーによる自国向けを中心とした開発も拡大の途上にある。アジア地域で開発されたゲームが海外で受け入れられる事例も増えつつある。

OTT Videoでは、アジアのなかで金額では中国、インド、日本の伸び幅が大きいが、CAGRはタイ、インドネシア、インドの順で高く、3カ国それぞれ2023年から2028年の間に5億〜21億米ドル拡大するとの予測になっている（図表8-2）。プラットフォーマーとしてグローバルプレーヤーが各国で存在感を高めている一方、アジア発で国・地域をまたいで展開するプレーヤーも出てきている。ディストリビューションのチャネルが多様化し、米国中心の大型コンテンツが世界を席巻した時代に変化が訪れている。

これらのアジア発のプレーヤーのビジネスの注力点は、アジア各国のローカルニーズに合わせたコンテンツやサービスの提供にある。さらに近年は、言語バリアやコンテンツ編集に必要なソフト・ハードウェア調達といった従来あった壁が、テクノロジーの民生化によって低くなりつつあることが、ローカルプレーヤーの台頭を後押ししている。生成ＡＩによる翻訳や、スマートフォンや小型カメラなどを活用した映像制作、動画編集、ソフトウェアやアプリなど、安価かつ一定の質を担保したデバイスやアプリケーションを手軽に多くの人が使えるようになるなかで、ゲームや映像作品といったコンテンツのローカライズや現地開発が容易になりつつある。日本のプ

図表8-2｜アジアで市場の伸びが目立つ国

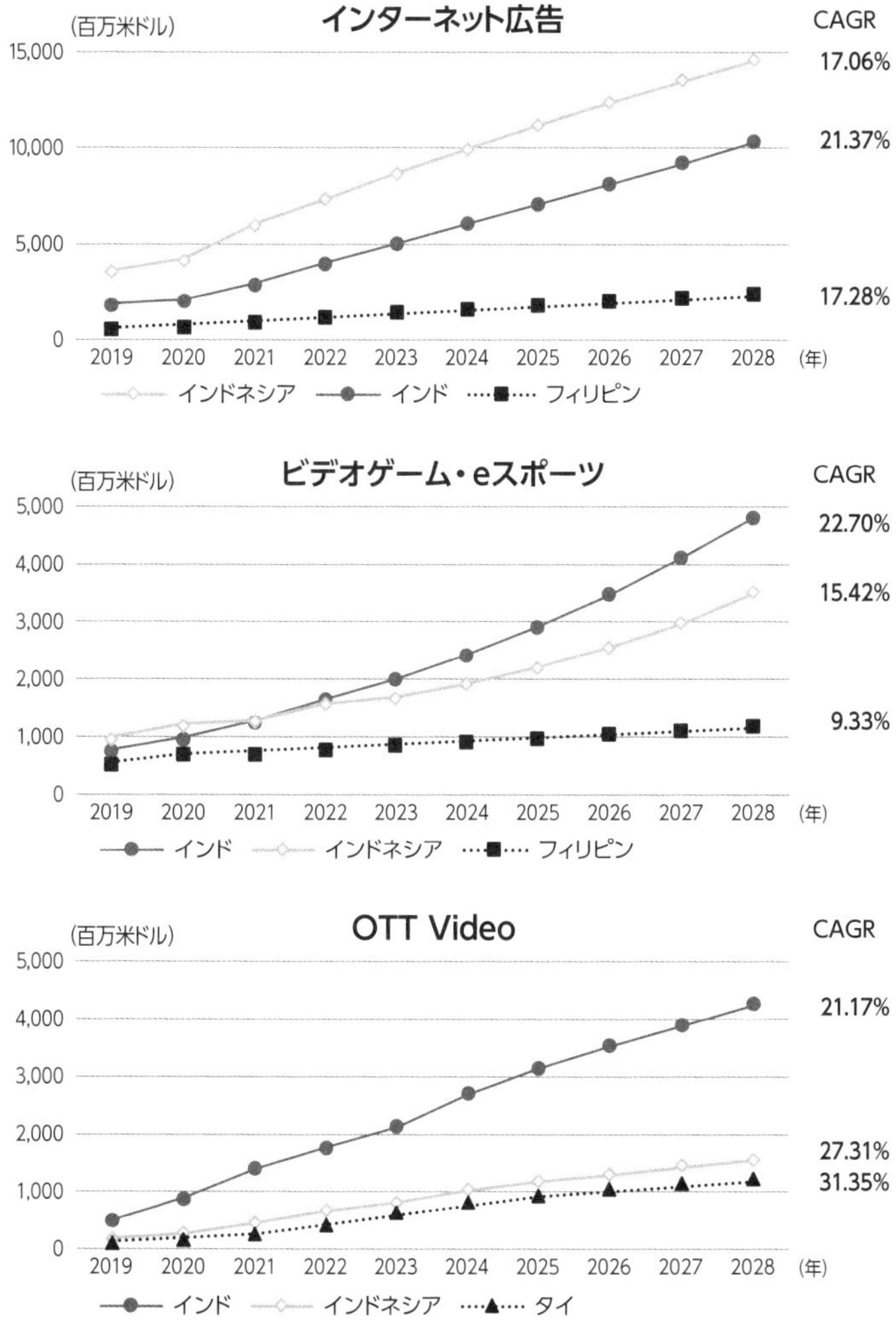

注：金額規模が突出して多い中国を除外
（出所）PwC グローバル エンタテイメント＆メディア アウトルック 2024-2028, Omdia

レーヤーがこれらの市場で存在感を示すには、すでに持つコンテンツの強みを活かしつつ、個々の環境に適した形で現地プレーヤーとも連携しながらニーズをつかんで対応する必要がある。

ビジネス環境の変化のなかで求められる対応

アジアの市場が拡大するなかでは、クリエイティブやコマース・広告・マーケティングの多様な領域で、倫理的な対応や制度整備、ビジネス関係におけるルール形成などの必要性が今後さらに重視されるようになると想定される。

求められるビジネス環境の整備

アジアでは、想定を超えた速いスピードでコンテンツ受容環境が変化していることがまず注目すべきポイントだ。それは従来型のテレビドラマやアニメなど番組・コンテンツ単位での需給にとどまらない。タイにおけるVTuber人気の拡大、インドネシアでのeスポーツ人気とVTuberの相乗効果など、日本発のコンテンツフォーマットがローカライズされながら、様々な国や地域の文化や言語の混成のなかで新しい文化が創り出されている。テクノロジーを利用することで、従前は主にメディア事業者が中心だったコンテンツのつくり手が、一般消費者にまで拡大している状況だ。とはいえ「成長」が進み「消費」が急速に拡大する市場において、必ずしもオリジナリティを持った「創造」が追いついているわけではない側面もある。テクノロジーの民生化がクリエイターエコノミー[注30]の拡大をもたらした代表的な事例であるVTuberのフォーマットは日本発祥のものだが、このような既存の日本のフォーマットやクリエイティビティを下敷きにして海外でコンテンツの創造が拡大している場合も多い。今後生成AIなどを使用する形で、既存のアニメやマンガに代表される日本コンテンツ等を下敷きにしたローカライズがますます容易に可能になるとの見方ができる。そのなかで日本のプレーヤーは、保有するコンテンツを守りつつ、自社のアセットが活用できる領域におけるビジネスチャンスを逃すことなく事業展開していけるかが問われることになる。

現状では日本以外のE&M産業の構造においては、映画／ゲームなど産業区分ごとに事業者が独立して事業を運営し、キャピタルパートナーは金融機関、ロイヤリティはマーケティング会社

注30：消費者でもある個人がクリエイターとしてコンテンツやサービスを販売し、収益を上げることで形成される経済圏

などの専門機関が契約ベースで担う方法が主流で、日本のようにビジネス関係が構造化されていない場合が多い。急伸するアジアのコンテンツ市場では、こういった仕組みの構築が行われるよりも速いスピードで実ビジネスが進んでいる状況にあり、そこで生じる制作・契約上の不具合やトラブルを防ぐことが課題になる場合も多いと推察される。このような課題解決に実効的な体制構築や対策実施の必要性が、今後さらに高まることになるだろう。

コマース・広告・マーケティング領域で必要とされる課題解決

アジア地域のインターネット広告市場が急伸長するなかでは、ウェブ広告、プロモーション市場の広がりに伴って、テクノロジーを活用したコンテンツ制作や広告枠取引が今後さらに増加することが予測される。市場の急速な拡大のなかで発生しうる、不適切な広告表示や偽広告、取引の不透明性などの問題への対処が追いつかないといった課題に対する解決策が必須になってくる。

コマース領域では、現在、アジア各国でライブコマース（プラットフォーム上でライブ配信をしながら商品を紹介し、販売する手法）が増加している。従来の動画作品のようにストック型でオンデマンド視聴する形式とは異なる、その場で生配信を行い、直結型で物販につなげるフローコンテンツが多く流通している。インフルエンサーAI・バーチャルヒューマン（AIライバー）利用の拡大も見られるなかで、いかに信頼性を担保しつつ、商品の流通を促進するかが問われることになる。

マーケティングに関しては、インターネット広告やEコマースを通してユーザーの情報が大量に集まり、消費傾向などの分析の下地はできつつあるものの、その有効な活用方法や分析手法の開発はまだ発展途上にあると考えられる。

E&Mを起点に、広い視野で社会やビジネスを考える

アジアの市場が急拡大するなかでは、これまで見えていなかった課題や問題点が顕在化した際への対応が問われるのは言うまでもない。それだけでなく、経済成長とともに発生する格差や社会課題にどう対応するかの観点も必要になっているのが、昨今のアジアの状況だと捉えられる。

日本のプレーヤーがアジア市場での展開を検討する際には、日本が先行している領域で何を提供

しビジネス化できるのか、アジアで発展した新しいテクノロジーを基盤にしたサービスなどをどう日本でも取り入れ拡張していくのか、といった点が問われるフェーズが訪れている。

前節で挙げた注視すべき課題に対し、解決策として日本のコンテンツエコシステム「5C」のモデルごとの輸出、コマース・広告・マーケティング領域における知見の活用が挙げられる。そしてさらに視野を拡大すると、メディア発のテクノロジーを医療や健康分野をはじめとして、社会全般にも活用することで、ビジネスチャンスの拡大と社会課題解決への貢献、そして日本のE&M産業の存在感の向上にメリットを生む展開も検討できる。以下、順に見ていきたい。

「5C」のかけ合わせが新たな市場を生む

急伸するアジアのE&M市場のなかでの成功の要諦はまず、いかにアジアのプレーヤーと競争・連携・共創しながら、自社・自国・地域のコンテンツやアセットを展開するかという観点が挙げられる。日本のプレーヤーのビジネス展開において、前述のような進化するテクノロジーも活用する形で、今後の市場に刺さる形式を実現するための仕組みとして、コンテンツの生態系モデルごとの輸出が奏功すると考えられる。

ＰｗＣコンサルティングでは、コンテンツの生態系を表す構造として、Capital/Creator/Channel/Commerce/Community の「５Ｃ」モデルを定義している（図表8-3）。日本国内では、コンテンツへ投資し（資本：Capital）、コンテンツを創り（創作：Creator）、配る（配給：Channel）ことを通じて、生活者による購買・所有（Commerce）、体験（Community）として消費され、再び新たなコンテンツの創出へ還るという循環が、複数の企業の有機的な連携によって行われ、映画やアニメでは製作委員会といった名称のもとで運用されている。

当然のことながら、５Ｃの成功には中心となるコンテンツＩＰ自体のパワーが必須であ

図表8-3｜コンテンツの生態系モデル：Contentとそれを取り巻く5つのC（5C）

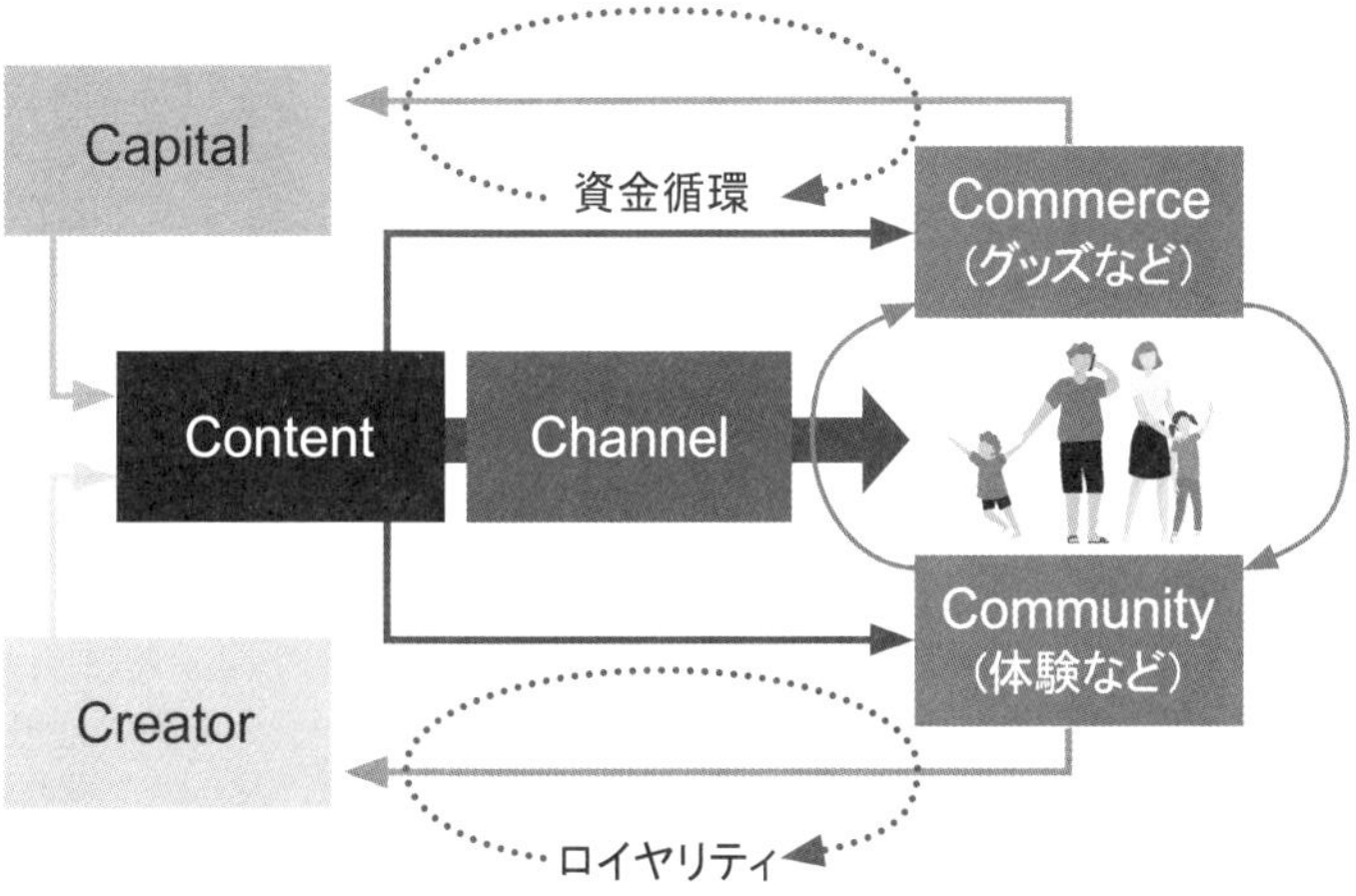

（出所）PwCコンサルティング作成

る。そしてそれを支えるのは、コンテンツを見出す目利き力、権利関係をとりまとめるＩＰマネジメント力、投資を続けられる体力といった要素だ。この体制を整え、一時的な「売り切り」型のビジネスにとどまることなく、５Ｃの仕組みを循環させながら継続的に価値を生み出すことが重要である。また、すでに保有するコンテンツやこれから生み出すコンテンツの価値を最大化するため、ユーザーの接触状況や消費状況等のデータに基づいた分析をはじめとしたテクノロジーの利活用も促進すべきだ。過去作品などのアセットも掘り起こしながら、コンテンツの価値を高め、さらなる投資を呼び込める基盤を整えることが肝要である。

海外でコンテンツビジネスを展開する際にも、日本の成熟したエコシステムである５Ｃの発想に基づいた企業間連携体制の構築やルール形成にも関与できると、当該地でのビジネスにおいてなくてはならない存在として価値を高めることができるだろう。この点は、今後海外展開を考えるうえで欠かすことのできないポイントになる。

なお、日本国内における５Ｃモデルは、国内ビジネスを前提とした従来型の仕組み（放送番組の例では、日本の放送方式に合わせた番組フォーマット、煩雑な権利関係など）で成立している。このままの形では、現地のビジネスに適した形での展開ができないというのは大きな課題だ。東南アジアで人気のある日本のキャラクターのコラボレーション企画が立ち上がった際に、日本国内の権利関係が複雑で、関与する日本企業の内外調整に非常に時間を要し、現地企業が望む形での事業展開を行うための体制が整わずに頓挫してしまったというような話も聞こえてくる。アジアの市場変化のスピードに追いつくには、日本のプレーヤーが「これまでのやり方」に固執せずに、既存のビジネス構造自体を見直すことも重要になるはずだ。

5Cの展開においてはその構造を活用しながらも、日本特有の商習慣をいかに乗り越えてローカライズしていくかがカギとなるだろう。世界展開の足がかりとなるアジア市場において、日本のプレーヤーが現地プレーヤーとも連携しながら5Cモデルを活用した包括的なエコシステムを構築し、グローバルスタンダードに育てていくような方向性を取ることができれば、クールジャパンの施策がより広がる足がかりとなるに違いない。

また、5Cモデルでは、コマース、コミュニティを消費主体として支え、クリエイターエコノミーのなかではコンテンツの生産者にもなる受け手側の動きもポイントになる。受け手側がコンテンツを中心とした消費と生産のサイクルを支え、拡大させることで5Cの市場が増幅していく。また当該地域でのコンテンツの消費にとどまらず、コンテンツが実際に日本を訪れるきっかけとなり、モノ・コト両面でのインバウンド消費につながる動きもすでに起こっている。5Cの展開を適切な形で進め、この好循環を拡大することが重要になる。

コマース・広告・マーケティング領域で日本の強みを活かす

コマースの領域においては、日本発のサービスやテクノロジーを起点に広がる新しいエコノミーの利点を活かし、日本のプレーヤーにメリットを還元できるエコシステムを構築できると、既存の枠を超えた市場拡大が見込めるようになるだろう。現地における消費の傾向を知りながら、直接商品を販売できる販路を持ち、日本のプレーヤーと現地パートナーをつないで連携しながら商品販売を拡大していく道筋が、さらに開けていくと考えられる。商社等とも連携しながら、アジア地域ではいまだ効率化が不十分な輸送網の確保・整備も含めて取り組むことができると、さらに存在感を高められる可能性がある。マンガ・アニメをはじめとしたコンテンツに加え、日本発のサービスやテクノロジーを起点に広がる新しいエコノミーを5Cの枠組みで展開し、日本のプレーヤーにメリットを還元できるエコシステムを構築できると、既存の枠を超えた市場拡大が見込めるようになるだろう。

広告に関しては、日本ではすでにインターネット広告の適正な取引指標の設定やコンテンツの質の担保、特に広告の信頼性の構築にテクノロジーを活用して取り組んでいるところであり、この分野において先行して運用している仕組みやテクノロジーを、アジアでも展開できる可能性もある。さらに、広告指標を提示するためのデータ収集・分析、広告の信頼性の担保を可能とするソリューションを日本発で展開できれば、拡大する市場の秩序を保つ仕組みの構築に貢献するだけでなく、海外における消費者データの収集・活用を主体的に行う道筋もできる。インターネットを介して、生成ＡＩの翻訳等も使用しながら、ターゲット市場の動向が他国からでもより簡単にウォッチできるようにもなっていることは周知のとおりだが、個人情報の扱いに関する規制等に留意しながら、マーケティングに必要なデータ自体を扱える仕組みにすることで、より具体的な分析が可能になり、ビジネスチャンスが広がると想定される。

また、日本における様々なマーケティング活動で培われた消費者のセグメンテーションや対象へのアプローチの手法や考え方などを、今後、消費社会がさらに成熟していくアジア地域に転用する方策も有効になるのではないだろうか。日本の消費者の消費傾向や趣味・嗜好をそのまま多様なアジアの国々の消費者に適用できるわけではないが、その分析手法やパターン、セグメントに合わせたマーケティング施策の考え方を活用して、アジア地域に適応したビジネスプランを立てることが可能になると考えられる。

テクノロジーを医療や健康分野に拡大

さらには、エンタテイメントの領域を超えた多様な場面でのメディアテクノロジーの利活用が、急成長するアジア市場における社会変革のカギのひとつになると予想される。アジア地域の経済的な成長・成熟と相まって、社会的要請が高まることが想定される、医療・福祉や教育といった領域におけるメディア発のテクノロジーの活用は期待が高まる分野だ。ゲームや映像作品、広告などの質やサービスの向上をもたらすメディア起点のテクノロジーは、エンタテイメントとして消費者の近くにあるため、個々人が変化を実感しやすい。また、情報の送り手側は新しい技術や表現から受け手に未来を想起させることもできる。このようなE&M領域由来のテクノロジーを従来想定されている用途を超えて使用することで、社会的なインパクトやメリットを創出できると考えられる。

E&M産業が成熟した環境のなかで、高齢化などの社会課題を他国に先駆けて経験する課題先進国となる日本には、テクノロジーやサービスの種がすでに多くあることはアドバンテージだ。この分野を起点として、より幅広い事業展開に活用できるチャンスは様々なところにあるに違いない。さらに、アジアで社会全体を対象とした課題解決に日本発の技術やコンテンツ、ソリューションが浸透することで、日本のE＆M領域への信頼度が増し、製品やサービス自体へのさらなる興味・関心、文化的受容の深化、双方向的な関係強化にもつながる未来像も描ける。前述の「5C」に置き換えると、コマース、コミュニティといった消費者側の需要にプラスのサイクルが発生することが期待される。

メディア領域の要素技術が他領域に染み出した代表例として、もともとゲーム産業から発展したGPU（画像処理）技術が、生成AIモデルに適した特性（大量の並列計算、広いメモリ帯域幅など）を持つため、幅広くAIの領域で活用されるようになったことは、社会にもたらされた大きな変化の礎になっている。このような変化を起こしうるメディア発のテクノロジーは他にもあるはずで、そのような用途の転換を日本のプレーヤーが先行して提示することで、業界にインパクトを与えられる可能性もある。「日本の優れたコンテンツそのものを輸出する」という観点のもう一歩先にある要素として、社会課題解決に資するテクノロジー活用も含めた形での展開を、検討・実行することが期待される。

●映像字幕や解説が視聴者層を拡大

まず考えられるのは、映像作品への字幕や音声解説の付与による視聴者層の拡大である。テクノロジーによる視聴者層拡大というとAIなどを活用した多言語翻訳に目が向きがちだが、視聴覚障がい者向けの情報の充実も、これまで、作品を楽しむ、ニュースを受容するといった行動に困難があった人の接触機会を増やし、情報受容を広げることにつながる。

もともと放送分野では、視聴覚障がい者向けの字幕や副音声が導入され、特に日本ではアジアの他国に先んじて取り組みが進められている。既存の放送技術による対応だけでなく、ストリーミング配信でのAIによる字幕や番組情報等のメタデータ生成、副音声解説なども活用することで、視聴覚障がい者のニーズを満たすユニバーサル放送が可能になる。これは視力や聴力に衰えがある高齢者などにも広くニーズやメリットがある領域で、高齢化社会に資する取り組みとしても今後重視されるようになるだろう。東南アジア諸国で、障がい者の権利を保護する法律の整備が進んでいることも、これらのテクノロジーの導入・利活用を後押しするのではなかろうか。

音声解説や字幕の欠如によりこれまで情報が届いていなかった層をカバーできるようになることは、それだけ情報に接触する人が増え、最終的には市場が対象とする消費者の拡大につながると考えることもできる。視聴覚障がいを持った人だけでなく、軽〜中度であっても見え方、聞こえ方に何らかの不具合を感じている高齢者を中心とした層の情報接触の機会拡大につながるのだ。これにより対象となる人たちの暮らしや生き方をより豊かにするとともに、それらの層も含めた形で市場が拡大する可能性が広がる。この分野でも字幕放送や番組情報の付与などで先行する日本の技術やサービスを転用できると考えられる。

映像制作技術やAR/VR、メタバースを医療や健康分野・社会活動に活用

そのほかにも放送起点の技術では、日本の放送局が自社で開発した映像のモザイク加工の技術を、監視カメラや医療映像等、様々な場面での個人情報保護に対応するソリューションとして他業種でも導入するといった取り組みもすでに行われている。このように既存の用途にとらわれず、E&M業界発の技術を他業種における課題解決、そして広く社会課題解決にも活用する具体的なユースケースは複数想定され、一部すでに実用化もされている。

ゲームや映像制作で用いられるモーションキャプチャー技術は、医療・スポーツ分野への応用も行われている。これは現実の人物やモノの3次元の動きをデジタル化して記録するもので、もともとE&M分野ではCGキャラクターのアニメーション化などのグラフィック制作に活用されているものだ。医療分野では、関節や骨格の異常・障害診断や、手術やリハビリの計画策定等に

役立っている。手術時の医師の手や器具の動きを追跡することで、手術精度の向上や若手医師の訓練にも使用されている。スポーツにおいては、フォームの分析・改善、けが予防と復帰支援のトレーニングプログラム策定といった分野で、従来のアプローチを超えた利活用が可能である。

AR／VR技術を用いた手術シミュレーションやリハビリ・心理療法、ゲームセラピーなども、ゲームや映像制作といったE&M領域を超えて医療領域における技術向上や手段の多様化に役立っている例である。脳卒中などの障がいを持つ患者の身体的・心理的機能改善を目的に、VRを使った姿勢制御や認知機能改善のプログラムを提供する技術等が、一部の医療機関で導入されている。症状によっては外出や通院が難しい不安症やうつ病の治療のリハビリにVRを使用し、遠隔カウンセリングや行動療法が実施されている事例もある。一方で、治療者が患者側の状況(困難や課題、不安など)をVRで追体験し、シミュレーションすることでより適切なサポートにつなげるという手法も見られる。AR／VRのデバイスやアプリケーションを使用することで、通常の人間の知覚だけではなしえなかった形で患者・治療者双方にメリットを生んでいる。

教育に関しては、日本ではもともと人気キャラクターを使用した学習教材やプログラムの例が見られるが、コンテンツとテクノロジーを連動させる形で、EdTech 領域でウェブサービスやアプリを活用してサービスする展開方法は多様にあると考えられる。ゲームや映像作品視聴での利用が先行しているメタバースも、社会活動を活発化させる可能性を持つ。具体的なユースケースとしては、物理的な移動が難しい高齢者や障がい者などが、メタバース上での労働・コミュニケーションにより社会参加する、アジアの低所得層向けや農村部での教育支援にウェブサービスやアプリなどのテクノロジーを活用し、格差が縮まるといった場面が想定される。

日本では政府主導の「Society 5.0」の観点で、「サイバー空間とフィジカル空間を高度に融合させたシステムにより、経済発展と社会的課題の解決を両立する人間中心の社会」の具体化が目指されている。[注31] この取り組みのなかで、E&M由来のテクノロジーを活用し、技術・コンテンツの両面で日本における先進的な技術開発を発展させ、経験を蓄積できるのではないだろうか。海外展開においては、日本のプレーヤーが現地の事業者と連携する形で知見を共有しながら、各国固有の状況や課題に応じたアプローチに取り組むことが可能になると考えられる。

なお、メディア関連技術から派生するビジネスも含めて広くアジアにおいて展開する際には、各国の規制や法制度に従って、現地のプレーヤーと合弁企業をつくる、資本・事業提携を行うなど、状況に応じた対応が求められると想定される。この際にも、前述の「5C」モデルを活用した生態系を構築しながら、適切な形式で事業展開を行うための連携力、プロデュース力を獲得して活かしつつ、それぞれの市場環境に適した座組と施策を推進していくことがカギとなるだろう。

注31：内閣府「Society 5.0」

column

メディアテクノロジーの社会的利用
――アジアでも進む取り組み

ゲームの要素を取り入れて健康管理や学習などに役立てるゲーミフィケーションが社会的によい影響をもたらしていることは周知のとおりである。人気キャラクターを活用したＡＲアプリが外出や運動を促し、計測したデータをゲームに取り入れるアプリが生活の質の向上に役立てられていることはその代表例だ。このように人気コンテンツと連動する形で、テクノロジーを活用したサービスがコミュニケーションの活性化や日々の健康維持、健康寿命伸長に関する施策の一助となっている。

EdTech 領域では、キャラクターなどＩＰを活用した施策や、ネットワークやデバイスの民生化による教育格差解消の動きが見られる。シンガポールを拠点とするある教育企業は、キャラクターを活用した幼児向けの学習プラットフォームを運営し、段階的に資金調達をしながら東南アジア各国にビジネスを拡大しつつある。進出先の国で人気のキャラクターのライセンス取得交渉や放送局との連携を進め、ローカライゼーションを重視した展開を行っている。インドでは、自治体や企業が農村部向けにタブレットなどのデバイスや学習プラットフォーム、通信環境の整備等を提供し、ネットワークやアプリを活用して、農村部でも都市部と変わらない教育を受けることを可能とする取り組みが行われている。

メタバースに関しては、アジア各国でもすでに社会的利用の取り組みが始まっている。韓国の「メタバースソウル」[注32]では、障がい者や高齢者の社会参加を促すサービスの構築が目指されている。仮想空間でアバターを使用し、経済・文化観光・教育活動への参加や、書類の発行といったソウル市の行政サービスを受けられる形だ。シンガポールでは「バーチャルシンガポール」というデジタルツインプロジェクトや「バーチャルプロダクションハブ」の取り組みを通じて、教育、マーケティング、人材育成まで幅広い分野での社会革新を推進しており、障がい者・高齢者向けのサービス導入も視野に入っている。

注32：ソウル特別市庁「メタバース及びブロックチェーン」

従来のビジネスの枠を超えた柔軟な展開を

E&M業界の海外展開においては、すでにあるコンテンツをどう海外にも出していくか、これからいかに世界で売れるコンテンツをつくっていくか、という目線がビジネスの前面に出ることになる。だがそれだけではなく、未来の世界では何が求められるのかという観点や、こういった取り組みをすれば世界が変化するといった視点も持ったうえで、コンテンツ制作・ビジネス開発を行うと、より広いマーケットを対象にしたビジネス展開にシフトできるのではないだろうか。その際、ただコンテンツの大ヒットを狙うことや、関連商品などの消費を過度に喚起するような内容や仕組みに拘泥することなく、より広い視点を持つことで、グローバルで受け入れられる、これまでにない新しいものを生み出すことができるかもしれない。

また、社会課題解決に資する事業には、数多くのスタートアップが関与している。Eコマースプラットフォーム、EdTech、医療DXといった領域で、日本発のスタートアップがアジア地域で事業展開している事例もすでに多い。既存のE&M領域の事業者が、これらのスタートアップとの連携や投資を通して自社のアセットを活かしながら、海外事業展開の足がかりをつくるチャンスもつくることができると考えられる。自社のコンテンツそのものとは少し遠い領域に見えても、関連技術をはじめとしたアセットを活かすことができる場面で海外ビジネスに関与することで、その地域の商流やマーケット環境への理解が深まり、そこから循環する形でコア事業であるコンテンツの展開にも活かすことができるはずだ。

現在自社が取り組んでいるビジネスの枠を超えて、テクノロジーやサービスを展開・活用できる領域はないか、社会に資する活動に変化させていくきっかけがないかを広い視野で考えることで、E&Mを起点とした社会変革につなげられる可能性がある。特にアジアのようなダイナミックな変化のさなかにある市場を対象にする場合、足元の人口や経済から将来像を想像し、必要とされるサービスやコンテンツの未来像を描きながらバックキャストしてビジネスを組み立てることが重要だ。市場が急拡大するアジアは、このような発想を広げた試みを行うのに最適な市場であると想定され、日本のプレーヤーもそこに様々な形でチャンスを見出すことができるに違いない。アジアの様々なフィールドで、人々の生活スタイルの変化をつかみながら、その変化の先を見据えたユーザー体験の提供、付加価値の創出ができるようになるはずだ。

本章で取り上げた社会課題とメディアテクノロジーの親和性がある領域の事例にとどまらず、まだ見えていないニーズをすくい上げ、事業化できる領域はこの他にも多様にあるだろう。E&

M産業において事業遂行を可能としてきたハードやテクノロジーを、ただその第一目的の用途のみに適用するのではなく、社会全体にインパクトを与えるような新しいサービスやソフトウェア、エコシステムに昇華することができるという観点を持って運用することで、中長期的な日本のソフト・ハード両面での存在感向上につながり、事業展開の可能性が格段に広がるはずだ。

E&M業界の中心となるコンテンツホルダーだけでなく、販路を開拓する商社やインフラを整備する通信事業者、グッズ販売に関わるメーカーやライセンスを活用する食品や日用品などのメーカー、小売店、金融機関や街づくりに関わる建設・不動産、モビリティ関連のプレイヤーまでを幅広く含む、5Cを構成する様々な職種のプレーヤーがこの視点を取り入れ連携することで、既存の枠を超えた新しい挑戦の道が開かれるのではないだろうか。その際にはこれまでE&M業界とは距離が遠かった業種や、一見関与が薄いように見える産業についても、様々な連携の方法があるだろう。日本コンテンツの創造性を中心に据えつつ、技術革新や社会課題対応までを視野に入れる形で、多様なプレーヤーが参画して日本発のE&M産業の競争力が拡大する未来に期待したい。

第9章

【鼎談】アジアでつながり、新たな価値の創出へ

参加者

・桂憲司　PwC Japanグループ
チーフ・ストラテジー・オフィサー
兼チーフ・イノベーション・オフィサー

・山本浩史　PwC Japanグループ
ジャパン・ビジネス・ネットワーク（海外事業支援）
アジア・パシフィック・リージョンリーダー

・片岡剛士　PwCコンサルティング合同会社
上席執行役員、チーフエコノミスト

重要性を増す「統合知」

片岡　２０２２年10月にシンクタンク、PwC Intelligence（ＰＩ）を設立し、早2年以上が経過しました。２０２４年にＰＩが発刊した最初の書籍、『経営に新たな視点をもたらす「統合知」の時代』は、専門領域の知見を連携させて、複雑化した不確実性あふれる世界を捉える「統合知」の重要性を語ることを主眼とした内容でした。第2弾となる本書では、アジアをテーマとして、マクロ経済、サステナビリティ、地政学、テクノロジーなどの専門領域を起点に知見を融合させながら「統合知」の実践を試みています。

２０２５年は年初から第2期トランプ政権が誕生し、世界的に大きな潮流の変化が感じられます。世界経済も企業を取り巻く環境も大きく変容しつつあるなかでは、各領域のなかに閉じた専門知見のみでは対応が難しく、「統合知」の果たす役割がますます重要になってくるでしょう。

桂　私は PwC Japan グループ全体の戦略と新規事業開発領域をリードしていますが、「統合知」の意義はますます増していると感じています。従前のビジネスは個別の産業や企業が軸になっていましたが、昨今の産業のあり方が複雑化して互いの領域が重なるなかでは、ひとつの産業だけを対象に物事を考えるのでは不十分で、より高い視点から産業を横断して社会全体を俯瞰する発想が必要になると考えるようになりました。

上位概念としてのマクロ経済はもちろんのこと、テクノロジーや地政学など様々な領域の知見を融合させながらビジネスを捉え直さないと向かうべき方向を見失ってしまう。これがコンサルティングファームのなかにシンクタンクであるＰＩを設立した背景です。この「統合知」の発想をコンサルティングに適用し、広い視野から個別具体的なアクションに結びつけていくことで、これまでとは違ったアプローチが実践できるようになりつつあります。

山本　私はシンガポール拠点での４年間の現地赴任経験を活かして、現在は日本をベースとして、ＰｗＣの海外現地ファームのメンバーとともに日本企業の海外事業を支援する業務（ＪＢＮ：ジャパン・ビジネス・ネット

様々な領域の知見を融合させ、ビジネスを捉え直すことが求められる時代。「統合知」の意義が増している。（**桂**）

ワーク）におけるアジア・パシフィック地域をリードする立場にあります。アジアのビジネスの最前線でのクライアント企業との会話や現場で起きている事象を紐解くと、その背景にはマクロのトレンドと政治や経済、社会的要素などが複雑に絡み合う状況があると実感しています。マクロの視点とセミマクロの産業レベルでのトレンドや産業横断的なテーマなどの各論を融合することが、日本企業の中長期戦略のストーリー構築や実行において、より一層重要になってきていると感じています。その意味で、私自身も「統合知」の果たす役割が非常に重要であると考えます。

2つの軸でアジアを捉え直す

片岡　日本企業の世界的な影響力を見ると、かつて世界をリードしていた立ち位置は、ここ30年の経済の長期停滞のなかで、残念ながら随分変わってしまったと感じます。こうした変化を踏まえると、「アジアのなかの日本」「世界のなかの日本」というものを、内外の連携を通じてより強く意識する必要があると思います。つまり、日本企業同士の閉じた関係性にとどまらず、グローバルなサプライチェーンなども考慮して、海外のプレーヤーとの開かれた関係性が必要になるということです。

こうした基礎認識を持ちつつ、本書では、大きく2つの軸でアジアを捉え直す構成としています。ひとつ目の軸は、アジアを地域で捉えるという観点です。中国とインドという2つの大国に囲まれた日本は、他の東南アジアを含めた諸国とともに、中国やインドにどう対峙していくのかということが重要な課題です。2つ目の軸は、アジアの社会課題に目を向け、日本が貢献できる分野やそのあり方を改めて考える試みです。少子高齢化、サステナビリティ、テクノロジー、エンタテイメントといった領域を対象に分析・検討を行っています。

この2つの軸に関連して、実際のアジアビジネスの現場で感じている点などを教えていただけますか。

桂　アジアの地域軸を考える際には、多様な要素が絡み合い、複雑な構造を持ったビジネスや文化のダイナミズムが存在する点を意識することが重要です。アジアを国や地域の単位で見た際にはまとまりがないようにも見える一方、現地のビジネスシーンでは、国境を超えて各地の経済や文化に

連携を通じ、「アジアのなかの日本」「世界のなかの日本」を強く意識することが必要。（**片岡**）

深く浸透している華僑や印僑のネットワークのような存在に気づくこともあります。

日本企業の関心の強いＡＳＥＡＮについて見ても、各国がそれぞれ海外の企業を誘致するために税制優遇など様々な施策を提供しており、強い競争意識が感じられます。しかし、地域全体の発展を考えるとＡＳＥＡＮ全体をまとめるような視点も必要で、そこでは同じアジアの一国である日本の協力が活きることもあるでしょう。

興味深いのは、アジアの各国は普段は競争しつつも、欧米が意識されるようになると地域全体でまとまろうとする空気が生まれることがある点です。こうしたところにも国際的な競争と協力のダイナミズムを感じることができますし、これはアジア全体を俯瞰する際にある種の共通性を捉えようとすることの重要性も示唆しています。例えば、アジアはノンバーバル（非言語）な文化が強いと言われますが、これに関連して、メッセージアプリのスタンプが欧米と比較して普及していることはアジア圏の特徴でもあります。これは言葉を介さずに感情や意図を伝える文化の一例ですが、考え方や感じ方のコミュニケーションスタイルが類似していることを示していると捉えられますし、そうしたなかからビジネス上のヒントを得ることもできそうです。

日本がアジアと向き合う際には、マクロ・ミクロの双方の視点を持ちつつ、文化的・経済的な多様性と共通性に目配りして多層的に関係を築くことが、今後ますます重要になると考えられます。

山本　ひとつ目の軸である「アジアを地域で捉える」を考えた場合、私自身は日々のアジア・パシフィックJBNの業務運営において、アジア・パシフィック地域を4つのサブリージョンに分けて捉えています。ひとつ目はオーストラリアを中心とするオセアニア地域、2つ目は中国を中心とした地域、3つ目はインド、最後の4つ目はASEAN＋αです。それらの4つのサブリージョンは、それぞれビジネスの発展状況が異なることに加えて、歴史的・文化的にも差異があります。さらにASEANと言ってもひとつではなく、それらを構成する国々に違いがたくさんあります。一方でこれらの国々がアジア地域としてつながっている側面もあります。この地域の特徴を踏まえたうえで、日本はこの地域に対する対峙方法を検討していく必要があると考えます。

一方、もうひとつの軸である「アジアの社会課題」に目を向けた場合、日本が「課題先進国」であることは、日本がアジアに対峙していく際に大変重要な要素であると感じています。低成長期にある日本に対して悲観的な捉え方をする日本人が多く見受けられる一方で、特に超高齢化をはじめ

「課題先進国」日本はアジアの社会課題に貢献できる。しかし、アジアからスピード感を学ぶ必要がある。（**山本**）

とした課題を他国に先駆けて日本が経験することは、実は大きなビジネスチャンスでもあります。ＰｗＣの海外メンバーからは「課題先進国」としての日本が、現在直面している課題を解決し、それをビジネスに活かすことができれば、同様の課題にこれから直面するであろうアジアを含めた世界の国々に対してビジネス上の優位性を持てると言われています。特にアジア地域に関しては、物理的な距離においても、また同じアジア地域という心理的な距離においても、欧米よりも近い日本は、アジア各地域・各国に対してビジネスを通じてさらに多くの貢献ができると現場で感じています。

片岡　確かにそのとおりですね。「課題先進国」という話題に関しては、日本の経済論壇を見ていても非常にネガティブな見方が多いです。つまり、難しい課題があること自体が問題であるという見方です。しかし、課題があるからこそ、それを解決できれば社会に貢献できるし、そこでビジネスが成立するわけです。もっと課題があること自体をポジティブに捉えていいのだと思います。

日本目線でのアジアとのかかわり方

片岡　アジアの経済やビジネスについて日本側から発信する場合、アジアに対する独善的な思い込みを前提にして、日本の側から何かしてあげよう、というような、いわゆる「上から目線」が感じられることがあります。本書ではこうした勝手なアジア観による押しつけをなくすことに留意しました。この点に関して、実際のビジネスの場面でのご経験を共有いただけますか。

桂　日本のある電機メーカーがシンガポール市場で製品を販売するため、現地政府と交渉して事業展開を試みたことがありました。その際、現地政府は「シンガポールは世界のスタンダードに基づいた比較ができるプレーヤーを求めている」として、その日本企業が海外での販売事例がない点への懸念を示しました。

　このような「よいものをつくれば売れる」という考え方は最近では少なくなってきているものの、「上から目線」で日本製品のよさを押しつけるケースがまだ見受けられます。しかしそれだけでは海外市場への適応は難しく、「売れるものこそよいもの」という考え方も受け止める必要があると思います。

また、日本企業には多くの要素を盛り込んだ、いわゆる「全部盛り」のような提案により、ビジネスの交渉を複雑にしてしまう傾向もありますが、一方で、シンプルな提案をベースにしつつ、必要に応じて要素を追加していく中国企業に負けることも少なくありません。日本企業のやり方が必ずしもアジアで通用するというわけではなく、伝えるべき要素に絞り込んだ提案にして、いかに本質を伝えるかという点をもっと研ぎ澄まして考えていく必要があると思います。

片岡　ご指摘の、日本企業の「全部盛り」の提案は、1980年代から90年代にかけての「よいものをつくれば売れる」という発想に起因していると思われます。しかし、現代では単によいものをつくるだけでなく、エコシステムとしてのビジネスの仕組みが重要です。生産性向上には、人材やエネルギー、設備投資が効率的に行われることが必要で、政府の制度もそれを支える役割を果たす必要があります。アジア市場における大量生産から利益を得る形のモデルも方法のひとつですが、米国のテックジャイアントのような企業の隆盛が示すように、情報化社会では全体の仕組みを最適化する発想が大事になるわけです。

山本さんは実際にアジアの現地の方々と仕事をしておられますが、ビジネスレベルでの日本企業の課題についてはいかがでしょうか。

山本　片岡さんも言われたとおり、私自身の経験のなかでも、日本の側から何かしてあげよう、というような「上から目線」が感じられることがあります。しかし現場感覚としては、日本が貢献できることがある一方で、我々日本もアジアから学ぶべきことが多くあると感じています。日本企業がアジアでビジネスを行う際は、お互いのよさを学び合う姿勢が大事だと考えます。日本の強みとしては、しっかりとした検討を踏まえた緻密な計画を策定して、着実に実行していくという点が挙げられますが、現地の変化に合わせた柔軟性には欠けています。例えば、日本人とシンガポール人でプロジェクトチームを組むと、日本人のメンバーの進め方は計画をしっかり策定して、着実にタスクを進める安心感がある一方、シンガポール人のメンバーは柔軟でアジャイルかつスピーディーな対応力に優れています。変化が激しいアジアでは、何か突発的な事象が起きた際のレジリエンス力も重要です。そういう意味でアジャイル的な動き方という点では、日本はアジアから学ぶべきでしょう。学び合うことができれば、これまで持っている日本の強みとアジアから学ぶ点の両方を兼ね備えてビジネスを推進することができ、よりマーケットに対して高い価値を提供することができます。

また、アジアでは、日本は非常に真面目で計画的、かつホスピタリティも高いとして評価されていると感じます。中国やASEANのビジネスパーソンと話していても、こうした点は日本に学びたいと言われることが多いです。

片岡　高齢化が進む日本では、ダイナミズムが失われ、新しいビジネスを推進する力が弱まることが懸念されています。若者が減少することで新しいことに挑戦する活力が不足する状況は望ましくありません。一方で、日本の落ち着いた環境やホスピタリティは評価されています。これらは同じ現象を表と裏から見ているとも言え、日本ならではのよさを保ちつつ、アジアのダイナミズムや活力を取り込むことが重要ではないかと感じます。

日本人の駐在という観点ではいかがでしょうか。日本企業についてはいろいろな部署を経験するローテーションがよく見られる一方で、海外にいる人はずっと海外、また特定の人が特定の一国に駐在するといったこともあるように思います。

桂　日本企業の駐在員が短期間で帰任してしまう場合には、現地で実際に起こっていることが理解しづらく、信頼関係が築きにくいことが問題です。アジアのある国で行った人事改革プロジェクトでは、現地の状況を理解せず、かつ本社都合のタイミングで帰国を余儀なくされる駐在員に対する不満が多く聞かれました。一方で、海外を渡り歩いている人は現地の方々からの信頼も厚く、本社になかなか戻らないという両極端な状況があります。いずれにしても日本側での現地理解はなかなか深まらないのですが、欧米に比べて時差が少ないアジアに対して日本の本社がオペレーションに関与しようとするケースも多く、この点は日本企業の課題だと思います。

山本　日本企業において現地に長く駐在してその文化やビジネスの流れを理解している人材と、短期間の駐在を経て日本の本社に戻り日本のやり方を重視する人材の間には、しばしば大きなギャップが存在します。本社の考えややり方を理解すること、現地の文化やビジネスの流れを理解すること、この双方を理解して物事を推進していくこと、そしてそれらができる人材が今求められています。その意味で、日本の駐在員および駐在経験者が今後果たすべき役割は大きくなってきています。加えて、最近は現地採用社員に一定期間日本の本社で重要な役割を担ってもらうという取り組みを進めている日本企業もあります。本社と現地のギャップは生じるものであり、その結果、両者の意思疎通が難しくなるのですが、だからこそ積

異なる経験や視点を持つ者同士がつながるからこそ、
新しい価値・ビジネスの創出につながる。（山本）

極的にコミュニケーションを取るべきであり、それができる人材が本社・現地双方に必要となります。異なる経験や視点を持つ者同士がつながるからこそ新しい価値を生み出し、ビジネスを推進していけるのではないでしょうか。

全体感のなかで提供価値を考える

片岡　別の視点でアジアを見ると、日本と比べて財政、社会保障などにおいて制度化がうまく進んでいない面もあり、そうした環境下で今後高齢化が進んでいくことで、新しい社会課題が生まれ、ビジネスの機会も生まれます。そこにテクノロジーをどう適用するかといった議論もあります。こういった領域で日本の新たな可能性を模索することが期待されるわけですが、このあたりはいかがでしょうか。

山本　確かにそのような視点は重要です。日本の大学や研究機関の研究（テクノロジー）をどのようにビジネスに活かすことができるかをもっと検討する必要があると思います。日本の産学民が連携した形で実現した仕組みを、現地のマーケットに合わせて輸出していくやり方です。例えば、今後の高齢化社会において日本が先行し、アジアが追随していく医療・健康・介護分野では、病院や介護施設、保険などを統合して日本のテクノロジーを活用したサービスを現地マーケットにカスタマイズすることで貢献できることがあると考えます。また、アジアは日本に比べて相対的に各種の規制が緩やかだと言われますが、これは新しいテクノロジーを試行するのに適した環境でもあると言えます。アジアをテストベッドとして日本の潜在技術を活用することで、新規性のあるビジネスが生まれるかもしれません。

片岡　我々はグループとして様々なサービスをクライアント企業に提供していますが、それに加えて社会全体の課題解決や政策立案にも積極的に関与していく必要があります。アジアや日本を取り巻く課題に対して、どのように貢献できる可能性があるでしょうか。

桂　先ほど地域としてのアジアについて考える際はその「捉え方」が重要だという話をしましたが、アジアへの貢献を考える際も同様です。ＰｗＣでは日本をはじめとするアジア地域の産業アーキテクチャを総体として捉え、そのなかで新しいビジネスモデルを構築することを目指しています。そこではサステナビリティやライフ・サイクル・アセスメント（ＬＣＡ）などのエコシステム的視点を取り入れつつ、規制や税制までも含めた全体像を踏まえたモデルづくりが求められ、今まさに取り組みを進めているところです。

社会において目につく課題を個別の課題ではなく、相互に関連した全体的な課題として捉える。そのうえで、解決のあり方を検討する際、個々の解決策をばらばらに考えるのではなく、包括的なアプローチを通じて統合的な解決策を提供する必要があります。こうしたことができれば、アジアをはじめとして様々な地域で、社会全体の課題解決に貢献できると考えています。

片岡　確かに全体感を持ちながら社会課題を捉えていくことは重要です。例えば、今はビジネスや日常生活でAＩを使うことは普通のこととなり、生産性は上がっていますが、同時に電力消費量も急増しています。テクノロジー、情報化、生産性、電力といった要素が密接に絡んでいるわけです。残念ながら日本は電気代が非常に高い国で、電力多消費型の情報化時代においては、こうした要素が矛盾し合って、うまく回らないのではないかという懸念がある。電気代を下げるためにはエネルギーが肝になり、そうすると環境や政策の話にもつながっていく。こうした問題を解決するためには、全体を見渡してチョークポイントを見極めることが重要になるわけです。アジアの社会課題への貢献を考える際も同様かもしれません。

山本　定性的な感覚ですが、日本的な特徴として「空気を読む力」があり、他人にとって受け入れやすいものが何かを模索する力があります。違う表現で言えば、相手の立場での問題解決のためのストーリーを構築する能力が優れているということです。ただ、このストーリーは絶対的なものではなく、対象となる国や人の状況に応じてカスタマイズする必要があることには留意が必要です。特に日本は「単一民族国家であり、モノカルチャーである」との価値観が長年強かったこともあり、異なる国の歴史的、文化的、生活慣習的な違いを踏まえて、その国の人の価値観や考えを理解していくことに対して慣れていないと言えます。日本企業にも同様のことが言えて、海外の現地の状況に合わせたカスタマイズという点に関して、必ずしも得意ではない日本企業が多いと感じます。我々ＰｗＣ自身もそうですが、現地の実状をしっかり捉えて、アジャイルに適合させていくことができれば、アジアでも問題解決につながる貢献ができると思います。

片岡　日本とアジアがそれぞれの特徴を活かしながらともに動くには、いくつかのポイントがあるということですね。

桂　特徴を活かすという観点では、アジアの柔軟性に注目すべきです。日本は市場が大きく、これまでの長い歴史のなかで築き上げてきた社会基盤が強固であり、規制も厳しいので、新しい社会的な実験などが求める臨機応変な環境づくりは難しい場合が見受けられます。一方で、急激にデジタル化が進み新しい物事に積極的な東南アジアの国々では、社会実装に向けた実験を柔軟に行うことができる可能性が高い状況にあります。

またＡＩを活用するためにはデータが必要ですが、ＡＩの学習には正常データとともに、失敗などのエラーデータを得ることも必要です。中国やインドは日本に比べて、データ活用の規模が大きく、ＡＩが学習するためのデータを大量に入手することができます。特にエラーデータはそもそも発生率が少ないので、その活用は注目すべきだと思います。アジアには様々な特徴を持つ国があるわけで、その特徴を組み合わせることで包括的な試行錯誤が可能となり、ビジネスとしても全体像を描きやすくなるのです。

日本の企業・ビジネスパーソンに求められるマインドチェンジ

片岡　ここまでの議論を踏まえ、日本やアジア、世界の発展に向けて、日本のビジネスパーソンにはどのような考え方や行動が必要でしょうか。

桂　これまで、日本のビジネスは一定の市場規模を有することもあって、国際的な観点を意識しながらも、国内目線での拡大も重要視しなければならない状況を長年続けてきたと思います。アジアにおける影響力を持ちながらも必ずしもリーダー的なポジションを取れているとは言えません。これは日本特有のバランス感覚だと思いますが、日本で培った目線と国際的な視点をどのように組み合わせていくか、また、展開する様々な国や地域の強みをどのように組み合わせていくかという発想が大事です。そのためには、冒頭で申し上げた全体を俯瞰する視点が欠かせません。また市場のニーズに対して、自社のケイパビリティだけで進めるのではなく、国内外でのアライアンスを強化し、環境や状況に柔軟に対応できるような体制を整えることも必要です。

山本　まず、日本はまだまだ世界に貢献できる力を持っているということを再認識するとともに、謙虚でありつつも自信を持ってほしいです。日本への親近感や親和性の高いアジアではなおさらだと思います。日本人や日

> 日本で培った目線と国際的な視点、そして展開する国や地域の強みをどう組み合わせていくか。（**桂**）

本企業に関して言えば、繰り返しになりますが、我々も含めて現地からも「学ぶ」という姿勢が非常に重要と考えます。自分たちの強みを大切にしつつも、他者のよいところを学んでいくことがカギです。過去の日本企業の弱点として、自前主義が強かった点が挙げられます。これを克服し、他者から学ぶ、他社とアライアンスを組んで協力し合うことで大きな価値を生み出せるのではないでしょうか。

片岡　日本にはこれまで積み重ねてきたインフラや世界一の対外純資産といったストックがあります。これを自国の課題解決だけでなく、アジアをはじめとした他国との協力に活かすことが重要です。日本人が国際社会に貢献するためには、オープンマインドを持ってリスクをおそれず挑戦することや、国際的なネットワークを活用して共通の目標を見つけて協力することが求められます。

お二人は日本人の内向きになりがちなマインドセットについてはどのようにお考えですか。

桂　現在は多極化が進展し、世界中に多様な機会と価値観が生まれています。この極めて速く大きな変化に対応するためには、まずは広い視野を持つことが求められます。

例えば、日本市場は確かに一定の規模を有していますが、そこに安住せずに海外との交流を通じて新たな経験を積むことで、未来をより豊かに描くことができるはずです。日本で思い描くことができる未来と、海外が見ている未来は違うかもしれません。日本がまだ経験していないし、想像もできない中国やインドの未来像を描くことで、異なる視点や着想を得ることができます。多様な未来像と向き合うことによって、より広い世界観を持つことが可能になりますし、そのためには好奇心を持ち続けなければなりません。

これからの日本のビジネスパーソンには、自らの強みを活かしつつ、同時に世界から学ぶ姿勢を持つことが求められます。そして、プロフェッショナルである以上、自信を持って挑戦すること、謙虚に他者から学ぶ姿勢を忘れないこと。この自信と謙虚さの両立こそが未来を切り拓くうえでは不可欠です。

山本　マインドセットとして大事なこととしては次の2つがあると考えます。ひとつ目は自分自身の意見をしっかりと持ち、表明することだと考えます。私自身の経験からも言えることですが、アジアを含めたグローバルなビジネスの場では、英語が得意かどうかにかかわらず、自らの意見を持って、それを発信することで、参加者も耳を傾けてくれます。多くの日本人は相手に受け入れられるか気にしすぎてしまい、発言を躊躇してしまうことが多々見受けられます。他者と協力してビジネスを進める際には、まず自分の意見を持ち、それを伝えることがスタート地点であることは言うまでもありません。先ほども言いましたが、日本人の多くはしっかり考えて計画するという訓練がされているため、その力が海外の人と比べて相対的に高いと思います。ただ正解を導こうという思考が強いので、正しいか正しくないかにかかわらず、自信を持ったうえで、自分自身の意見を発信していくことが大事です。もうひとつは、違う意見や考えを受け入れる度量だと思います。日本は歴史的に日本の中での価値観で生きてきました。アジアにおいて多様な価値観が存在し、また新たに生まれる中、こういった異なる意見・考えに対しても受け入れていくことが大事だと考えます。異なる意見や考えを尊重し、それぞれぶつけあい、そして協力することで更なる価値が生まれてくるものと思います。

片岡　私も日本人はもっと自信と思い切りを持つべきだと考えています。

近年の多極化やインフレは日本企業へのチャンス。楽観的で前向きな姿勢で進むマインドセットが重要。（**片岡**）

自分の考えていること、持っているものを自信と誠意をもって示せば、何かしらの関心や反応が得られるものです。そうすることで殻に閉じこもった状況から抜け出し、新しい展開を迎えられると思います。また、近年の多極化や日本国内でのインフレ進行といった変化は、ここ20〜30年にはなかった形で、日本企業や日本人に様々なチャンスをもたらすであろうと考えています。こうした変化をネガティブに捉えていても、物事は何も始まらないでしょう。楽観的かつ前向きな姿勢で進んでいくようマインドセットしていくことがとても重要だと感じています。

統合知を実践してビジネスを展開する際には、全体を見渡す視点が重要ですし、そこで捉えた全体感と具体的なビジネスをいかに結びつけるかがカギとなります。この触媒のような機能を実現するためには、企業のビジネスパーソンのみならず、我々のようなコンサルタントを含めた様々なステークホルダーが国を超えてコミュニケーションを取り、協力をしていく必要があります。この書籍が、そうした実りある明るい未来に向けた行動を起こすきっかけになることを願っています。

【執筆者】

（はじめに〜第8章執筆者の所属はPwCコンサルティング合同会社）

・**桂 憲司**　（かつら・けんじ）　（第9章）
PwC Japanグループ チーフ・ストラテジー・オフィサー
兼チーフ・イノベーション・オフィサー
PwCコンサルティング合同会社 副代表執行役

・**片岡 剛士**　（かたおか・ごうし）　（はじめに、序章、第9章）
上席執行役員、チーフエコノミスト

・**薗田 直孝**　（そのだ・なおたか）　（第1章）
シニアエコノミスト

・**岡野 陽二**　（おかの・ようじ）　（第2、3章）
シニアマネージャー

・**榎本 浩司**　（えのもと・こうじ）　（第3章）
シニアアソシエイト

・**伊藤 篤**　（いとう・あつし）　（第4章）
シニアエコノミスト

・**相川 高信**　（あいかわ・たかのぶ）　（第5章）
マネージャー

・**吉武 希恵**　（よしたけ・きえ）　（第6章）
シニアアソシエイト

・**祝出 洋輔**　（いわいで・ようすけ）　（第7章）
シニアマネージャー

・**柳川 素子**　（やながわ・もとこ）　（第8章）
マネージャー

・**山本 浩史**　（やまもと・こうじ）　（第9章）
PwC Japanグループ
ジャパン・ビジネス・ネットワーク（海外事業支援）
アジア・パシフィック・リージョンリーダー

・**魏 慧婷**　（うぇい・けいてい）　（第4章コラム、第7章コラム）
マネージャー

PwCコンサルティング合同会社
PwC Intelligence

ビジネスを取り巻く環境が急激に変化し不確実性が高まるなか、複雑化、高度化する経営課題に対応するための羅針盤となるべく、2022年10月に設立されたシンクタンク。マクロ経済、サステナビリティ、地政学、サイバーセキュリティ、テクノロジーなどの領域を柱に据えつつ、専門性の枠を超えて各領域の専門家の知見を有機的に融合させる「統合知」を提供する。クライアント企業が未来を見通すためのパートナーを目指して活動している。

PwC Japanグループ

PwC Japanグループは、日本におけるPwCグローバルネットワークのメンバーファームおよびそれらの関連会社の総称です。各法人は独立した別法人として事業を行っています。
複雑化・多様化する企業の経営課題に対し、PwC Japanグループでは、監査およびブローダーアシュアランスサービス、コンサルティング、ディールアドバイザリー、税務、そして法務における卓越した専門性を結集し、それらを有機的に協働させる体制を整えています。また、公認会計士、税理士、弁護士、その他専門スタッフ約12,700人を擁するプロフェッショナル・サービス・ネットワークとして、クライアントニーズにより的確に対応したサービスの提供に努めています。

PwCコンサルティング合同会社

PwCコンサルティング合同会社は、経営戦略の策定から実行まで総合的なコンサルティングサービスを提供しています。PwCグローバルネットワークと連携しながら、クライアントが直面する複雑で困難な経営課題の解決に取り組み、グローバル市場で競争力を高めることを支援します。

世界の「分断」から考える日本企業 変貌するアジアでの役割と挑戦

2025年4月15日 第1刷発行

著　者｜PwCコンサルティング合同会社　PwC Intelligence

発行所｜ダイヤモンド社
〒150-8409 東京都渋谷区神宮前6-12-17
https://www.diamond.co.jp/
電話：03-5778-7235（編集）03-5778-7240（販売）

企画・編集協力｜上坂伸一
装丁・DTP｜能勢剛秀
製作進行｜ダイヤモンド・グラフィック社
印刷｜ベクトル印刷
製本｜ブックアート
編集担当｜松井道直

ISBN 978-4-478-12151-1